KB150844

한국영화가
사라진다

한국영화가
사라진다

2023년 9월 15일 초판 1쇄 인쇄
2023년 9월 22일 초판 1쇄 발행

지은이   이승연
펴낸이   조시현
기 획   정희용
편 집   정윤아

펴낸곳   도서출판 바틀비
주 소   서울시 마포구 동교로8안길 14, 미도맨션 4동 301호
전 화   02-335-5306
팩시밀리 02-3142-2559
출판등록 제2021-000312호

홈페이지 www.bartleby.kr
인스타   @withbartleby
페이스북 www.facebook.com/withbartleby
블로그   blog.naver.com/bartleby_book
이메일   bartleby_book@naver.com

ⓒ 이승연, 2023
ISBN 979-11-91959-26-0 03300

한국영화가 사라진다

OTT에서 영화제까지,
산업의 눈으로 본
한국영화 이야기

이승연 지음

K-Movie K-Movie K-Movie K-Movie

바틀비

정말 이럴 줄은 몰랐습니다. 홍콩영화의 영광이 사라지고 일본영화의 쇠퇴가 뚜렷했을 때에도 그것이 우리의 일이 될 수 있다는 상상은 한 번도 해본 적이 없었습니다. 팬데믹이 끝났는데도 극장은 여전히 한산했습니다. 조조영화가 아닌 시간대에도 상영관을 전세 내다시피 하여 관람한 적이 많습니다. 물론 제가 있던 그 상영관의 스크린에서 할리우드 블록버스터나 일본 애니메이션이 나왔던 것은 아닙니다. 하루에 한두 번의 상영으로 짧으면 1주, 길면 2주 정도 걸렸던 유럽영화 혹은 한국 독립예술영화의 경우가 그랬습니다. 팬데믹이 끝나면 그 기간에 상영하지 못했던 영화들이 줄줄이 쏟아져 나올 줄 알았는데 스크린은 온통 할리우드 블록버스터와 일본 애니메이션뿐이었고, 한국영화는 여름 시즌에만 반짝 나타났다 사라지곤 했습니다. 그나마 손익분기점을 넘기는 영화는 한두 편에 불과했고, 사람들의 입에 오르내리는 것은 영화보다 OTT의 시리즈물이 많았습니다. 직업상 남들보다 극장을 많이 찾는 저이지만 OTT를 통해 영화를 보는 데 익숙해진 뒤로는 서둘러 영화예매를 하는 일이 줄어들었습니다. 상영 중인 영화가 적은 데다 최신 영화라 해도 금세 OTT에 풀렸기 때문에 '굳이' 극장에 가는 수고를 하지 않아도 됐던 것이지요. OTT의 글로벌 히트작들이 모두 영화계를 주름잡던 우수한 인력들에 의해 만들어졌다는 사실은 후속작이나 새로운 작품에 대한 기대로 이어지기도 했습니다. 그런데 우리가 이렇게 된 사이에 한국영화산업은 침체의 늪을 허우적대다 익사하기 직전에 다다르고 말았습니다.

저도 처음부터 이런 현상에 위기의식을 가졌던 것은 아닙니다. 다른 사람들처럼 저 역시 코로나19가 잠잠해지면 다시 천만 관객 영화 소식으로 가득 찬 기사들을 보게 될 줄 알았으니까요. 그런데 코로나19만이 문제가 아니었습니다. OTT가 급성장하면서 생태계의 지형이 완전히 바뀌게 된 것입니다. 코로나19와 OTT의 성장이라는 두 가지 변화는 지금까지 구축된 영화산업의 체계를 단번에 무너뜨릴 만큼 큰 충격이었습니다. 지난 3년 동안 숱한 세미나와 간담회를 통해 얘기가 오갔음에도 상황을 바라보는 산업계의 시선은 각양각색이었습니다. 큰 틀에서 하나의 방향을 제시하기보다 각자의 입장에서 답답함과 어려움을 호소하는 경우가 더 많았던 것 같습니다. 물론 지금과 같은 미증유의 위기를 겪어본 적이 없기에 그 마음은 충분히 이해되었습니다. 또한 현재 상황을 정확히 진단한다고 해서 뚜렷한 해결책이 마련되는 것도 아니었습니다. 불확실성이 그만큼 크기 때문입니다. 소수이지만 당시 암울한 조건에서도 희망적이고 긍정적인 걸음을 내디디려는 사람들이 없지 않았는데, 엔데믹이 선언된 현재 다른 문화산업이 제자리를 찾은 것과는 달리 영화산업만은 계속해서 악화일로를 걷고 있는 걸 보면 영화계가 처한 현실은 우리가 생각하는 것보다 훨씬 심각한 게 분명합니다.

저는 그동안 좋은 영화를 찾아 소개하는 일을 해왔습니다. 흥행하지 못한 흙 속의 진주를 발견해 대중에게 선보이는 일이었는데 그것은 단순히 시장이 놓친 예술적인 작품의 발견을 말하는 게 아닙니다. 이 시대에 꼭 필요한 메시지를 담고 있어 우리를 성찰하게 하고 나아가 변화를 이끌어내는 힘을 가진 영화를 대중과 만나게 하는 일입니다. 영화가 '사유의 도구'로서 훌륭한 인문학이라는 것을 제가 오랫동안 글로 전달해온 이유입니다. 그래서 지금까지 저에게 영화의 국적이나 장르는 중요한 기준이 아니었습니다. 좋은 영화라면 그 영화가 한국영화이든 지구 반대편의 영화이든 상관이 없었습니다.

그런 제가 한국영화, 정확히 한국영화산업에 대해 잘 알아야겠다고 결심한 것은 팬데믹을 지나는 어느 해에 영화제 심사위원을 맡아 달라는 의뢰를 받은 뒤부터였습니다. 사실 많은 이유가 맞물려 있었습니다. 제 책을 읽은 독자들이나 SNS를 통해 소통하는 분들이 영화의 콘텐츠뿐만 아니라 영화에 관한 전반적인 궁금증을 제게 질문하는 일이 많아진 것이 그중 하나입니다. 아마도 그것은 영화를 소개하는 일과 함께 국내 영화제들을 다니며 느꼈던 소회나 글로벌 위상을 확보한 한국영화의 명맥을 이을 차세대 인재에 대한 얘기, 영화에 대한 국가 지원 방향 등 간간이 제 생각들을 밝혀왔기 때문인 것 같습니다. 이런 글들을 자주 쓰게 됐다는 것은 제 내면에서 이미 변화가 시작되었다는 뜻이기도 합니다. 그저 영화를 좋아하고 저만의 시선으로 영화를 해석하는 시네필의 한 사람을 넘어 어느새 한류의 중심이 되어 전 세계의 인정과 사랑을 받는 한국영화를 위해 무언가를 기여하는 사람이 되면 좋겠다는 생각이 제 안에서 커졌던 것이지요. 그러던 중 한국영화산업이 팬데믹의 직격탄을 맞았고 그렇게 어려웠던 때에 영화제 심사위원직 의뢰를 받은 것입니다. 안팎으로 저에 대한 책임 있는 역할의 기대와 요구를 절감하며 저는 본격적으로 영화산업에 대해 공부하기 시작했습니다.

그러나 그 공부는 제 개인으로 끝날 수 없었습니다. 저는 지난 상황들을 정리해 독자들에게 알려야겠다고 마음먹었습니다. 제가 부지런히 찾아다니며 만났던 사람들의 얘기를 전해야겠다고 생각했습니다. 영화산업의 위기는 영화계 종사자들만의 문제가 아니기 때문입니다. 한국영화는 어렵게 지금의 위치까지 올라섰습니다. 전 세계를 통틀어 안정적으로 영화를 제작하는 국가는 기껏해야 10개국 정도밖에 되지 않습니다. 코로나19가 닥치기 전 우리나라는 세계에서 가장 극장 관람객이 많은 국가였습니다. <기생충>과 <오징어 게임>의 성과는 단시간에 이뤄진 것이 아닙니다. 우리의 저력은 뛰어난 문화적 유전자를 계속해서 진화시킨 데에 있습니다. 우리 국민이 가진 영화에 대한 사랑이 한국영화를 한류의 중심으로 만들었습니다. 그런 만큼 한국영화산업이 처한 위기를 극복하는 출발점은 우리가 지금의 현실을 제대로 아는 것으로부터라고 생각했습니다.

저는 이 책에서 크게 두 가지를 다뤘습니다. 1부에서는 코로나19 이후 지금까지 극장이 처한 현실과 OTT의 상황을 개괄적으로 정리해 보았습니다. '어렵다'라는 한 마디로 요약될 수 있는 현실을 모르시는 분은 없겠지만 우리가 함께 논의해봐야 할 생각거리들이 많습니다. '영화란 무엇인가'에 대한 정의부터 '국내 OTT를 어떻게 성장시킬 것인가', '넷플릭스와는 어떤 관계가 최선인가' 등 단순히 축소된 영화산업을 진흥하는 차원이 아닌 새로운 패러다임을 만들어 나아가야 할 시점입니다.

2부에서는 한국영화의 중추기관들과 영화제에 대한 얘기를 하려고 합니다. 대중들은 잘 모르지만 우리나라에는 영화를 지원하는 국가기관이 존재합니다. 영화진흥위원회, 영상물등급위원회, 한국영상자료원이 그것입니다. 그리고 부산국제영화제를 비롯한 다양한 영화제들이 열리고 있습니다. 이것들은 지금까지 우리나라의 영화산업을 위해 많은 역할을 해온 든든한 지원군이었습니다. 그런데 새로운 패러다임을 요하는 작금의 시기에 이 중추기관들의 새로운 역할론을 제기하는 목소리들이 커지고 있습니다. 국민의 세금으로 운영되는 곳인 만큼 영화계 종사자뿐만 아니라 국민도 관심을 갖고 이 목소리에 귀 기울여야 한다고 생각합니다.

저는 언제나 영화를 비롯한 문화산업을 미래세대의 먹거리산업이라고 말해왔습니다. 문화산업이 미래를 여는 동력산업임에는 틀림없습니다. 두말할 필요 없이 지금껏 영화는 그 중심에 있었습니다. 그러나 앞으로도 계속 영화가 그 자리를 차지할지는 모르겠습니다. 돌파구를 찾지 못한다면 영화의 미래는 담보할 수 없을 것입니다. 저는 우리가 이 문제를 다 같이 고민하면 좋겠습니다. 영화산업은 그 위상에 비해 산업 규모는 생각보다 크지 않습니다. 하지만 한류의 중심인 영화는 우리의 자부심이고 자존심입니다. 이것이 계속해서 이어지려면 영화에 대한 우리의 사랑이 좀 더 필요합니다.

이 책을 쓰면서 제가 느꼈던 문제의식을 독자들이 함께 느끼고 함께 생각해준다면 문제해결이 그리 어렵지 않을 것이라고 생각합니다. 물론 빠진 내용이 많습니다. 수많은 영화전문가가 모여 논의해도 모자랄 얘기들을 저 혼자 하고 있으니 부족한 것투성이입니다. 이 책한 권으로 세상이 천지개벽되리라 기대하지는 않습니다. 이제 시작일 뿐이니까요. 그렇지만 모자란 부분에 대한 비판은 달게 받겠습니다. 앞으로 저의 성장과 더불어 한국영화산업의 발전에 도움이 될 귀한 말씀들이라 여기며 끝까지 집요하게 이 문제를 들여다보고 전달할 수 있도록 힘쓰겠습니다.

그럼 이제 본격적으로 얘기를 시작해보겠습니다.

2023년 여름
뜨거운 태양의 온도를 심장에 담아
이승연

1부

영화산업의 지각 변동이
시작되다

1장

영화산업의 패러다임이 바뀌고 있다

극장이 무너지고 있다

극장이 없는 세상.

'한국영화산업이 위기에 처했다'는 말이 곧바로 '극장이 없어질 수도 있다'는 말로 연결되리라고 짐작해보신 적은 없을 겁니다. 그런데 지금과 같은 상황이 계속된다면 이 말은 현실이 될 가능성이 농후합니다. 극장은 영화를 상영하기 위한 공간인데 스크린에 걸 영화가 없으면 그러니까 영화가 지속적으로 제작되지 못하면 극장은 망하는 게 당연하지요. 영화가 제작되지 않는 이유는 극장 관객 수가 급감하면서 제작비 회수가 불가능해졌기 때문입니다. 관객 수 급감은 팬데믹 기간 동안 강제로 시행됐던 사회적 거리두기로부터 기인합니다. 아래 표에서 보듯 극장의 영화 상영 횟수와 좌석 점유율, 1인당 관람 횟수 전부 급감하는 것을 볼 수 있습니다. 영화진흥위원회의 자

팬데믹 이후 극장 관객 수의 변화

구분	2019년	2020년	2021년
총 관객 수(천 명)	226,680	59,524	60,528
총 상영 횟수(회)	6,871,923	4,411,044	4,666,846
좌석 점유율(%)	21.2	8.6	8.5
1인당 관람 횟수(회)	4.37	1.15	1.17

영화진흥위원회 2022년 「한국영화연감」 자료를 토대로 작성

료에 따르면, 2019년 기준으로 우리나라는 1인당 연평균 영화 관람 횟수가 세계 1위입니다. 홍콩, 싱가포르, 뉴질랜드, 프랑스, 호주, 아일랜드, 미국 등이 3~3.5회, 아이슬란드가 4회 정도인데 우리나라는 2013년부터 2019년까지 매해 4회를 넘겼고 2019년에는 4.37회로 세계최고기록을 경신했습니다. 그러나 코로나19 이후 겨우 1회를 넘기는 수준으로 극장 관객 수가 떨어졌습니다.

극장에서의 수익이 담보되지 않다 보니 투자가 멈췄습니다. 그나마 투자를 받아 제작되는 영화는 제작비가 100억 원을 훌쩍 넘는 소위 '될 만한 영화'로 분류되는 대작인데, 이미 눈높이가 높아진 관객의 기대를 충족시키기에 영화의 수준이 미흡한 경우가 허다합니다. 과거의 영화들과 쏟아지는 OTT의 오리지널 콘텐츠와 비교해 새로울 게 없는 영화로 평가받으면서 관객들로부터 외면당하고 있는 것입니다. 그러니 당연히 손익분기점을 넘기지 못합니다. 그러나 제작이 멈췄다고 해서 영화가 없는 것은 아닙니다. 팬데믹 기간이라 개봉하지 못했던 기제작된 영화들이 창고에 쌓여 있습니다.[1] 이런 창고영화들을 개봉해야 하지만 극장 상황이 좋지 않다 보니 배급사들이 쉽

게 라인업에 나서지 못하는 상황입니다.

비싸진 극장 티켓값도 관객들의 발길을 끊는 큰 이유입니다. 코로나19 첫해인 2020년 한 해 동안 CGV, 롯데시네마, 메가박스 등 멀티플렉스 3사의 적자 규모는 5,000억 원을 웃도는 것으로 알려졌는데 이 적자를 만회하기 위해 극장이 티켓값을 세 번이나 인상한 탓에 관객들의 극장 나들이는 더욱 어려워졌습니다. 볼 영화도 없는데 티켓값은 비싸다며 관객들의 입에서는 볼멘소리가 흘러나옵니다.

이런 상황에서 극장은 살아남기 위해 발버둥을 치고 있습니다. 팬데믹 시기 동안 극장 개봉을 포기한 채 OTT행을 선택한 영화들이 많아지면서 상영할 영화가 부족해진 극장에서는 각종 기획전을 개최하여 영화의 수를 늘리고, 특별관과 프리미엄관을 증설해 상영환경의 질을 높이기도 했습니다. 홀드백(극장 개봉 뒤 온라인 플랫폼 등 다른 수익 과정으로 옮겨갈 때까지 걸리는 시간) 기간을 줄여 OTT로 직행할 영화들을 짧게라도 극장으로 유인하고, 아예 OTT 오리지널 영화들을 극장 스크린에 걸기도 했습니다. 그러는 동안 두 가지 부작용이 나타났는데 하나는 극장에서 봐야 제맛인 영화들과 그렇지 않은 영화들이 구분되기 시작했다는 것입니다. 이것은 OTT로 인해 사람들의 영화 소비방식이 달라진 결과이기도 하고, 티켓값 상승으로 극장 가성비를 따져야 하는 상황 때문이기도 합니다. 닭이 먼저냐 달걀이 먼저냐의 논쟁이겠지만 극장 입장에서는 큰 스크린과 음향시설의 효과를 부각해 안방극장과의 차별화를 꾀해야 하기에 계속해서 블록버스터 상영에 집중하는 것이지요. '보는 영화'에서 '체험하는 영화'를 지향한다는 취지이지만 내용적으로는 영화의 양극화가 더욱 심해졌습니다. 또 다른 부작용은 극장이 공간의 개념을 변화시키려 한다는 점입니다. 영화를 상영하는 공간을 넘어 복합문화공간으로 극장을 변모시킴으로써 운영의 묘를 살리려 하는 시도인데, 오히려 이것이 관객을 영화로부터 더욱 멀어지게 하는 역효과를 낳고 있습니다. 영화를 보러 가는 곳이라는 극장의 정체성을 흔드는 일이기 때문입니다.

그러니 이대로 가다간 극장이 망할 것이라는 게 현재 영화업계의 전반적인 분위기입니다. 그럼에도 극장을 살려야 하는 이유에 대해서는 한목소리를 내지 못하고 있습니다. 국내 영화산업 매출의 80%를 극장 매출이 담당하는 현 구조에서 극장의 회복은 영화산업을 살리는 생명줄인데도 업계는 해결책을 내지 못하고 한숨만 쉬고 있습니다. 극장은 정말 사라져서는 안 되는 것일까요? 그렇다면 어떻게 해야 관객이 다시 극장을 찾을 수 있을까요?

커져가는 불확실성

누군가 말했습니다. '두둥의 시대'가 열렸다고. 넷플릭스를 두고 한 말이지만, 코로나19가 세상을 지배하던 겨우 3년의 기간 동안 '두둥'뿐만 아니라 다양한 OTT 플랫폼이 새롭게 부상했습니다. 탄생과 동시에 미디어 시장을 제패할 기세로 급성장해 춘추전국시대를 이루었습니다. 미디어 시장은 OTT 세상이라고 해도 과언이 아닙니다. 이것은 전 세계적인 현상입니다.[2] 국내 상황도 세계적 흐름과 같았습니다. 다음 표에서 보듯 OTT 시장은 코로나19 이전 3년 동안 20%대에 머물다가 2020~2021년에는 약 60%로 2배 이상 커졌고, 팬데믹 기간이었던 2020~2021년에는 극장 시장과 비교해도 2배가량 큰 시장으로 성장했습니다. 매출액으로 따져도 2012년 1,085억 원이던 것이 2016년에는 2,089억 원, 2021년에는 1조 원

2017~2021년 한국영화 관련 시장 비중

(단위: %)

구분	2017년	2018년	2019년	2020년	2021년
극장	64.5	64.4	64.1	30.4	31.0
OTT	20.5	23.2	27.2	58.0	60.8
DVD·블루레이 등	15.0	12.4	8.7	11.6	8.2

『2022 한국영화연감』(영화진흥위원회)에서 재구성, p23

에 이릅니다. 5년 사이에 5배가, 9년 사이에 10배가 증가한 것입니다.[3] 한국국제문화교류진흥원이 발간한 『2021 한류백서』에 따르면 국내 OTT 시장은 지속적으로 성장하여 2025년에 1조 9,104억 원 규모가 될 전망입니다.

극장이 관객으로부터 외면받게 된 큰 이유 중 하나가 바로 OTT 때문입니다. 팬데믹 시기의 사회적 거리두기, 엔데믹 이후의 비싸진 영화 관람료와 더불어 OTT의 등장과 성장이 안방극장의 활성화를 야기한 것입니다. 극장 영업이 중단되거나 상영 횟수가 급감한 이후 제작사들은 OTT행을 선택할 수밖에 없었습니다. 몇몇 영화들은 극장과 OTT에서 동시 개봉을 했고, 또 몇몇 영화들은 극장 개봉을 포기하고 바로 OTT로 직행했습니다. 제작사 입장에서는 그나마 OTT라는 플랫폼이 구원자였던 셈입니다. 하지만 그 결과로 홀드백이 붕괴됐고, 굳이 극장을 찾지 않아도 개봉과 동시에 혹은 개봉 후 얼마 뒤 편하고 자유롭게 영화를 감상할 수 있게 된 대중들은 더욱 극장과 멀어졌습니다. 극장에 한 번 갈 돈으로 한 달 동안 집에서 편하게 영화를 볼 수 있으니 OTT는 편리성과 가격경쟁력을 모두 갖춘 그야말로 극장의 완벽한 대체재가 되었습니다. 극장의 보완재일 줄만 알았던 OTT가 영화감상의 뉴노멀이 되기까지 채 3년도 걸리지 않았습니다. 관객이 영화를 볼 수 있는 방법이 다양해진 것이니 영화산업계에 더 좋은 일이 아니냐고 물을 수도 있겠습니다. 문화의 힘은 더 많은 사람에게 침투하는 데에서 생기니까요. 하지만 이것은 영화계 수익이 극장매출에 달린 현 구조에서는 성립하지 않는 얘기입니다. 극장이 어려운 상황에서 영화에 대한 OTT의 투자가 커진다면 산업계에 도움이 되겠지만, 업계에서 '이러다 영화가 사라지겠다'며 시름에 잠기는 걸 보면 플랫폼이 다양해지는 것이 영화산업의 성장과는 무관한 것 같습니다.

더 큰 문제는 난공불락 같았던 극장이 몰락할 줄 몰랐던 것처럼 파죽지세로 성장만 할 줄 알았던 OTT도 곧 한계를 드러냈다는 점입니다. 넷플릭스를 제외한 나머지 OTT들은 심화된 경쟁과 오리지널 콘텐츠의 제작비 상승 등 여러 가지 문제점들을 극복하지 못하고 적자의 늪을 헤매고 있습니다. 넷플릭스만이 흔들림 없이 절대강자의 지위를 고수하고 있지만, 망 사용료 분쟁과 창작자 집단과의 갈등이 지속되면서 넷플릭스에 대한 국내 여론은 그리 우호적이지 않습니다. 그럼에도 언제 회복될지 모르는 영화산업의 장기 침체 상황에서 영화계 창·제작사들에게 OTT는 거의 유일한 동아줄입니다. 영화를 만드는 일은 줄었지만, 시리즈물이라도 계속해서 제작할 수 있는 환경이 필요하기 때문입니다.

미디어 환경의 변화속도가 워낙 빠르기에 OTT의 흥망성쇠를 점치기는 어려운 일이지만 주어진 조건 속에서 구산업과 신산업이 모두 살아남기 위해서는 두 산업이 상생과 협력의 모델을 찾아야 합니다. 업계가 자구책을 모색하는 동시에 국가는 최대한으로 정책적 지원을 해야 합니다. 엔데믹 이후 조금씩 회복해 가는 다른 산업과 달리 영화산업은 점점 더 어려워지고 있습니다. 불확실성이 커졌기 때문입니다. 시장에 국가가 개입하는 일이 언제나 최선인 것은 아니지만 현재 상황에서는 국가의 지원이 시급합니다. 다만 한 가지 조건이 필요합니다. 정책관계자의 객관적이고도 냉정한 시각이 그것입니다. 지금은 어느 한쪽의 입장을 대변하는 것이 아닌 전체 산업의 조화로운 균형발전과 실질적인 국익을 도모해야 할 때입니다.

현재 국회에서 진행되고 있는 여러 가지 논의가 많이 아쉬운 것은 중요한 정책관계자들이 편향된 입장으로 오히려 업계의 혼란을 야기하는 측면이 있다는 점 때문입니다. 어려운 때일수록 거시적인 안목으로 중심을 잡고 본질을 향해 가야 합니다. 대중의 역할도 중요합니다. 문화의 소비자는 대중이기 때문입니다. 현재 어떤 논란이 진행되고 있는지 대중이 제대로 알고 올바른 여론을 형성하도록 다 같이 힘을 합쳐야 할 것입니다.

2장

안방으로 들어온 스크린

영화란 무엇인가

'영화란 무엇인가.'

영화전공자나 업계관계자가 아닌 이상 살면서 이런 질문을 던져본 사람은 없을 것입니다. 그런데 지금의 우리에게는 이 질문이 낯설지 않습니다. 팬데믹 이후 많은 극장이 문을 닫는 것을 직접 보았고 OTT라는 새로운 플랫폼을 경험해봤기 때문입니다. 누구라도 한 번쯤은 영화라는 매체, 극장이라는 공간에 대해 지금까지와는 다른 의미를 부여해봤으리라 생각합니다. 지금 우리가 사는 세상은 집 안에서 영화를 무제한으로 볼 수 있게 된 세상입니다. 이전에도 TV와 PC, 휴대폰 등 다양한 기기로 영화를 봐오긴 했지만 그래도 영화를 상영하는 주 공간이 극장이라는 의식이 우리 안에 당연하게 자리 잡고 있었습니다. 그런데 이제 그 당연함이 깨졌습니다.

2022년 프랑스 칸에서의 모습은 '영화란 무엇인가'라는 질문이 얼마나 큰 논쟁거리가 됐는지 여실히 보여줍니다. 칸영화제는 세계 최고의 권위를 자랑하는 만큼 가장 큰 규모로 치러지는 영화제입니다. 베를린영화제, 베니스영화제와 함께 세계 3대 영화제로 손꼽힙니다. 그런 칸영화제가 코로나19 여파로 2020년에는 오프라인 개최를 하지 못한 채 상영작만 발표했고, 2021년에는 매년 5월에 열리던 것을 두 달 뒤인 7월로 미뤄 개최했습니다. 그러니까 2022년은 3년 만에 정상적으로 영화제 개최를 하게 된 뜻깊은 해였습니다. 하지만 그 광경은 사뭇 달랐습니다. 영화제에서 OTT 영화의 상영을 불허했기 때문입니다.

한참 전인 2017년에 칸영화제는 넷플릭스가 투자·제작한 봉준호

<옥자> 포스터

<더 마이어로위츠 이야기> 포스터

감독의 <옥자>와 노아 바움백 감독의 <더 마이어로위츠 이야기>를 경쟁 부문에 초청했습니다. 그러자 프랑스극장협회가 즉각 반발했습니다. "영화제 상영작은 극장 상영을 전제 조건으로 해야 한다"고 주장하면서 말입니다. 그것은 OTT 플랫폼을 통해 선보이는 작품은 영화로 인정하지 않겠다는 말이었습니다. 사실상 영화의 정의, 곧 '영화란 무엇인가' 하는 논쟁은 그때부터 시작되었다고 봐야 합니다.

칸영화제는 이듬해부터 OTT 영화를 초청하지 않겠다고 밝히면서 '모든 경쟁 부문에 초청된 영화들은 스트리밍이 되기 전에 꼭 프랑스 지역 극장에서 상영을 해야 한다'는 규칙을 추가했습니다. 이후 칸영화제와 넷플릭스는 비경쟁 부문의 상영으로 논의를 진행했지만, 넷플릭스는 결국 영화를 출품하지 않았습니다. 이미 2018년 베니스영화제에서 넷플릭스가 제작한 <로마>가 황금사자상을 수상하고, 2022년엔 애플TV플러스의 <코다>가 미국 아카데미에서 작품상을 거머쥔 마당이라 넷플릭스 입장에서는 칸영화제의 '비경쟁 부문 한정 상영'은 수용하기 어려웠을 겁니다. 일부에서는 극장 영화를 고집하는 칸영화제의 보수성이 전통의 가치를 계승하는 칸의 권위와 위상을 결정하는 요인이라고 말하지만, 많은 영화관계자는 칸영화제의 OTT 영화 배제는 시대착오적이며 결국 시대의 흐름과 맥을 같이 하게 될 것이라 전망합니다.

이러한 여론을 의식해서인지 2023년 칸영화제는 조금 달라진 모습을 보였습니다. 애플TV플러스에서 스트리밍 예정인 OTT 오리지널 영화 <킬러스 오브 더 플라워 문>과 HBO MAX가 제작한 OTT

오리지널 TV 시리즈물 <더 아이돌>을 비경쟁 부문에 초청한 것입니다. <킬러스 오브 더 플라워 문>은 미국영화의 거장 마틴 스콜세지 감독이 연출한 데다 10월 중 극장 상영이 예정돼 있어 출품이 가능했고, <더 아이돌>은 K-팝 걸그룹 블랙핑크의 제니와 트로이 시반, 위켄드, 릴리 로즈 뎁 등이 출연해 화제를 모은 작품으로 칸영화제의 흥행을 위해 초청했다는 영화관계자들의 분석이 있었습니다. 그러나 이들 작품이 '비경쟁 부문'에 속해 수상과는 관계가 없다는 점에서 칸영화제의 보수성은 달라진 게 없다는 평가가 우세합니다. OTT가 성장하면서 수준 높은 영화를 꾸준히 제작한다면 칸도 언제까지 이 작품들을 모른 체할 수는 없을 것입니다. 그러나 영화의 본질을 잃지 않겠다는 칸의 철학과 고집 또한 가벼이 여길 수는 없습니다. 이 둘의 접점이 언제 어디에서 생겨날지 지켜보는 것도 칸영화제를 즐기는 또 하나의 방법이 될 것 같습니다.

뤼미에르냐 에디슨이냐

'영화란 무엇인가'에 대한 논쟁은 무려 130년을 거슬러간 1895년에 처음으로 시작되었습니다. 프랑스 뤼미에르 형제가 토머스 에디슨의 키네토스코프를 개량하여 만든 시네마토그라프를 선보이면서부터입니다. 1891년 에디슨은 그의 파트너 윌리엄 딕슨과 함께 구멍을 통해 혼자 영상을 보는 키네토스코프(Kinetoscope)를 발명한 후 뉴욕의 전시장에서 5센트의 관람료를 받고 보드빌 쇼와 곡예사의 공연 등 20초 분량의 단편영화를 시연했습니다. 관람자들은 기기 앞에 일렬로 서서 순서대로 개별적으로 20초 분량의 단편영화를 감상했습니다.[4] 그로부터 4년 뒤 뤼미에르 형제는 에디슨의 기기를 개조하는 데 성공했습니다. 시네마토그라프(cinématographe)라고 하는 이 기기는 초당 16장의 사진을 대형 화면에 비추는 방식의 영사기인데

에디슨의 키네토스코프

Le cinématographe Lumière: projection.

뤼미에르 형제의 시네마토그라프

이 기기의 이름을 따서 영화를 '시네마'라고 부르게 되었습니다. 중요한 것은 이 기기가 집단관람을 가능하게 했다는 점입니다. 뤼미에르 형제는 파리의 그랑 카페에서 1프랑의 관람료를 받고 영화를 상영하는데 이 영화가 바로 <열차의 도착>입니다. 화면에서 열차가 움직이는 것을 보고 사람들이 놀라 뛰쳐나왔다는 얘기는 유명하지요.

그런데 영화사에 <열차의 도착>이 최초의 영화로 기록된 이유는 무엇일까요. 에디슨과 뤼미에르 형제 모두 유료로 관람을 하게 했다는 공통점에도 불구하고 둘 사이에는 하나의 큰 차이가 있었습니다. 개인 대 집단, 즉 '관람방식'의 차이였습니다. 뤼미에르 형제의 시네마토그라프는 '다수의 사람'이 '특정한 공간'에서 '같은 시간' 동안의 경험을 공유하게 만들었습니다. 이 세 가지 요소는 우리나라의 [영화 및 비디오물의 진흥에 관한 법률] 제2조에서 영화를 "연속적인 영상

<열차의 도착>의 한 장면

이 필름 또는 디스크 등의 디지털 매체에 담긴 저작물로서 '영화상영관 등의 장소 또는 시설'에서 '공중(公衆)'에게 관람하게 할 목적으로 제작한 것을 말한다'라고 정의하게 된 배경이기도 합니다.

몇 해 전 봉준호 감독은 "영화관은 감독이 만든 2시간의 리듬, 하나의 시간 덩어리를 존중해준다. 영화를 만든 사람 입장에서는 극장이 소중할 수밖에 없다"라고 말한 적이 있습니다.[5] 창작자가 아닌 관람자로서 그동안 전통적인 영화의 정의에 익숙해 있던 사람들이라면 봉준호 감독의 이 발언에 고개를 끄덕일 수밖에 없었을 겁니다. 큰 스크린 앞에서 사람들과 함께 동일한 공간을 체험했던 강력한 그 느낌을 그리워했을 테니까요. 그러나 우리는 코로나19 기간 동안 어느새 각자 몰아보고, 끊어보고, 편하게 누워 보는 자유로움에 익숙해져 버렸습니다. 이 변화가 OTT 영화를 '영화'라고 새롭게 규정해야 할 유일한 이유는 아니지만, 법률적·학문적 정의가 사람들의 체험 그리고 그것으로부터 생기는 수용성과 꼭 일치하지는 않습니다. 영화에 대한 기존의 법적 정의와 상관없이 OTT 영화를 보는 사람들이 그것도 영화라고 인식하는 순간 영화는 이미 재정의된 것이 아닐까요. '다수의 사람'이 '특정한 공간'에서 '같은 시간' 동안 보는 영화도 영화이지만 '혼자' '나만의 공간'에서 '자유로운 시간' 동안 보는 영화 역시 영화가 되는 것입니다.

이런 식으로 영화가 새롭게 정의된다면 에디슨의 키네토스코프로 보는 영화도 영화라고 말할 수 있게 될 것입니다. 무려 130년 만에 말이지요. 이런 이유로 2022년 8월 국회에서는 영화에 대한 새로운 정의를 논의하기 시작했습니다.[6] 박보균 문화체육관광부 장관은 현재 영화의 정의를 '영화상영관 등의 장소 또는 시설에서 상영하는 것'에서 '온라인 스트리밍 서비스를 통해 제공되는 것'까지로 확대하는 등 전반적인 사항을 정밀하게 재검토 중이라고 밝혔습니다. 앞으로 영화가 어떻게 새롭게 규정될지 정말 궁금해집니다.

텅 빈 극장의 몸부림

팬데믹 시기에 극장이 위기를 맞은 건 비단 국내 상황만이 아니었습니다. 세계 2위 극장 체인 씨네월드의 사례가 가장 대표적입니다. 씨네월드는 10여 개 나라에서 9,000개 이상의 극장을 운영하고 미국 전역에만 500개 이상의 극장을 소유한 기업인데 2022년 9월 법원에 파산보호를 신청했습니다. 팬데믹과 더불어 무리한 M&A를 한 탓에 90억 달러에 달하는 부채가 생겼기 때문입니다. 이와 비슷한 사례가 국내에도 있습니다. 국내 최대 멀티플렉스인 CGV는 2020년부터 2023년까지 총 세 차례의 유상증자[7]와 대규모 조직개편[8]까지 감행했지만 심각한 경영난에서 벗어나지 못하고 있습니다. 극장 전체 매출이 큰 회복세를 보였던 2022년에도 상반기 부채비율은 무려 4,000%였습니다. CGV 터키법인[9] 등 공격적인 해외 진출이 막대한 손실로 이어진 것이 주된 원인입니다. 롯데시네마를 운영하는 롯데컬처웍스, 메가박스를 운영하는 메가박스중앙의 경영난도 크게 다르지 않습니다.

극장 매출이 중요한 이유는 국내 영화산업 매출의 80%를 극장이 담당하고 있기 때문입니다. 극장 외 매출 비중[10]은 20%를 밑돌고, 해외 수출 비중[11]은 3~5%를 차지하고 있습니다. 그러니까 구조상 극장이 무너지면 영화산업 자체가 휘청거리게 됩니다. 아래 표에서 보듯 극장의 매출은 2019년까지 상승세를 보이며 1조 9,000억 원을 넘었습니다. 관객 수도 큰 증감 없이 유지되고 있었습니다. 특히 코로나19가 시작되기 직전 해인 2019년에는 천만 영화가 5편[12]이나 나오기도 해 국내 영화산업의 미래는 장밋빛 일색이었습니다. 그러나 코로나19가 시작되던 2020년에는 매출도, 관객 수도 거의 1/4토막이 납니다. 그나마 2021년에 조금 호전된 뒤 엔데믹이 된 2022년에는 큰 폭으로 회복을 했지만 팬데믹 이전 상태로 돌아가지는 못했습니다.

사실 극장의 위기는 이번이 처음이 아닙니다. TV가 보급됐던

2016~2022년 극장 매출과 관객 수

구분	2016년	2017년	2018년	2019년	2020년	2021년	2022년
극장 매출 (단위: 억 원)	17,432	17,566	18,140	19,140	5,104	5,845	11,602
전년 대비 증감률	1.6%	0.8%	3.3%	5.5%	-73.3%	14.5%	98.5%
총 관객 수 (단위: 만 명)	21,702	21,987	21,639	22,668	5,952	6,053	11,281
전년 대비 증감률	-0.1%	1.3%	-1.6%	4.8%	-73.7%	1.7%	86.4%

영화진흥위원회 연감 및 결산보고서 참조

1960년대에도 많은 극장이 존폐 위기에 놓였습니다. 이때 생겨난 것이 바로 시네마 콤플렉스(Cinema Complex)인데요. 오늘날 멀티플렉스의 시초, 그러니까 상영관 여러 개를 갖춘 대규모 극장을 말합니다. 극장이 대규모이다 보니 많은 사람을 유인하기 위한 콘텐츠가 필요했지요. 그래서 만들어진 것이 블록버스터 영화였습니다. 1975년 스티븐 스필버그 감독의 <죠스>가 시작입니다. 극장의 독점적 위상은 이때를 기준으로 계속 유지돼왔습니다.

코로나19라는 전대미문의 위기, 그리고 이 상황을 틈타 성장한 OTT 플랫폼으로 인해 45년간 이어진 극장의 위상은 또 한 번 무너졌습니다. 많은 영화관계자가 예전과 같은 천만 관객 영화는 기대하기 어렵다는 비관적 전망을 내놓고 있습니다. 하지만 극장은 나름대로 변모를 위해 최선의 노력을 해왔습니다. 코로나19 기간 동안 극장이라는 공간을 새롭게 체험하게 하는 여러 가지 시도들이 있었습니다.

재개봉 열풍

가장 흔했던 것은 역시 기획전입니다. 과거에 인기를 끌었던 영화들을 이런저런 방식으로 모아 재개봉하는 방식입니다. 사실 이것은 코로나19 이전에도 유행했던 포맷이지만 영화수급에 애를 먹었던 팬데믹 기간 동안에는 매우 효과적인 마케팅이었습니다. 메가박스의 '명작 리플레이', 롯데시네마의 '힐링무비 상영전', 'EYE-TRIP 상영

전', CGV의 '누군가의 인생영화 기획전' 등이 모두 추억을 소환하는 콘셉트의 기획전이었습니다.

리마스터링(Remastering)으로 재개봉하는 방식도 붐이었습니다. 고화질로 감상할 수 있는 4K 리마스터링으로 재개봉한 영화들로는 무려 1942년에 개봉했던 로맨스 대작 〈카사블랑카〉와 25년 만에 다시 돌아온 〈타이타닉〉, 20주년을 맞이한 〈반지의 제왕〉, 13년 만에 재상영된 〈아바타〉도 있었습니다. 〈화양연화〉와 〈중경삼림〉, 〈해피투게더〉 등 왕가위 감독의 리마스터링 특별전도 열렸습니다.

CGV는 〈뮬란〉, 〈겨울왕국〉, 〈주토피아〉 등 디즈니 애니메이션 명작들 총 9편을 재개봉하기도 했습니다. 〈원피스 필름 레드〉, 〈더 퍼스트 슬램덩크〉 등 오랫동안 인기를 끌었던 옛 애니메이션, 아기공룡

멀티플렉스 3사의 재개봉 기획전

둘리의 탄생 40주년을 기념해 한국영상자료원의 리마스터링으로 재개봉한 <아기공룡 둘리: 얼음별 대모험>도 있었습니다.

공간의 탈바꿈

극장 공간 자체의 개념도 달라지고 있습니다. 단순히 영화를 감상하는 것 외에 다양한 체험을 제공하는 복합문화공간으로의 확장입니다. 메가박스는 2022년 모회사인 콘텐트리중앙이 인수한 키즈 실내 놀이시설 '플레임타임 그룹'과 손잡고 극장을 넘어 공간플랫폼을 지향한다는 목표를 내세웠습니다. 부모가 영화를 보는 사이 아이들은 '챔피언'이라 부르는 복합놀이 체험 공간에서 시간을 보낼 수 있게 하는 '챔피언 패키지' 상품을 기획하기도 했습니다. 그리고 콘텐츠 다각화를 실행하기도 했습니다. 가수 송가인의 첫 단독 콘서트 실황 및 인터뷰 영상을 영화처럼 개봉한 것이지요. 공연 무대를 스크린으로 가져오는 참신한 발상이었습니다.

CGV는 스크린을 게임 화면으로 전환하려는 기발한 시도를 진행했습니다. '아지트엑스'라는 것인데요. 예매한 이용자들이 사전에 원하는 게임기만 준비해가면 최대 4명까지 2시간 동안 크고 선명한 게임 영상을 보며 게임을 즐길 수 있는데, 수도권 4개 지점에서 시행한 뒤 반응이 좋아 34개로 지점 수를 늘렸습니다. CGV는 이밖에도 라이브 개그쇼와 시 낭독회, 북토크 등 다양한 문화와 결합한 대관 행사를 열기도 했습니다. 롯데시네마도 지난해 프로야구 포스트시즌

전 경기를 생중계하며 직접 경기장에 갈 수 없던 야구팬들을 모아 공동응원하는 자리를 만드는 등 극장을 영화만이 아닌 얼터너티브 콘텐츠 상영이 가능한 매력적인 공간으로 활용했습니다.

프리미엄관 증설

팬데믹과 엔데믹 기간 동안 극장의 시설은 많이 좋아졌습니다. 정확히 말해 호화로워졌습니다. 언제 영화를 앉아서 봤냐는 듯 다리를 쭉 뻗어 거의 누운 자세로 만들어주는 리클라이너 의자가 아닌 극장이 거의 없습니다. 이 정도는 기본이고 '프리미엄'이라는 이름이 붙은 이색적인 관람석과 다양한 공간들이 꾸며졌습니다.

CGV는 아예 침대를 설치해 누워서 영화를 볼 수 있는 '템퍼시네마', 리클라이너 소파와 스타일러, 신발 살균기, 냉장고, 안마의자 등이 설치된 '스카이박스' 부스도 만들었습니다. 스카이박스와 비슷한 개념으로 롯데시네마도 '시네패밀리'(월드타워점 내)를 만들었는데 CGV는 1~4인 이용에 20만 원, 롯데시네마는 15만 원입니다.

앞에서도 말했지만 2021년 국내 영화관의 좌석 점유율은 겨우 8.5%입니다. 팬데믹 이전인 2019년 21.2%였던 것에 비하면 60% 가까이 급락한 수치입니다. 그런데 스카이박스 좌석판매율은 같은 기간 39.9%에서 38.5%로 기존 매출과 큰 변화가 없습니다. 한편 4D·IMAX·ScreenX·Dolby Cinema 등 특수상영관의 인기는 그야말로 절정이었습니다. 2020년 382개관이었던 특수상영관이 2021

년에는 445개(+16.5%)관으로 63개관이 증가했습니다.[13] 고정민 홍익대 문화예술경영대학원 교수는 이러한 현상을 코로나19 시절 극장 방문 횟수를 줄이는 대신에 '안전한 환경'에서 '보다 특별하게' 프리미엄 서비스를 누리기 위해 기꺼이 고액 지불을 감수하는 '선택과 집중' 관람의 방식으로 소비 형태가 달라지고 있기 때문이라고 분석합니다.[14]

프리미엄 상영관 증설과 같은 극장 시설의 업그레이드는 그것이 팬데믹으로 인한 극장의 영업손실을 만회하는 방법인 동시에 관객에게 특별한 경험을 제공하는 것이 포스트 코로나 시대 극장의 새로운 정체성이자 생존의 길일 것이라는 절박한 인식의 결과일 것입니다. 그러나 이 결과에 대한 평가는 대체로 부정적입니다. 공간의 다변화가 가진 많은 장점에도 불구하고 '영화를 상영하는 곳'이라는 극장의 본질을 잃었다는 점, 시설 업그레이드에 따라 불가피하게 관람료가 인상되었다는 점 때문입니다. 비용 인상은 프리미엄관뿐만 아니라 2D 일반관에도 적용되었는데, 성인 기준으로 주중 1만 4,000원, 주말 1만 5,000원입니다. 소위 '가성비'가 좋았던 영화관람이 이제는 서민들에게 부담으로 작용하고 있습니다. 영화관람료에 대해서는 뒤에서 다시 자세하게 다루겠습니다.

극장용 영화 홍보

극장에서 봐야 제격인 영화, 즉 전쟁영화나 마블영화, 액션영화 그리고 애니메이션 등 큰 스크린으로 봤을 때 좀 더 실감 나는 장르가 있는 건 분명합니다. 그렇지만 저는 지금까지 이런 개념을 가지고 극장을 다닌 적은 없었습니다. 장르를 막론하고 극장에서 영화를 보는 그 자체가 좋았던 것이지요. 그런데 사람들의 인식이 바뀌었습니다. 팬데믹을 지나면서 사람들은 이제 극장에서 봐야 하는 영화가 따로 있다고 생각합니다.

2022년에 접어들며 극장가가 빠르게 회복한 데에는 팬데믹이 엔데믹으로 전환된 시점이라는 것과 더불어 블록버스터 영화들이 선전했기 때문입니다. 1960년대 극장의 위기상황이 <죠스>라는 블록버스터 영화의 부흥으로 극복되었던 상황과 같습니다. 이것은 전 세계적인 현상으로 글로벌 신드롬의 포문을 연 영화는 바로 <닥터 스트레인지: 대혼돈의 멀티버스>와 <탑건: 매버릭>입니다. 미국 박스오피스 사이트 모조에 따르면 <닥터 스트레인지: 대혼돈의 멀티버스>는 약 9억 5,146만 달러의 글로벌 수익을 거뒀습니다. 또한 국내 박스오피스 정상을 찍은 <탑건: 메버릭>은 11억 1,597만 달러로 톰 크루즈 필모그래피 사상 최초로 수익 10억 달러를 돌파했습니다. 국내 영화도 다르지 않습니다. 2022년 여름 시즌 개봉한 <외계+인>, <한산: 용의 출현>, <비상선언>, <헌트> 등 빅 4로 불렸던 이 영화들은 한결같이 극장에서 봐야 더 좋은 영화로 입소문을 탔습니다.

2022년 말에 개봉한 <아바타: 물의 길>과 <영웅>도 마찬가지입니다. <아바타: 물의 길>이 시각적 만족감을 준다면 <영웅>은 청각적 만족감을 선사했던 영화입니다. 제임스 카메론 감독이 13년 만에 들고 온 아바타 속편은 HFR(High Frame Rate), HDR(High Dynamic Range), 수중 퍼포먼스 캡처 촬영 등 3D로 보기에 최적화된 기술로 촬영된 작품입니다. 3D 안경을 쓰고 대형 스크린으로 보면 관객이 화면 속 공간 안에 함께 있는 듯한 느낌을 받게 됩니다. 일명 '용아맥'(용산 CGV 아이맥스의 줄임말), '코돌비'(코엑스 메가박스 돌비시네마의 줄임말), '월수플'(월드타워점 롯데시네마 수퍼플렉스의 줄임말) 등 주요 멀티플렉스의 특수상영관(4D·IMAX·ScreenX·Dolby Cinema)은 체험형 영화가 주는 효과를 극대화했습니다. 이들 특수관의 평균 관람료는 2D와 비교해 많게는 2배가량 더 비싼데도 특수관을 통해 이 영화를 '체험'하려는 관객이 늘면서 압도적인 매출을 기록했습니다. 영화진흥위원회가 발간한 「2022 한국영화산업 결산」 보고서에 따르면 2022년 국내 특수상영의 매출액은 1,264억 원으로 전년 대비 271.2% 늘었고, 관객 수는 865만 명으로 전년 대비 252.2% 증가했습니다. 특수상영 매출액이 차지하는 비중은 10.9%, 관객 수 비중은 7.7%를 각각 기록했습니다.

블록버스터 대부분이 시각적 효과를 극대화하는 데 비해 뮤지컬을 영화화한 <영웅>은 청각의 효과에 초점을 맞춘 특별한 작품입니다. 윤제균 감독은 한국영화 최초로 배우들이 직접 노래를 부르는 라이브 녹음 방식을 선택했다고 밝혔습니다.[15] 무려 영화의 70%를 현장에서 녹음했다고 합니다. 장면을 자르지 않고 길게 이어가는 롱테이크 촬영을 통해 감정 연기와 노래가 한 호흡으로 이어지는 라이브의 느낌을 담아냈기 때문에 큰 스크린과 함께 극장의 풍부한 사운드로 이 영화를 보는 것이 감상 포인트였습니다.

그런데 극장의 위기를 콘텐츠의 차별화로 극복한다는 이런 방식에 대해 찬반논란이 뜨겁습니다. '블록버스터 영화만으로 극장이 살아남을 수 있을 것인가, 극장용 영화와 안방극장용 영화로 콘텐츠를 양분하는 것은 바람직한 현상인가, 블록버스터를 만들기 위해 제작비가 상승하여 투자가 위축되는 상황은 어떻게 돌파할 것인가' 등 논쟁거리가 수두룩합니다. 당장은 극장용 영화가 극장의 숨통을 트여줄 수 있을지 모르지만, 장기적인 관점에서 영화생태계에 부정적 영향을 주리란 전망이 우세합니다. 이 문제는 뒤에서 다시 다루도록 하겠습니다.

OTT와의 온&오프 협업

코로나19 이전까지 극장가에서는 홀드백 기간에 대해 보수적인 입장이었습니다. 최소한 4주 정도는 극장에서의 상영 기간을 유지해야 한다는 암묵적 합의가 있었지만 팬데믹 이후 극장 관람객 수가 급감하고 신작 수급이 어려워지면서 홀드백 기간은 사실상 무너졌습니다. 극장에서는 당장 상영할 영화가 필요했습니다. OTT 오리지널 작품들은 재개봉 영화나 기획전만으로는 부족했던 영화의 훌륭한 공급원이 되었습니다.

OTT 영화를 처음으로 맞이한 극장은 메가박스였습니다. 2019년 10월 <더 킹: 헨리 5세>를 시작으로 넷플릭스 오리지널 영화를 상영했고, 1년 뒤인 2020년 11월부터는 CGV와 롯데시네마도 'OTT와의 온&오프 협업' 방식에 합류했습니다. 2021년 4월 CGV는 국산 OTT 플랫폼인 왓챠와 손잡고 '왓챠관'을 오픈, CGV 전국 14개 상영관에서 왓챠의 영화 콘텐츠를 상영했습니다. 또 같은 해 9월에는 전국 80여 개 상영관에서 '넷픽(NETFIC, NETFLIX IN CGV)' 특별전[16]을 개최하고, 넷플릭스 오리지널 영화 6편[17]을 연속 상영하는 적극적인 협업을 지속적으로 이어갔습니다.[18]

극장이 위기를 맞은 큰 이유 중 하나가 극장 개봉을 앞둔 영화들이 극장을 포기하고 OTT행을 택했기 때문인데, 해외에서는 오히려 이런 행보와는 정반대의 선택을 한 경우도 있습니다. 세계 최대 전자

CGV '왓챠관' 개관

'넷픽' 특별전 개최

상거래 업체인 아마존은 2010년 스튜디오 자회사를 설립한 뒤 지금까지 자사 OTT인 프라임비디오를 통해 오리지널 콘텐츠를 공개해 왔습니다. 그런데 2023년부터 극장용 영화에 10억 달러를 투자해 매년 12~15편의 영화를 제작, 극장에서 개봉할 계획을 세우고 있다고 밝혔습니다. 이 정도의 편수는 파라마운트, 유니버설 픽쳐스 등 할리우드 대형 스튜디오와 비슷한 수준인데, 극장 영화에 대한 투자금이 OTT 플랫폼으로 쏠리는 상황에서 아마존의 극장 투자 계획은 매우 이례적인 행보입니다. 미국에서는 아마존이 2022년 초 85억 달러를 들여 전통의 영화 스튜디오인 MGM을 인수한 점을 이런 행보를 위한 포석으로 해석하기도 합니다. 극장 모델에 자신감을 보여주는 것이라는 분석도 있습니다.[19] 사회적 거리두기를 할 수밖에 없었던 코로나19의 위력도 컸지만 사실상 극장의 미래를 암울하게 전망한 데에는 OTT 플랫폼의 성장이 주효했는데 아마존의 이 같은 결정을 보면 극장의 위기가 곧 극장의 소멸로 이어질 것 같지는 않습니다. 아마존의 시도가 극장을 부활시키는 좋은 선례가 되기를 기대하고 있습니다. 이와 같은 극장 회복을 위한 해외동향을 예의주시하는 동시에 국내의 극장은 어떤 도전이 필요한지를 심각하게 고민해야 할 시점입니다.

극장 위기의 진짜 원인

저는 계속해서 극장의 위기를 두 가지로 말씀드렸습니다. 코로나 19로 인한 사회적 거리두기와 OTT의 성장이 그것입니다. 이쯤에서 다시 질문을 해보고자 합니다. '코로나19가 종식되거나 안정되고 OTT와 극장이 상생방안을 찾으면 극장은 예전 상태로 돌아갈 것인가' 하는 질문입니다. 안타깝지만 '그렇지 않다'가 답일 것 같습니다.

영화계에서는 코로나19와 OTT의 영향을 인정하면서도 극장의 위기가 이전부터 존재해온 묵은 폐단에서 시작됐다면서 이전에 없던 한국영화의 문제점이 새롭게 드러난 것은 하나도 없다고 얘기합니다. 팬데믹을 거치는 동안 극장이 가지고 있던 문제점들이 더 선명하게 드러난 것일 뿐이라는 말입니다. 이것은 '스크린 독과점', '수직계열화'로 대표되는 건강하지 못한 한국영화생태계에 대한 지적입니다. 스크린 독과점은 대규모 자본이 투입된 작품들이 거의 모든 스크린을 독점함으로써 독립·예술영화나 다양성 영화들이 상영의 기회를 박탈당하는 현상입니다. 대기업의 수직계열화가 낳은 병폐입니다. 영화 제작에 자금을 대는 투자, 영화를 기획하고 극장에 제공하는 배급, 영화를 상영하는 극장 등 영화 유통의 모든 과정에 대기업 계열사가 참여해 이를 좌우하면서 불공정 경쟁이 심화되고 있는 것입니다.[20] 그러니까 한국영화계를 병들게 했던 주체는 다름 아닌 한국 극장 입장료 매출의 97%를 차지하고 있는 멀티플렉스들이었습니다.[21]

그동안 3대 멀티플렉스의 전략은 흥행 가능성이 높은 영화에 개봉 시점부터 스크린 수를 많이 할당하는 방식으로 진행되어왔으며, 그렇게 할당된 소수의 영화가 차지하는 스크린 규모나 흥행 성과는 비대했습니다. 일례로 2019년 <어벤져스3>의 경우, 국내 유효 총 스크린 2,800여 개 중 91%인 2,553개를 확보한 채 상영했고, 개봉 첫 3일 동안 극장 전체 매출액의 95%를 차지했습니다. 해당 기간 상영 영화 편수는 149편이었지만 이들의 매출액은 4.9%에 불과했습니다. 흥행 유인력이 높은 영화로 스크린 몰아주기 현상이 있을 수 있다고 하더라도, 3대 멀티플렉스는 이를 심각한 수준으로 운용하고 있었습니다.[22] 2023년 상반기에는 <범죄도시3>가 최악의 사례로 꼽힙니다. 개봉 초 <범죄도시3>는 2,400여 개의 스크린을 가져갔습니다. 전체 스크린의 86%에 해당합니다. 한창 이 영화가 상영될 때 제가 사는 일산 지역의 멀티플렉스 3사를 검색해봤더니 하루에 적게는 20회, 많게는 40여 회 정도를 상영했습니다. 바로 이것이 우리 극장의 모습

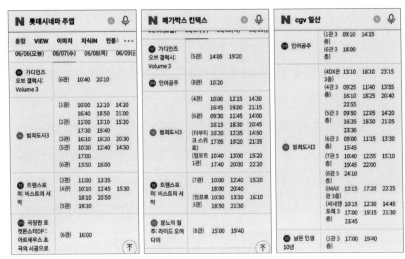

지역 멀티플렉스 3사의 <범죄도시3> 상영시간표

입니다. 이렇게 해서 얻은 천만 관객이 과연 의미 있는 성적인지 묻고
싶습니다.

　그동안 영화계를 비롯한 많은 사람이 수직계열화로 인한 스크린
독과점은 결국 영화 콘텐츠의 다양성을 훼손하고, 이는 한국영화산
업의 가치를 떨어뜨리는 결과로 이어질 것이라고 지적해왔습니다. 이
에 코로나19가 본격화하기 전 영화인들은 '영화산업 구조개혁 법제
화 준비모임'을 발족해 [포스트 봉준호법] 제정을 요구하며 한국영화
산업의 문제점을 개선하기 위해 노력했습니다.[23]

　[포스트 봉준호법]의 골자는 크게 세 가지로 대기업의 영화 배급·
상영 겸업 제한, 특정 영화 스크린 독과점 금지, 독립·예술영화 및 전
용관 지원 제도화입니다. CJ, 롯데, 메가박스 등 3사를 배 불리는 데

쓰이는 돈은 '미래의 봉준호'를 키우기 위해 쓰여야 한다는 것입니다. 제2, 제3의 봉준호가 될 수 있는 감독들의 영화가 관객들을 만나고, 그들이 계속해서 영화를 찍을 수 있게 만드는 구조만이 한국영화계를 살릴 수 있다는 말입니다. 한류를 이끄는 대한민국에서 이런 당연하고도 원칙적인 사항을 법으로까지 규정해야 한다는 현실이 믿기지 않습니다. 그만큼 우리나라의 극장 상황은 심각했던 것입니다.

'영화산업 구조개혁 법제화 준비모임'에 따르면 미국은 이미 1948년 배급·상영 겸업을 금지(패러마운트 판례)했고, 프랑스는 영화영상법과 편성협약을 통해 8개 이상 스크린을 보유한 극장에서는 영화 한 편이 일일 상영 횟수의 30%를 초과할 수 없도록 하며, 15~27개의 스크린을 보유한 대형 멀티플렉스에서는 한 영화에 일일 최다 4개 스크린만 배정할 수 있게 했습니다. 이들은 해외의 사례처럼 우리도 '스크린 상한제'를 도입해야 할 필요가 있다고 주장합니다. 여태 이런 구조적인 폐해 속에서 좋은 영화들이 관객과 만나지도 못하고 사장돼왔습니다. 영화산업이 시장에서의 공정성을 확보하지 못한다면 이를 조정하고 개선하기 위한 국가의 개입은 불가피합니다.

팬데믹과 엔데믹 상황에서 극장들이 위기를 극복하려는 대책으로 더욱 블록버스터 상영에 치중했던 것은 당시의 부득이한 조건에도 불구하고 근본적인 해결책이었다고 볼 수 없습니다. 결국 극장은 영화가 있어야 극장으로서 존재할 수 있습니다. 극장을 복합문화공간으로 탈바꿈하려는 시도가 대중에게 소구하지 못하는 이유도 그 때문입니다. 공간의 다양한 활용보다 극장의 정체성 상실에 더 방점이 찍

히고 있는 것입니다. 원론적인 얘기이지만 극장은 좋은 영화로 승부를 봐야 합니다. 좋은 영화란 다양성과 연결됩니다. 결국은 콘텐츠인 것입니다. 극장이 장기적으로 생존할 수 있고, 한국영화산업 발전에도 기여할 수 있는 방법은 다양성의 길에 극장이 함께 하는 것입니다.

극장의 진짜 위기는 팬데믹 기간보다 포스트 코로나 2년 차부터 시작될 것이라고 많은 전문가가 지적해왔습니다. 영화의 공급 부족이 극장을 진짜 위기로 몰아넣을 것이라는 말이었습니다. 안타깝게도 이 예측은 현실이 되었습니다. 영화계의 많은 인력이 OTT로 넘어간 현실에서 영화 제작은 예전처럼 활발하지 않습니다. 거의 멈췄다고 봐도 무방합니다. 시리즈물, 드라마로 투자가 몰리며 영화 쪽 신

[포스트 봉준호법] 온라인 서명지[24]

규 투자가 멈춘 상태여서 실제 많은 제작자는 "2025년 이후 한국영화 라인업은 사실상 없다"라고 진단합니다.[25] 근거 없는 얘기가 아닙니다. 이런 상황에서 극장의 선택은 두 가지입니다. 100편 넘게 쌓여 있는 창고영화를 상영하는 것과 OTT와의 온&오프 협력을 강화하는 것입니다. 한국영화 상영의 씨가 마르지 않도록 하기 위해서입니다. 극장이 익숙한 영화, 대작 영화, 할리우드 영화, 일본 애니메이션을 '될 만한 영화'로 여기고 스크린 독과점을 지속하는 한 "이대로 가면 극장은 망한다"는 업계의 경고는 빠른 시간 내에 실현될지도 모릅니다. 어려울수록 기본으로 돌아가야 합니다. 거듭 말하지만 그 기본은 바로 다양성입니다. 모두가 다 아는 이 사실을 극장만 모르는 건 아니라고 믿고 싶습니다.

티켓값보다 더 중요한 것

코로나19가 잠잠해진 이후 오랜만에 극장을 가신 분들은 아마 깜짝 놀라셨을 겁니다. 그사이 티켓값이 이렇게 올랐나 하면서요. 맞습니다. 사상 처음으로 영화관람료가 1만 원대를 넘었습니다. 영화진흥위원회의 「2022년 한국영화산업 결산」 보고서에 따르면 평균 관람요금은 1만 285원으로 멀티플렉스 기준으로 2D 영화의 경우 주중에는 1만 4,000원, 주말엔 1만 5,000원이 되었습니다. 특수상영관(4D·IMAX·ScreenX·Dolby Cinema)의 경우에는 2만 원이 훌쩍 넘어가지요. 간단히 계산해서 두 사람이 주말에 2D 영화를 봐도 티켓값만 3만 원에 팝콘과 콜라를 곁들일 경우 4만 원이 훌쩍 넘습니다. 영화 보기 전후 밥을 먹고 커피라도 한 잔 마시면 2인이어도 만만치 않은 비용이 발생합니다. 이를 확대해 4인 가족이 극장을 찾으면 티켓값과 팝콘값만으로도 이미 10만 원가량이 지출됩니다. 좋은 시절 다 지나간 것 같아 한숨이 절로 나옵니다.

코로나19 팬데믹 이후 지금까지 멀티플렉스 3사는 총 세 차례에 걸쳐 관람가격을 인상했습니다.[26] 우리가 안방극장에서 편하게 영화를 보고 있을 때 밖에서는 이런 '비극'이 일어나고 있었던 겁니다. 물론 극장의 막대한 영업손실이 이유였습니다. 영화관입장권통합전산망 기준으로 코로나19 전해인 2019년 대비 2021년 평균 관람가격 상승률이 자그마치 14.4%였습니다. 이것은 중국 8.6%, 일본 5.2%, 미국 4.5%, 프랑스 3.7%과 비교해 매우 높은 수준의 인상률이었습니다.[27]

그러나 코로나19 기간 동안 큰 폭으로 올라서 그렇지 해외와 비교해보면 우리나라의 티켓값이 그리 비싼 편은 아닙니다. GDP 상위 20개국 가운데 우리나라는 중간 수준(포커스 기준으로 10위, 옴디아 기준으로 9위)입니다.[28] 그런데도 티켓값 인상을 걱정하는 이유는 극장이 향후 어떤 방향으로 사업운용을 할지 그 의도가 충분히 짐작되기 때문입니다. 앞서 얘기했듯 멀티플렉스의 시설이 한층 고급화되고 특수상영관이 증설되는 것은 코로나19에 따른 적자를 만회하고 OTT와의 경쟁에서 생존하려는 극장의 전략입니다. 그런데 여기에 관람료까지 인상했다는 것은 극장에서 관람해야 하는 영화에 대한 구분을 극장이 미리 결정해버렸다는 뜻으로 읽힙니다.

극장 입장에서는 화살을 관객에게 돌릴지도 모릅니다. OTT에 익숙해지고 눈높이가 높아진 대중이 웬만한 영화는 집에서 소비하고 극장에서 봐야 좋을 영화만을 찾아서 극장에 온다고 말입니다. 그런데 실제 그럴까요? 2012년과 2018년 그리고 2022년을 살펴보겠습니다. 2012년은 한국영화의 호황기였습니다. 관객 수가 최초로 1억 명을 돌파한 해가 바로 2012년이었습니다. 박스오피스 상위 10편에 한국영화가 무려 7편이나 있었습니다. <도둑들>, <광해, 왕이 된 남자> 2편은 천만 영화가 됐고 <범죄와의 전쟁: 나쁜 놈들 전성시대>, <내 아내의 모든 것>, <연가시>, <바람과 함께 사라지다>, <건축학개론>, <댄싱퀸> 등 6편이 400만 명 이상이라는 성적을 거뒀습니다. 여기서 주목해야 할 점은 2편이나 천만을 기록했다는 게 아니라 관객 400만 명 이상을 동원한 한국영화가 총 8편이나 된다는 점입니다.[29] 즉 손익분기점을 낮춘 중급 영화들도 얼마든지 관객의 선택을 받고 수익을 거둘 수 있다는 사실을 방증한 것입니다.

한편, 2018년은 2012년과 반대로 '실패의 해'였습니다. 그해 추석 시장에서 <물괴>, <명당>, <안시성>, <협상> 등 순제작비로 100억~220억 원이 든 4편의 한국영화가 손익분기점을 넘기지 못했습니다. 크리스마스 시장에서도 같은 상황이 벌어졌습니다. <마약왕>, <스윙키즈>, <PMC: 더 벙커> 등 3편의 한국영화가 각각 186만 명, 146만 명, 166만 명에 그치며 역시 손익분기점 달성에 실패했습니다. 대작 영화들의 흥행 실패에 대해 업계는 콘텐츠의 식상함을 원인으로 꼽았습니다. 스케일만 크고 서사 전개 패턴이 비슷한 영화들에 관객이 흥미를 잃었다는 것입니다. 소재적으로나 내용적으로나 한국영화의 내용이 거기서 거기라는 평가였습니다. 반면 <곤지암>, <완벽

한 타인>, <너의 결혼식> 등 색다른 장르와 독특한 시선의 저예산 영화들은 흥행에 성공을 거뒀습니다.[30] 360억 원이라는 어마어마한 제작비를 들인 2022년의 대작 영화 <외계+인>이 154만 명이라는 초라한 성적을 거둔 데 반해, 50억 원밖에 안 든 <육사오>가 손익분기점인 165만 명을 훌쩍 넘겨 198만 명의 선택을 받은 사례도 2018년과 같습니다. 결국 핵심은 제작비나 영화의 규모, 유명 배우의 출연 여부 등이 아니라 오로지 개성 있는 콘텐츠인 것입니다.

텐트폴(라인업에서 가장 흥행 가능성이 큰 영화 혹은 성수기 대작 영화) 영화를 밀어붙이면 관객이 선택해주는 시대는 갔습니다. 영화만 좋다면 관객은 언제든 극장을 찾을 것입니다. 실제로 많은 사람이 비싼 티켓값보다 볼 영화가 없어서 극장에 가지 않는다고 말합니다. OTT 구독료에 비해 극장 티켓값이 부담되는 것은 사실이지만 좋은 영화를 볼 수 있다면 그 정도의 비용은 얼마든지 지출할 의향이 있다는 설문조사[31]도 있습니다.

앞서 우리나라의 1인당 영화관람 횟수가 4.37회로 세계 최고라고 밝힌 적이 있는데 이유는 다른 엔터테인먼트에 비해 영화관람이 가성비가 좋았기 때문입니다. 콘텐츠산업 칼럼니스트 문동열은 "일본의 경우 평균 2만 5,000원이라는 높은 티켓값이 일본 영화산업을 침체에 빠뜨린 원인 가운데 하나로 지적되는데, 컬러 TV가 도입되기 전 1인당 영화관람 횟수가 14.3회였다가 현재는 1.4회가 된 데에는 티켓값 인상이 큰 역할을 했다"고 말합니다.[32] 그렇다고 해서 극장이 다시 티켓값을 인하하는 일은 없을 것으로 예상합니다. 이미 다른 물가의 상승이 일반화된 마당에 극장만의 희생을 계속 강요하는 것도 무리입니다.

　그러니 역시 콘텐츠가 답입니다. 극장이 살 수 있는 최선이면서 유일한 길은 다양한 영화, 좋은 영화를 상영하는 것뿐입니다. 극장용 영화가 넷플릭스에 밀리는 건 대중의 관람방식이 변화해서라기보다 콘텐츠의 수준이 차이 나기 때문입니다. 양과 질 모두에서 밀리는 게 사실입니다. 하지만 대중은 극장이 없어지는 것을 원하지 않을 겁니다. 물론 지금과 같은 형태의 극장을 원하는 것은 더욱 아닐 겁니다. 저 개인적으로는 만약 극장이 변화하지 않는다면 그대로 망하는 것도 나쁘지 않을 것 같습니다. 한국영화산업의 80%가 극장 수입에서 나오기 때문에 극장이 망하면 영화산업 자체가 망할 것이라고 두려워하지만, 영화를 사랑하는 우리 국민은 분명 새로운 길을 열 것이라 믿습니다. 스크린 독과점의 멀티플렉스, 작은 영화를 무시하는 멀티플렉스가 아닌 동네 작은 영화관들을 전국 곳곳에 세워 독립예술영화와 다양성을 가진 영화들이 설 자리를 만들겠지요. 이런 희망을 갖는 것도 나쁘지 않습니다. 이것이 제가 지금의 위기를 위기일지언정 절망은 아니라고 생각하는 이유입니다.

3장

무궁화 꽃이 피었습니다

무너져버린 시스템

제가 영화를 소개할 때마다 많은 분이 이런 토로를 하셨습니다. "저희 동네에서는 상영하는 극장이 없어요!", "하루에 한 번 상영하는데 시간이 안 맞네요." 좋은 영화를 찾아 소개하는 입장에서도 이런 현실은 안타까울 때가 많았습니다. 제가 해드릴 수 있는 답은 곧 "부가시장으로 풀릴 테니 조금만 기다렸다가 보시라"는 말이 전부였습니다. 가끔은 '극장에 가고 싶어도 못 가는 게 현실인 이상 영화가 잊히기 전에 빨리 부가시장으로 내려오면 좋겠다'고 생각했습니다. 영화는 관객과 만나기 위해 만들어졌으니 어떻게든 볼 수 있게 하는 것이 최선이라고 생각했습니다. 그래서 저처럼 영화를 소개하는 일을 하는 사람에게나 소비자 입장에서는 홀드백이 붕괴된 것이 꼭 나쁜 일만은 아니었습니다. 물론 이런 생각에 경제논리나 영화산업의 구조적 문제 같은 고민은 포함되어 있지 않았습니다.

지금까지 '홀드백'이라는 용어를 몇 번 언급했는데 이게 정확히 무엇인지 궁금하실 겁니다. 홀드백이란, 극장에서 개봉한 영화가 IPTV나 인터넷 VOD 등 다른 수익구조로 넘어갈 때까지 걸리는 시간을 말합니다. 보통 극장에서 개봉을 하면 30~90일 정도의 기간 동안 상영을 한 뒤, TV VOD(IPTV, 케이블 TV) 시장으로 넘어갑니다. 개봉 후 8주 뒤에는 인터넷 VOD(웹하드, TVOD), 개봉 후 9~12개월 뒤에 비로소 월정액 플랫폼(SVOD)로 이동합니다.[33] OTT는 마지막 단계인 SVOD에 해당하며 인터넷 VOD에 포함됩니다. 이 구조는 극장의 수익을 극대화하기 위한 장치인데, 실제로 홀드백이 깨지면 모든 산업이 타격을 받게 됩니다. 팬데믹 시기 동안 홀드백 붕괴로 가장 큰 손실을 본 시장은 IPTV와 인터넷 VOD 시장이었습니다. OTT가 다른 시장들을 거의 흡수해버렸기 때문입니다.

VOD란, Video on Demand의 약자로 '주문형 비디오'를 말한다.

TV VOD는 KT, SK브로드밴드, LG유플러스 등의 IPTV와 케이블 TV로 나뉘고, 인터넷 VOD는 포털사이트와 각종 영상모음사이트에서 건별 결제 방식(TVOD·Transactional Video On Demand)으로 운영하는 서비스를 말한다.

SVOD(Subscription Video On Demand)는 월정액으로 영상을 구독하는 방식으로 넷플릭스 등 현재 OTT 플랫폼에서 가장 많이 사용하는 서비스이다. 점점 SVOD와 TVOD를 병행하는 OTT가 많아지고 있다.

아래 표에서 보는 것처럼 코로나19가 시작된 2020년과 2021년에 TV VOD 시장과 DVD·블루레이 등 부가시장의 매출이 전부 감소세(-)로 돌아섰고, 인터넷 VOD 시장에서도 OTT만 증가세(+)를 보이며 웹하드 시장은 급감하는 것을 알 수 있습니다. 2022년 영화진흥위원회에서 「2020~2021년 영화소비자 행태조사」 보고서에 따르면 코로나19 전(2018년)에는 극장 다음으로 IPTV 시장을 통해 영화를 주로 관람하던 사람들이 코로나19 발생 이후(2020~2021년)에는 극장과 OTT 중심으로 영화를 관람하는 것으로 조사됐습니다. 규모가 4,000억 원 이상으로 부가시장 중에서 가장 큰 비중을 차지했던

2017~2021년 부가시장 매출 규모

(단위: 억 원, %)

구분		2017년	2018년	2019년	2020년	2021년
매출액	TV VOD	3,543	3,946	4,059	3,368	2,479
	DVD·블루레이 등	67	65	104	97	60
전년 대비 증감률	TV VOD	5.9%	11.4%	2.9%	-17.0%	-26.4%
	DVD·블루레이 등	-32.3%	-3.0%	60.0%	-6.7%	-38.1%

「2022 한국영화연감」, 영화진흥위원회, p48

2017~2021년 인터넷 VOD 시장 매출 규모

(단위: 천 명, %)

구분		2017년	2018년	2019년	2020년	2021년
OTT	규모	544	541	718	631	976
	비중	72.3%	74.3%	77.2%	80.1%	91.5%
웹하드	규모	208	187	212	157	91
	비중	27.7%	25.7%	22.8%	19.9%	8.5%

「2022 한국영화연감」, 영화진흥위원회, p55

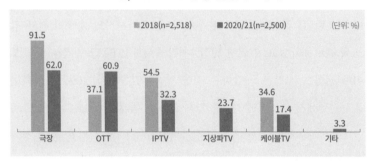

2018년, 2020-2021년 영화관람 경로 추이

■ 2018(n=2,518)　■ 2020/21(n=2,500)　(단위: %)

경로	2018	2020/21
극장	91.5	62.0
OTT	37.1	60.9
IPTV	54.5	32.3
지상파TV		23.7
케이블TV	34.6	17.4
기타		3.3

「2020-2021년 영화소비자 행태조사」, 영화진흥위원회, p68

IPTV 매출은 20% 넘게 감소했습니다.

홀드백의 붕괴는 다양한 방식으로 나타났습니다. 어떤 영화들은 극장과 OTT에서 동시 개봉을 했고, 또 어떤 영화들은 극장 개봉을 포기하고 바로 OTT로 직행했는데 <서복>은 동시 개봉을 선택한 첫 작품입니다. 한편 <해피 뉴 이어>는 최초로 영화와 시리즈를 동시에 제작한 작품입니다. 처음에 영화로 개봉했다가 이후 시리즈물로 다시 나온 것입니다. 극장 상영을 포기하고 넷플릭스로 직행한 영화들은 <사냥의 시간>, <콜>, <승리호>, <낙원의 밤>이 대표적입니다.

넷플릭스로 직행한 첫 번째 영화는 바로 <사냥의 시간>입니다. 이 영화에는 아주 긴 사연이 있습니다. 애초에 이 영화는 2020년 2월 26일 극장 개봉 예정이었다가 코로나19 사태가 악화하면서 몇 차례 개봉이 연기됐습니다. 이 영화의 투자·배급사인 리틀빅픽쳐스는 끝내 극장 개봉을 포기하고 넷플릭스에서의 개봉을 결정했습니다. 그런데 문제가 생겼습니다. 리틀빅픽쳐스와 계약관계를 맺고 있던 해외 세일즈사 콘텐츠판다가 이미 2019년부터 약 30개국의 해외에 판권을 선판매한 상태였고, 추가로 70개국과 계약을 앞두고 있었습니다. 그런 상황에서 갑작스런 넷플릭스행이 결정되자 콘텐츠판다는 이중계약을 문제 삼아 법원에 상영금지 가처분 신청과 계약해지 무효 소송을 냈습니다. 다행히 양측의 합의로 <사냥의 시간>은 넷플릭스에서 4월 23일 전 세계 190개국에 동시 공개됐는데요. 코로나19로 극장 개봉을 해도 손실을 볼 게 뻔한 상황이었던 만큼 제작비라도 회수하는 것이 양측 모두에게 이익이 되리라 판단했을 것입니다. 실제 넷플릭스와의 계약금은 제작비 120억 원을 회수하는 수준인 것으로 알려졌습니다. <승리호>도 마찬가지입니다. 한국 SF 영화로 제작단계에서부터 큰 기대를 모았던 <승리호>는 극장 개봉 대신 넷플릭스와 계약하면서 제작비 240억 원보다 30% 높은 310억 원에 판매해 제작비 회수라는 안정적인 길을 선택했습니다.

한편, 2022년에는 극장과 OTT에서 동시 공개를 하되 순차적, 독점적으로 개봉을 한 작품들이 있었습니다. <한산>과 <비상선언>이 그 작품들입니다. 텐트폴 영화인 두 작품은 극장 개봉 뒤 4주 만에 쿠팡플레이에서 독점공개를 했는데 쿠팡이 두 영화에 부분 투자사로 참여하는 대신 자사 플랫폼에서만 공개하는 것으로 계약을 한 것입니다. 기존의 유통 과정인 IPTV나 인터넷 VOD 서비스를 거치지 않아 부가시장에서의 수익은 챙길 수 없었지만, 제작사 입장에서는 투자금액을 보존하고 극장의 흥행 리스크를 줄일 수 있었던 점이 매력적이었을 것입니다. 쿠팡은 두 영화에 각각 300억 원 정도를 지불한

것으로 알려졌습니다.[34]

지금까지 극장이 퍼스트 윈도우(First Window)로서 굳건히 자리 매김했기 때문에 창작자 입장에서는 스크린에 적합한 콘텐츠를 제작하는 게 우선이었습니다. 그런데 홀드백이 붕괴되면서 일부 제작자들은 기대감을 드러내기도 했습니다. 극장 중심에서 벗어나 더욱 다양한 방법으로 콘텐츠 제작이 이루어질 것으로 내다본 것입니다. 코로나19 첫해인 2020년 부산영상위원회가 주최한 특별좌담회에서 전 부산국제영화제 아시아필름마켓 전문위원이자 동네이엔티㈜ 대표인 채수진은 "극장 의존도가 높은 고예산 영화가 아닌 중·저예산 영화들의 경우 코로나 이후 부상하는 플랫폼과 그에 따른 투자, 배급 방식을 기회로 활용할 필요가 있다"면서 향후 다양한 장르의 융합 콘텐츠가 보다 탄력적으로 영화·영상 소비자들을 흡수할 수 있을 것으로 전망한 적이 있습니다.

채수진 대표의 얘기는 영화·영상산업계의 모든 사람이 한목소리로 필요성에 공감하고 동의하며 지향하는 바이기도 합니다. 즉 하나의 IP(지식재산권)로 플랫폼 특성에 맞게 제작, 공급하는 방식의 구조를 정착시키는 것입니다. 앞서 얘기한 곽재용 감독의 <해피 뉴 이어>가 바로 그런 예입니다. 이 영화는 극장과 OTT에 동시 개봉했을 뿐만 아니라 영화와 시리즈를 나누어 제작한 최초의 작품이었습니다. 2021년 12월 29일, 극장과 티빙에서 동시 상영으로 개봉했다가 다음 해인 2022년 1월 26일, 시리즈물인 6부작으로 새로 공개한 것입니다. 조성희 감독의 <승리호>도 좋은 예에 해당합니다. <승리호>는 기획 단계부터 영화는 넷플릭스에, 웹툰은 카카오페이지에 제공하는 전략을 취했습니다. 하나의 IP를 플랫폼에 맞는 형태로 공급하면서 수익을 다변화하는 이와 같은 사례들은 향후 콘텐츠 제작방식의 뉴노멀이 될 것입니다. 그리고 이런 방식으로 제작 및 배급, 유통 구조가 안착되면 오랫동안 견고하게 유지해온 홀드백 기준도 유연하게 통용될 것으로 보입니다. 현재 극장의 수익이 악화되고 IPTV 등 부가시장에 타격이 커지면서 홀드백 규제를 강화해야 한다는 목소리가 높지만, 36개월이라는 긴 홀드백을 유지했던 프랑스조차 2022년 1월, 극장 상영 후 SVOD(구독형 VOD)로의 홀드백 기간을 15개월로 결정했습니다. 이처럼 홀드백 축소는 이제 거부할 수 없는 세계적 흐름입니다.

물론 아직은 과도기입니다. 표준 홀드백의 도입이 필요한지, 그것이 실효성이 있을지 지속적인 논의가 이루어져야 할 것입니다. 지금의 미디어시장 환경은 코로나19라는 예기치 못한 상황에서 급변한 것이므로 극장과 부가시장 주체들 간에 상생협력과 건강한 생태계 구축을 위한 합의 과정이 필요합니다. 여기에서도 원칙은 하나입니다. 콘텐츠의 다양성입니다. 지금까지 극장을 지키기 위해 홀드백이 필요했다면 이제는 무게중심을 단수에서 복수로 확장하려는 노력을 기울여야 합니다. 극장 중심, 특히 멀티플렉스 중심의 구조가 콘텐츠의 양극화를 야기한 주범으로 지적되는 것처럼 무게중심이 어느 한 쪽으로 쏠리는 것은 지양해야 합니다. OTT 플랫폼이 극장만큼 혹은 그보다 강력해졌다고 해서 OTT만 잘되게 할 수는 없는 것입니다. 시장이 자체적으로 질서를 확립할 동안 정부는 공정한 경쟁을 위한 법적·제도적 지원과 시장실패의 가능성, 소외영역의 안전망 확보를 위한 대비책을 면밀히 준비해야 합니다. 이 문제는 특히 유럽에서 심도 있는 논의를 진행하고 있습니다. 유럽의 움직임을 살피며 글로벌 기준에 부합하면서도 우리나라의 실정에 맞는 정책을 마련하는 데 심혈을 기울여야 할 것입니다.

피자마자 시드는 꽃

2010년 티빙을 시작으로 2016년에 넷플릭스와 왓챠가, 2019년에는 웨이브, 2020년에는 쿠팡플레이, 2021년에는 디즈니플러스와 애플TV플러스가 동시에 런칭하면서 현재 국내에는 총 7개의 OTT 사업자가 서비스를 하고 있습니다. 미국 워너미디어가 운영하는 HBO MAX는 국내에 먼저 들어온 디즈니플러스와 애플TV플러스의 부진을 보고 웨이브와 협업하기로 계획을 변경했습니다. 같은 방식으로 파라마운트플러스는 티빙과 제휴를 맺었습니다.

순위로는 넷플릭스가 다른 OTT에 비해 절대강자로 우위를 점한 가운데 티빙과 쿠팡플레이, 웨이브가 후순위를 다투고 있으며 넷플릭스가 국내에 상륙했던 2016년부터 서비스를 시작했던 왓챠는 장기적인 침체를 겪고 있습니다. 초반 부동의 1위를 고수하던 웨이브가

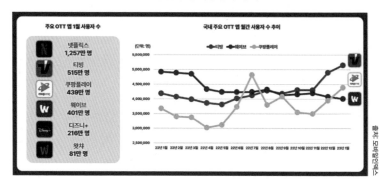

OTT 사용자 수와 사용자 수 추이

2023년 1월 쿠팡플레이에 순위를 뺏긴 이후 1~3위의 자리는 고착되었는데 2023년 하반기 무렵 1위인 티빙과 3위인 웨이브의 합병설이 돌기 시작했습니다. 몸집을 키워 넷플릭스를 따라잡자는 명분을 내세웠지만 속내는 달라 보입니다.

그동안 OTT는 코로나19 특수를 누렸다는 평가를 받았습니다. 팬데믹 시기 동안 국내 OTT가 합종연횡을 거치며 우후죽순 사업에 뛰어든 것은 사실입니다. 그리고 그 배경에는 국내의 유명한 영화감독과 영화계 인력들이 OTT와 손을 잡게 된 점도 있습니다. 극장이 문을 닫으면서 어쩔 수 없이 선택한 길이기도 했지만, OTT가 창작자, 제작자에게 매력적인 환경을 제공한 덕이기도 했습니다. 제작비 회수(리쿱·recoup)라는 안정성, 막대한 투자비, 사전제작과 창작의 자유 보장, 글로벌 OTT의 경우 전 세계로 동시 송출이 가능해 글로벌 진출이 용이하다는 점이 그들에겐 기회의 장이 된 것입니다.

실제 OTT로 간 영화계 인재들의 활약은 눈부셨습니다. 봉준호 감독의 <옥자>를 시작으로 김성훈 감독의 <킹덤>, 한준희 감독의 <D.P.>, 연상호 감독의 <지옥>, 황동혁 감독의 <오징어 게임>, 김지운 감독의 <Dr.브레인>, 이준익 감독의 <욘더>, 강윤성 감독의 <카지노>, 변성현 감독의 <길복순>, 홍원찬 감독의 <갱스터>, 정지우 감독의 <썸바디>, 이병헌 감독의 <닭강정>, 김주환 감독의 <사냥개들> 등 지속적으로 라인업이 되고 있습니다. 그리고 <오징어 게임 시즌2>도 우리를 기다리고 있지요. 영화감독들의 OTT 시리즈 진출로 K-콘텐츠의 퀄리티가 좋아진 것은 확실합니다. 그 유명한 <오징어 게임>이 그 사실을 입증하고 있습니다.

<오징어 게임>은 그야말로 OTT의 한 획을 그은 글로벌 흥행작품입니다. 순식간에 전 세계에서 신드롬을 일으켰습니다. 넷플릭스의 발표에 따르면 오늘의 'Top 10'에서 21일 연속 1위를 장식하며 무려 94개국에서 1위에 등극했습니다. 공개 1주일 만에 이룬 성적입니다. 전 세계에서 1억 1,100만 가구가 16억 5,045만 시간 동안 시청했다는 기록입니다. 이 수치는 2022년 9월 12일 미국에서 열린 제74회 에미상 시상식에서 총 6관왕 수상이라는 결과로 이어졌습니다. 여우게스트상과 시각효과상, 스턴트퍼포먼스상, 프로덕션디자인상에 이어 남우주연상(이정재)과 감독상(황동혁)을 수상하면서 비영어권 드라마 최초의 에미상 수상 기록을 남겼습니다. 이러한 성과들로 인해 K-콘텐츠에 대한 세계적 관심이 높아져 수출실적에 긍정적 영향을 끼친 것으로 보입니다. 영화진흥위원회의 「2022년 결산보고서」에 의하면 2022년은 한국영화의 해외 수출이 회복을 넘어 성장세를 보인 해

<오징어 게임>의 한 장면

로써 전년 대비 47.0% 상승해 7,147만 달러의 실적을 달성했습니다. 2005년 7,599만 달러 이후 최고 기록이라고 합니다.

하지만 이들의 활약이 국내 OTT의 성장으로 이어지지는 못했습니다. 코로나19 특수는 모든 OTT가 아닌 넷플릭스에만 해당된다는 것이 주지의 사실입니다. 이미 2020년에 왓챠의 김요한 전 콘텐츠개발 이사가 정확하게 예측을 한 바 있습니다. "지금은 OTT의 시대가 아니라 넷플릭스 시대이며 빠르면 1~2년 안에 이 시장이 정리될 수도 있다"[35]고 말입니다. 안타깝게도 이 말은 현실이 되었습니다. OTT 플랫폼의 부침이 예상보다 빨리 찾아온 것입니다.

2020년 한 해 동안 OTT의 호황기가 시작되는가 싶더니 2021년부터 심상치 않은 수치들이 보이기 시작했습니다. 2021년 한 해만 티빙이 762억 원, 웨이브 558억 원, 왓챠 248억 원으로 3개 국내 OTT만 합친 영업손실이 1,500억 원이 넘습니다. 2022년 상황은 더욱 심각합니다. 티빙은 400억 원이 증가한 1,190억 원의 손실을 기록했고, 웨이브는 2022년 3분기 기준 당기손실이 982억 원으로 2022년 한 해 티빙보다 더 큰 규모의 손실을 본 것으로 알려졌습니다. 이 현상은 당분간 지속될 것으로 보입니다. OTT 간의 치열한 경쟁과 오리지널 콘텐츠를 확보하기 위한 제작비 상승은 적자의 폭을 키우는 요인이 되고 있습니다. 미디어미래연구소에 따르면 2022년 OTT시장에서 오리지널 콘텐츠 투자비는 총 260억 달러(약 32조 800억 원) 이상으로 전년보다 25% 증가했다고 합니다.

2022년 유일하게 수익을 낸 넷플릭스 역시 가입자 수는 감소하는 추세입니다. 2020년 팬데믹 시기에 넷플릭스는 2억 구독자를 돌파했습니다. 2019년 대비 3,700만 유료 구독자가 증가한 것입니다. 2021년 4분기 2억 2,185만 명으로 넷플릭스의 구독자는 정점을 맞지만, 2022년 1분기부터 상황은 달라지기 시작합니다. 직전분기 대비 20만 명이 감소하고 주가가 35% 급락하면서 2분기에도 97만 명이 이탈했습니다. 넷플릭스의 탄생 이후 11년 만에 처음으로 가입자 수가 감소한 것입니다. 2022년 4분기 영업이익은 전년 동기 대비 13% 감소한 5억 5,000만 달러, 순이익은 전년 동기 6억 700만 달러 대비 91% 급감한 5,500만 달러인 것으로 집계됐습니다.

이러한 현상에는 여러 가지 원인이 지목되고 있습니다. 단기간에 큰 이탈자가 생긴 것은 러시아-우크라이나 전쟁 요인도 있지만, 전반적으로 OTT의 호황기가 끝나가는 흐름에서 넷플릭스라고 예외일 수 없었던 것으로 보입니다. 오리지널 콘텐츠를 확보하기 위한 OTT

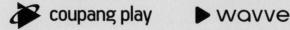
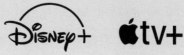

들의 경쟁이 격화하면서 천정부지로 제작비가 상승하는 가운데 킬러 콘텐츠를 확보하기는 어려운 상황인 것입니다. 코로나19 상황이 완화되면서 극장이 조금씩 살아나고 사람들의 야외활동이 증가하면서 실내에서의 영상시청이 줄어든 이유도 큽니다. 업계에서는 'OTT의 성장은 이제 끝났고 지금의 판도에서 어떻게 순이익을 높일 것인가가 관건'이라는 진단이 나오고 있습니다. 이 진단의 맞고 틀림을 가르는 것은 아직 이른 것 같습니다. OTT 업계가 나름대로 열심히 생존의 길을 강구하고 있기 때문입니다.

생존을 위한 몸부림

콘텐츠 차별화&과감한 투자

가장 눈에 띄는 콘텐츠는 공연실황을 단독 공개하는 것과 스포츠 경기를 독점 중계하는 것입니다. 티빙은 가수 임영웅의 '아임 히어로 (IM HERO)-앵콜' 서울 공연 실황을 선보였고, 웨이브는 K팝 아티스트 총출동 '서울페스타 2022' 행사를 독점으로 공개한 바 있습니다. 스포츠 중계에 공을 들인 OTT는 쿠팡플레이입니다. 2022년 7월 쿠팡플레이는 100억 원을 투자해 손흥민 선수의 소속팀인 토트넘 홋스퍼 방한 경기를 독점 생중계했는데 이를 통해 1,000만 명의 이용자를 유입한 것으로 알려졌습니다. 거기다 해외 축구 구단 초청 경기 및 미국 내셔널 풋볼리그(NFL)를 단독 중계하는 등 '쿠팡플레이 시리즈'가 대흥행을 하며 MAU(월간활성이용자) 490만여 명을 끌어들여 티빙과 웨이브를 모두 제쳤습니다. 쿠팡플레이는 대한축구협회와 2025년 8월까지 공식 파트너 계약을 체결하고 국가대표팀의 월드컵 다큐멘터리 제작 및 월드컵, 올림픽 대표팀의 경기를 생중계하기로 했습니다.

그러나 이 전략만으로는 부족했습니다. 볼 게 많아서 무엇부터 봐야 할지 고민했던 팬데믹 시기가 지나고 엔데믹이 일상이 되어가던 중 OTT 이용자들 사이에서는 조금씩 '볼 것이 없다'는 불만이 나오기 시작했습니다. 극장이 스크린에 걸 영화가 없다고 아우성일 때 OTT에서도 조금씩 비슷한 양상이 펼쳐지기 시작했습니다. 유사한 콘셉트와 포맷의 예능은 넘쳐나는 반면 양질의 오리지널 콘텐츠는 찾기 어려워졌습니다. 이러한 상황에서 그동안 다양한 OTT 구독의 피로도가 쌓인 시청자들은 OTT를 떠나기 시작했습니다.

구독자 숫자가 곧 수익으로 이어지는 구조를 가진 OTT로서는 기존의 회원들을 붙잡고(잠금효과·Lock-in) 새로운 회원들을 유입하기 위해 질 좋은 오리지널 콘텐츠를 꾸준히 제작해야 합니다. 다음 쪽 표에서 보듯 2022년 넷플릭스의 이용자 수(MAU) 추이를 살펴보면 <지금 우리 학교는>(22.1.28.), <수리남>(22.9.9.) 등 명절 연휴 주간 오리지널 콘텐츠 공개 전후에 신규 가입 건수가 급증했습니다. <더 글로리>(22.12.30.)[36]가 시즌1, 시즌2 모두 흥행에 성공하면서 또 한 번 유입률이 증가했습니다. 디즈니플러스 또한 연말에 공개한 오리지널 콘텐츠 <카지노>가 인기를 끌며 12월 앱 유입률이 주요 OTT 가운데 가장 높은 42.5%를 기록했습니다. 티빙의 연말 MAU 상승은 시즌과의 합병 영향도 있지만 신규 가입 건수 120%, 재방문율 50%를 이끌어낸 <술꾼도시여자들 시즌2> 공개의 영향이 적지 않았습니다. 반면 2022년 한 해 동안 다소 주춤했던 웨이브는 <약한영웅> 등 오리지널 콘텐츠의 파급력이 비교적 크지 않았습니다.

이런 이유로 OTT 업체들은 적자 규모가 커지고 있는 상황에서도

명절 기간 신규 가입자 수 추이

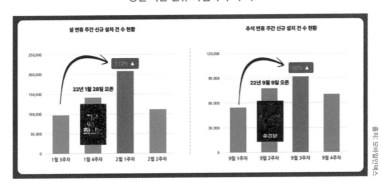

2022년 4분기 유입률 추이[37]

오리지널 콘텐츠 투자를 늘리겠다는 계획을 발표했습니다. 웨이브는 2025년까지 1조 원을 투자하고 2023년 동안 유료가입자 500만 명, 매출액 5,000억 원을 달성하겠다는 목표를 발표했습니다. 2022년 7월 KT가 운영했던 시즌(Seezn)을 인수 합병하며 국내 OTT 순위에서 1위에 등극한 티빙도 2023년까지 4,000억 원의 투자계획을 발표했습니다. 유일한 강자 넷플릭스가 밝힌 2023년 한국시장 콘텐츠 투자액은 9,000억 원에 이릅니다. 넷플릭스는 향후 4년간 이와 같은 규모로 계속 투자하겠다고 밝히기도 했습니다.[38]

극장과의 협업

OTT의 공룡 넷플릭스를 제외하면 국내 OTT는 절대강자가 없습니다. 따라서 OTT 경쟁이 심화될수록 자체 프로그램을 제작할 수 있는 대형 업체들이 생존에 유리하지 않겠느냐는 추측이 설득력을 얻고 있습니다. 대기업이 모회사인 OTT 업체의 경우 제작비 보전에 대한 부담을 덜 수 있기 때문입니다. 예를 들어, CJ ENM이 운영하는 티빙은 CJ의 계열사인 CGV와 손을 잡았습니다. 앞서 극장과 OTT에서 동시 개봉을 한 첫 영화로 <서복>을 소개했는데 이것이 바로 CGV와 티빙이었습니다. 또한 티빙은 자사와 CGV 극장을 동시에 이용할 수 있는 'CGV PLUS'라는 구독시스템을 출시했습니다. 이렇듯 앞으로도 티빙은 CJ 산하 계열사와 서로 많은 도움을 주고받게 될 것입니다.

협업은 미국에서도 나타나는 현상입니다. 디즈니, 워너브라더스는 극장과 OTT의 전방위적 콘텐츠 공급처입니다. 규모의 경제에서 생존 가능한 OTT 업체들이지요. 미국의 대형 통신사 AT&T 계열인 워너브라더스 픽처스는 AT&T가 운영하는 OTT인 'HBO MAX'에서도 신작 영화를 동시 개봉하고 있습니다. 전 세계 극장가를 장악한 디즈니 역시 자사의 주요 콘텐츠를 극장과 OTT 업체인 디즈니플러스에 함께 공개할 계획을 갖고 있습니다.

일각에서는 OTT만 운영하던 넷플릭스가 극장 활로를 모색할 거라 전망하기도 합니다. 아직은 일부의 의견이지만 미디어환경의 급변 속에서 플랫폼끼리의 이합집산과 콜라보는 언제든 자연스럽게 이루어질 수 있습니다. 아마존의 경우가 그렇습니다. e커머스 기업인 아마존은 자사의 OTT인 아마존프라임비디오를 통해 공개해왔던 콘텐츠들을 극장에서도 개봉하겠다는 계획을 밝혔습니다. [극장 편]에서도 언급했지만 아마존은 2022년 초 영화·드라마 제작사인 MGM을 인수한 뒤 10억 달러를 투자해 12~15편의 극장용 영화를 제작하겠다고 밝혔습니다.

이렇게 극장은 극장대로 새로운 비즈니스 모델을 구축하느라 분투하듯이 OTT는 OTT대로 생존을 위한 투쟁 중입니다. 결국 이 둘은 공존의 방정식을 세울 수밖에 없을 것입니다. 왜냐하면 극장에 많이 가는 소비자가 OTT 영화도 많이 보기 때문입니다. 극장 영화관람 횟수와 스트리밍 이용 시간을 비교한 미국의 EY 조사에 따르면, 극장 영화관람 횟수가 1년에 3~5회인 사람은 일주일에 4~7시간 정도스트리밍 서비스를 이용(33%)하고, 극장 영화관람이 1년에 9회 이상인 사람은 15시간 이상을 이용(31%)한다고 합니다. 이 조사결과는 스트리밍 서비스가 극장 관객을 감소시키는 것이 아니라, 오히려 반대로 극장에 자주 가는 사람이 스트리밍 서비스도 많이 이용한다는 사실을 보여줍니다. 15개 국가를 대상으로 한 앰퍼러 애널리시스의 조사에서도 비슷한 결과를 말해줍니다. 이 조사에 따르면 9개 국가에서 SVOD(구독형 VOD) 가입자가 비가입자보다 최소 2배 더 많은 극장 관람 횟수를 보였다고 합니다.[39]

요금제 변화 vs. 해외 OTT와의 협업

넷플릭스는 2016년 서비스를 시작한 뒤 2021년 11월 처음으로 요금제를 인상했습니다. 가장 낮은 요금인 '베이직'은 9,500원으로 동일했지만 '스탠다드'는 12,000원에서 13,500원으로 12.5% 증가했고, '프리미엄'은 14,500에서 17,000원으로 17.2% 증가했습니다. 가입자 수 감소에 따른 요금제 인상 뒤 넷플릭스는 또 하나의 방법을 강구합니다. 바로 광고형 요금제 도입입니다. 콘텐츠에서 광고가 나오는 대신 구독료를 베이직 요금의 절반 정도인 5,500원으로 대폭 낮춘 점이 특징입니다. 광고에 대한 이용자들의 거부감이 큰 게 현실이지만 새로운 가입자들에게 가격부담을 덜어 진입장벽을 낮추겠다는 전략이었습니다.

한편 넷플릭스는 미국에서 계정공유 금지를 단행하고 한국에서도 똑같은 조치를 시행하겠다고 밝혔습니다. 이에 국내 이용자들의 반발이 심해지고 있는 상황인데요. 한국언론진흥재단 미디어연구센터가 20~50대 국내 넷플릭스 이용자 1,000명을 대상으로 실시한 설문조사 결과에 따르면 응답자 10명 중 6명은 계정공유 유료화 정책 시행 시 넷플릭스 이용을 중단하겠다고 답했습니다.[40] 이런 반발 움직임에도 넷플릭스는 계정공유 금지가 장기적으로는 이익이 될 것으로 판단하고 있습니다. 실제로 이 예상이 맞아떨어지고 있기 때문입니다. 넷플릭스는 2023년 5월 100개 이상의 국가에서 계정공유를 유료화한 결과, 각 지역 매출이 이전보다 늘었다고 밝혔습니다. 2023년 2·4분기 가입자가 589만 명 증가했는데, 이는 지난해 같은 기간보다 8.0% 늘어난 수치이며 특히 미국, 캐나다에서 급증세를 보여 지난 1·4분기 10만 2,000개에 그쳤던 신규계정이 2·4분기 117만 3,000개로 급증했다고 합니다. 국내의 여론 추이를 살피겠지만 결국 한국에서도 계정공유 금지 조치는 시행될 것으로 보입니다.

국내 OTT들은 광고형 요금제를 비롯해 요금제에 변화를 주지 않았습니다. 대신 해외 OTT와의 파트너십을 강화하는 방향으로 전략을 세우고 있습니다. 티빙은 파라마운트플러스 브랜드관을 두어 협업하고 있는데 이준익 감독의 <욘더>에 양사가 공동투자를 하고 파라마운트플러스를 통해 세계 27개국에 공개했습니다. 전우성 감독의 <몸값> 역시 파라마운트플러스에서 공개됐으며 2023년 총 5편의 티빙 오리지널이 파라마운트플러스를 통해 해외 시청자를 만날 예정입니다. 또한 e커머스 기업인 쿠팡은 로켓와우 멤버십 가입자들에게 쿠팡플레이 이용권을 무료로 제공하고 있습니다. 아마존과 아마존이 운영하는 아마존프라임과 동일한 형태입니다. 또한 웨이브는 2022년 미주지역 유일의 K-OTT 플랫폼인 '코코와(KOCOWA)' 운영사 코리아콘텐츠플랫폼(KCP)을 인수하고 새로운 도약을 예고했습니다. 코코와는 현재 미국·캐나다·멕시코·브라질 등 북중남미 지역 35개국에서 K-콘텐츠를 제공하고 있습니다.

코로나19라는 미증유의 사태가 불러온 갑작스런 산업의 변화로 인해 특수를 누린 '코로나의 수혜주'로 불리고 있지만, 이미 OTT 플랫폼은 K-콘텐츠를 생산하고 유통하는 큰 축이 되었습니다. 그러나 OTT가 지금의 과도기를 넘어 생존하고 지속 가능한 성장을 하기 위해서는 넘어야 할 산이 많습니다. 단시간에 급성장한 만큼 다양한 문제점과 과제를 동시에 안고 있습니다. OTT 자체의 문제이기도 하지만 큰 틀에서는 한국영화산업의 문제입니다. 국내외를 막론하고 모든 OTT 업계에서 다양한 방법으로 시도하는 자구책들이 얼마나 효과를 거둘지는 계속 지켜볼 수밖에 없지만, 극장의 미래와 마찬가지로 OTT의 미래도 결국 콘텐츠에 달려있다는 것을 강조하고 싶습니다. 결국 이용자들은 볼거리를 찾아 움직일 것이기 때문입니다. 근본은 언제나 변하지 않습니다.

왓챠의 미래를 점치다

국내 OTT 중 꼴찌, 왓챠의 현재 성적입니다. 2016년 티빙 다음으로 OTT 시장에 등장해 국내 토종 OTT의 진정한 아이콘으로 불려왔던 왓챠는 2022년 7월부터 꾸준히 매각설이 돌고 있습니다. 하지만 아무도 주목하지 않는 왓챠를 다시 눈여겨볼 필요가 있습니다. 왓

왓챠의 아이콘[41]

챠는 영화 평점 앱인 왓챠피디아로 시작해 벤처캐피탈로부터 1,000억 원 이상의 투자를 받은 스타트업 기업으로 지금까지 꾸준히 기업가치를 성장시켜 왔습니다. 흑자기업은 아니었지만 빠른 성장 속도로 OTT 시장에서 인지도를 쌓던 중 2022년 초부터 투자시장이 급속도로 얼어붙으면서 위기에 봉착했습니다. 금리 인상 추세에 따른 국제 금융 상황 때문입니다. 스타트업 기업은 벤처캐피탈의 투자가 지속되어야 운영이 가능한데 금리 인상으로 투자 심리가 위축된 것입니다.

이렇게 어려운 상황임에도 왓챠에 관심을 두는 이유는 국내 OTT 중 유일하게 마이너 장르 중심으로 차별화된 콘텐츠를 선보이기 때문입니다. 2022년 2월 공개한 BL장르[42] <시멘틱 에러>는 왓챠만의 경쟁력을 보여주는 성공사례입니다. 30개국 1,100만 유저로부터 6억 5,000만 개의 평점 데이터를 축적하여 개개인의 취향을 분석해 맞춤 콘텐츠를 제공하는 왓챠는 <시멘틱 에러>의 제작에 이 평점 데이터를 활용했습니다. 이 자료를 토대로 이용자 수요와 흥행 가능성을 예측했던 것입니다. 왓챠의 한 관계자에 따르면 국내 최대 콘텐츠 평가 플랫폼으로 인정받는 '왓챠피디아'는 밖으로는 이용자들에게 만족도 높은 콘텐츠를 추천하는 서비스를 제공하고, 안으로는 향후 수급될 콘텐츠의 종류, 오리지널 콘텐츠의 제작 및 투자 방향을 결정하는 데 큰 도움이 된다고 합니다. 왓챠의 콘텐츠 경쟁력은 <좋좋소>에서도 확인되는데, 이 작품은 직장인들의 애환을 다룬 블랙코미디로 인기작이었던 <미생>을 뛰어넘는 시리즈라는 호평 속에 티빙 오리지널 드라마

<술꾼도시여자들>, <괴이>와 함께 '2022 칸 국제시리즈 페스티벌'에 초청되었습니다.

가입자 수로는 국내 OTT 중 꼴찌이지만 진성회원이 많아[43] 비교적 다른 OTT에 비해 가입이탈률이 적다는 점이 왓챠의 특징입니다. 왓챠피디아 토대에 진성회원이라는 장점으로 성공하고 있는 콘텐츠가 바로 일본드라마 시리즈입니다. 일본드라마는 탄탄한 마니아층을 갖고 있어 차별화된 콘텐츠를 제공하는 왓챠의 성격과 잘 맞습니다. 왓챠가 지금처럼 '선택과 집중' 원칙의 스타트업 정신을 잃지 않는다면 OTT산업의 새로운 기준과 방향성을 보여주는 모범 기업으로 성장하리라 생각합니다. 이는 OTT의 수익모델 구조 때문이기도 합니다. OTT는 '구독자 기반'의 스트리밍 서비스입니다. 가입 기간도 기본적으로는 월 단위입니다. 당연히 불안정한 구조일 수밖에 없습니다. 오리지널 콘텐츠가 인기를 끌면 가입자가 폭증했다가도 지속적으로 인기 콘텐츠가 공급되지 않으면 언제든 해지할 수 있기에 안정적인 수익을 내기가 쉽지 않은 구조입니다. 치솟는 콘텐츠 제작비도 문제입니다. 국내 OTT 모두 적자에 허덕이는 모습을 보면 과열 경쟁이 낳은 제작비 인상이 결국 OTT 성장의 발목을 잡을 것으로 보입니다. 앞서 말한 대로 수익 다각화를 위해 사업체마다 여러 방법을 고안하고 있지만 '월 단위 구독자 중심' 구조에서는 사실상 지속 가능한 수익모델을 기대하기가 어렵습니다. 이럴 때 필요한 것이 바로 저예산 영화, 아트시네마, 장르물 등 타 OTT들이 제공하지 않는 다양한 영화를 보유하면서 적은 제작비로도 좋은 퀄리티의 콘텐츠를

생산할 수 있는 능력입니다. 파급력은 낮아도 왓챠는 꾸준히 이 도전을 해오고 있습니다. 이것이 왓챠의 재도약을 기대하는 이유입니다.

K-정부는 뭘 하고 있나

세액공제

팬데믹의 시작과 함께 OTT가 한창 성장하던 2020년부터 업계는 OTT에 대한 법적 정의를 끊임없이 요구해왔습니다. 그러나 이 요구는 2022년 5월 말이 되어서야 겨우 관철됐습니다. OTT 플랫폼에 콘텐츠를 제공하는 사업자에 관한 법적 지위가 2년 반 만에 마련된 것입니다. 지난 2022년 5월 29일 과학기술정보통신부의 전기통신사업법 개정안이 국회를 통과하면서 OTT를 '온라인 동영상 서비스'로 명명하고 부가통신역무로서의 법적 지위를 부여했습니다. 법 제2조 제12의2에서 "온라인 동영상 서비스는 정보통신망을 통하여 [영화 및 비디오물의 진흥에 관한 법률] 제2조 제12호에 따른 비디오물 등 동영상 콘텐츠를 제공하는 부가통신역무"로 정의했습니다.

OTT 업계가 정부에 꾸준히 요구했던 사항 중 한 가지는 바로 세액공제입니다. 세액공제는 조세특례제한법 개정안이 통과되면서 2023년부터 시행되고 있습니다. 법적 지위가 생기면서 가능해진 일입니다. 이 법안이 통과되면서 방송 프로그램과 영화에만 적용되었던 영상콘텐츠 제작비 세액공제 적용 대상이 OTT 콘텐츠까지 확대 적용됩니다. OTT 콘텐츠 제작을 위해 국내외에서 지출한 제작비용에 대해 중소기업은 10%, 중견기업은 7%, 대기업은 3%의 세액을 공제받을 수 있는데, 한국문화관광연구원은 이번 세제 개선안이 통과됨에 따라 2027년까지 OTT에 대한 투자가 414억 원, 전체 영상콘텐츠 제작 투자가 2,839억 원 증가하는 효과가 나타날 것이라고 예측했습니다.

그러나 업계는 이것만으로는 부족하다고 주장합니다. 우선 공제율이 작다는 것이 문제입니다. 해외의 경우 미국 캘리포니아는 20~25%, 프랑스는 최대 30%, 캐나다는 20~30%로 중소기업 기준으로 우리보다 최소 2배에서 최대 3배, 대기업 기준으로는 최대 10배까지 차이가 납니다. 더 중요한 건 공제 대상인데요. 세금혜택이 콘텐츠를 직접 제작한 외주사에만 해당되고 투자자에게는 돌아가지 않는 것입니다. 국내 영상제작은 대부분 플랫폼 사업자의 투자로 진행됩니다. 즉 티빙, 웨이브, 왓챠 등 플랫폼 사업자가 돈을 대고 제작사에 외주를 맡겨 제작하는 형태입니다. 그런데 이 법안으로는 국내 플랫폼 사업자들이 정책적 지원혜택을 받지 못하는 것입니다. 이렇게 되면 넷플릭스, 디즈니, 애플 등 수천억 규모로 투자하는 글로벌 공룡 플랫폼들과 경쟁 자체가 불가하게 됩니다. 정부는 제작에 이어 투자·구매까지 지원하게 되면 이중지원일 수 있다는 입장인데 업계는 이 법안이 OTT 진흥 및 활성화에 실효성이 없을 것이라고 말합니다. 만약 작품의 흥행조건이 플랫폼이 '사고 싶은' 콘텐츠가 많아지는 것이라면 실질적 투자자인 플랫폼의 재정상태가 좋아야 하는 것이 순서라는 논리입니다.

실효성 있는 정책에 대한 업계의 지속적인 요구에 정부는 결국 새로운 안을 마련했습니다. 중소기업은 10%에서 15%로, 중견기업은 7%에서 10%로, 대기업은 3%에서 5%로 세액 기본공제율이 각각 상향되는 것인데요. 중요한 변화는 영상콘텐츠 제작 '투자액'에 대한 법인세 세액공제 혜택이 신설된다는 점입니다. 다만 중소·중견기업이 '문화산업전문회사 출자'를 통해 콘텐츠 제작에 투자한 경우에만 해당합니다. 문화산업전문회사를 통한 출자로 세액 공제를 한정한 이유에 대해 기획재정부는 자산운용의 투명성을 확보하기 위해서라고 설명했습니다. 영상콘텐츠의 성장가능성과 경제적 파급효과를 고려하여 정부가 업계의 목소리에 귀 기울이고 발 빠르게 대처한 점은 매우 다행스러운 일입니다. 시장의 요구에 맞게 그리고 시의성 있게 이루어져야 할 정부의 정책적 지원이 앞으로도 꾸준히 이어지기를 기대합니다.

해외 진출 지원 및 컨트롤타워의 필요성

왓챠는 2020년 9월 일본에 진출했습니다. 국내 OTT 중 가장 먼저 해외로 진출한 기업으로 일본 현지 정보통신기술(ICT) 전문가를 왓챠 재팬 대표로 선임해 일본시장 맞춤형 콘텐츠 제공 전략을 펼치고 있습니다. 왓챠는 자사의 오리지널 다큐멘터리 <다음 빈칸을 채우시오>가 일본에서 관심을 모으며 왓챠 일본 서비스 신규 가입자 수가 급증했다고 밝혔습니다. 신규 구독자 수가 일본 서비스 출시 이후 가장 가파른 상승폭을 기록했다고 합니다.[44] 한편 웨이브는 2022년 미주지역의 유일한 K-OTT 플랫폼 '코코와(KOCOWA)'[45] 운영사 코리아콘텐츠플랫폼(KCP)를 인수하며 해외시장 개척에 뛰어들었습니다.

이런 흐름에 발맞춰 정부가 국내 OTT 플랫폼들의 해외 진출에 큰 관심을 보이며 지원책을 잇달아 내놓고 있습니다. 우선 과학기술정보통신부는 부산국제영화제와 연계해 '글로벌 OTT어워즈'를 개최하기로 했습니다. 이를 통해 OTT의 초기 해외 진출을 촉진하고 콘텐츠를 지속적으로 수급하는 데 지원하기로 하면서 국내 OTT의 해외 진출을 경쟁력 확보의 관건으로 삼는다는 목표를 세우고 있습니다. 또한 6개 해외IT지원센터를 비롯한 해외거점을 통해 해외시장 안착을 돕고 OTT 기업의 현지화 지원을 위해 자막제공이나 더빙, 이를 자동화하는 AI 기술 등을 발굴하는 방안도 검토하기로 했습니다. 글로벌 경쟁력 강화에 64억 원을, OTT 해외 진출 기반 조성에 7억

5,000만 원의 예산을 집행하고 있습니다.

문화체육관광부는 OTT 콘텐츠 제작 지원 사업 규모를 늘리고 국내 OTT와 글로벌 OTT 간 전략적 제휴를 통해 K-드라마, 영화, 예능이 해외로 확산되는 선순환 생태계를 조성한다는 방침입니다. 이를 위해 콘텐츠 해외거점을 전년 9개국 10개소에서 올해 13개국 15개소로 확대한다는 계획을 세웠습니다. 국산 지식재산권(IP) 해외 유출을 최소화하는 정책 지원과 콘텐츠 제작·국제공동제작에 44억 원, 국제방송영상마켓 참가 지원에 17억 원을 투입할 예정입니다. '케이(K)콘텐츠 펀드'는 1,900억 원으로, OTT 등 방송영상콘텐츠 제작 지원 예산은 991억 원으로 결정됐습니다. 방송통신위원회에서는 6억 원을 투입해 해외 OTT 시장조사와 이용행태 조사, 국제OTT포럼 개최를 병행할 계획입니다.

기계적으로 구분한다면 과기부는 주로 기술적 지원에, 문체부는 콘텐츠 중심의 지원과 펀드 조성, 방통위는 조사업무를 각각 지원하기로 하는 것으로 보이는데, 이 구분은 다음의 표에서 명확히 나타납니다. OTT에 각각 다른 법적지위의 차이를 둠으로써 과기부는 활성화 지원, 문체부는 콘텐츠, 방통위는 미디어전략과 기획으로 업무를

부처별 OTT 법적 지위 추진 현황

업종	과학기술정보통신부	문화체육관광부	방송통신위원회
조직	OTT활성화지원팀	OTT콘텐츠팀	미디어전략기획과
소관법률	전기통신사업법 개정안	영상진흥기본법 개정안	시청각미디어서비스법(신설)
법적지위	특수 유형의 부가통신사업자	온라인영상콘텐츠제공업자	시청각미디어플랫폼서비스

수행합니다. 이런 상황에서 업계는 오래전부터 미디어정책 총괄부서 (컨트롤타워)의 필요성을 제기하며 새로운 미디어환경에 부합하는 신속하고도 효율적인 정책집행을 요구하고 있습니다.

이렇게 미디어정책이 부처별로 분산되면 일관성 있는 정책 수립이 어렵고 사안별로 부처 간 입장 차이가 생길 때마다 부처 이기주의로 인해 정책의 효율적 집행이 불가능해집니다. 법안에 OTT의 규정 하나를 마련하는 데 2년 반이 걸린 점을 상기할 필요가 있습니다. 급변하는 미디어환경 속에서 정부의 더디고 미흡한 대응은 업계의 경쟁력 저하로 직결됩니다. 업계의 요구대로 미디어 진흥·육성을 위한 전담기구가 절실합니다. 국내 OTT가 살아남을 방법은 해외 진출밖에 없습니다. 협소한 국내시장으로는 더 이상 성장이 불가합니다. 넷플릭스의 성공은 해외 진출을 통한 현지화 콘텐츠 제작이 주효했습니다. 그렇게 해서 현재 무려 190여 개국에 스트리밍 서비스를 하고 있습니다. 이런 점 때문에 정부가 적극 나서서 국내 OTT의 해외 진출을 돕고자 하는 것이겠지요. 국내 OTT의 해외 진출이 성공적으로 안착되어 K-콘텐츠가 글로벌 흥행을 이어가고 나아가 문화산업이 미래 세대의 확실한 먹거리가 되기 위해서는 먼저 국내의 역량부터 하나로 모아야 합니다. 더 큰 대의를 위해 정부와 온 국민이 뜻을 모을 수 있기를 진심으로 바랍니다.

4장

넷플릭스를 말하다

넷플릭스의 탄생

OTT의 골리앗 넷플릭스. 이 회사는 어떻게 미디어계를 주름잡는 맏형이 됐을까요. 방송계, 영화계 등 전 세계 모든 미디어판의 지각변동을 일으키고 있는 넷플릭스도 사실 시작은 작은 스타트업 회사였습니다. 1997년 설립한 온라인 DVD·비디오 대여점이었거든요. 홈페이지에서 신청을 받고 우편으로 보내주는 형태였고, 구독료를 내

넷플릭스 로고

면 무제한으로 DVD를 빌려볼 수 있게 하는 월정액 시스템을 이때부터 운영했습니다. 또한 구독자들이 지속적으로 DVD를 대여할 수 있게 하기 위해 웹사이트에 구독자 모델(subscriber)을 도입한 뒤 개인별 취향을 분석했는데, 이것이 넷플릭스의 콘텐츠 추천 알고리즘인 '넷플릭스 시네매치(Netflix Cinematch)'의 근간이 되었습니다.

온라인 스트리밍 서비스는 2007년부터 시작했는데 이 사업이 빠르게 성장하면서 2년 만에 주력사업이 됩니다. 오리지널 콘텐츠인

<하우스 오브 카드> 시즌1~6 포스터들

<하우스 오브 카드>는 2011년에 제작에 돌입했는데 여기에 투자한 1억 달러는 데이터 분석으로 추산된 액수였습니다. 작품 선정과 비용 산출에 모두 데이터 분석을 활용한 것인데요. 시청 데이터를 분석해 보니, 영국에서 흥행한 <하우스 오브 카드>의 리메이크 작품을 데이비드 핀처가 감독하고 케빈 스페이시가 주연을 맡으면 흥행할 가능성이 있다고 나왔던 것입니다. 그렇게 2013년 공개된 <하우스 오브 카드>는 공전의 히트를 기록했습니다.

오리지널 콘텐츠는 넷플릭스를 지금의 자리에 있게 한 일등공신이지만 처음부터 넷플릭스가 오리지널 콘텐츠를 제작하려고 한 것은 아니었습니다. 디즈니의 디즈니플러스, 워너브라더스의 HBO MAX, 파라마운트의 파라마운트플러스 등 미국의 대형 스튜디오들이 자사의 OTT를 만들어 독점공개를 하는 수직계열화 현상이 나타날 것이라고 일찍부터 예견한 뒤, 살아남기 위해서는 자체 콘텐츠를 보유해야 한다는 판단으로 콘텐츠 유통기업이 제작사까지 겸하게 된 것입니다. 만약 미국의 콘텐츠 시장에서 패권을 장악하고 있는 대형 스튜디오들이 콘텐츠 공급을 끊거나 수급비용을 높이면 작은 규모의 넷플릭스는 버티기 어렵기 때문입니다. 그것이 서비스 제공 국가 190여 개국, 구독자 수 2억 3,000만 명을 보유한 글로벌 OTT의 절대강자로 넷플릭스를 있게 한 배경입니다. 이제는 할리우드의 어떤 메이저 스튜디오보다 오리지널 콘텐츠를 많이 만드는 스튜디오가 되었습니다.

넷플릭스에게 한국이란

많은 사람이 궁금해합니다. '시장성을 따진다면 아시아 국가에서 한국은 매력적인 나라가 아닐 텐데 왜 넷플릭스는 한국에 큰돈을 쏟아부을까?' 하고 말입니다. 2023년 초 퇴임한 넷플릭스의 창업주이자 CEO인 리드 헤이스팅스가 "차세대 1억 명의 구독자는 인도에서 올 것"이라고 누누이 밝혔는데도 2016~2021년 5년간 한국 투자 누적 규모가 1조 원에, 2022년 5,500억 원, 2023년 8,000억 원으로 투자를 늘렸습니다. 그리고 2023년 한 해에만 총 28편을 라인업했습니다.[46] 나아가 향후 4년 동안 이 규모로 계속 투자를 유지하겠다고 밝혔는데요.[47] 이런 상황이다 보니 대체 넷플릭스에게 한국은 어떤 나라인지 궁금해질 수밖에 없습니다.

넷플릭스 공동 CEO인 테드 서랜도스는 2018년 싱가포르 마리나베이 샌즈에서 열린 '넷플릭스 See What's Next: Asia'의 기자회견에서 "한국은 인터넷 서비스가 발달해 콘텐츠를 소비하는 데 접근성이 뛰어나다. 한국영화와 드라마가 전 세계적인 인기를 누리는 것도 주목하고 있다"며 한국시장이 중요한 이유를 설명했습니다.[48] 또한 2022년 7월에 열린 '넷플릭스 한국 예능 상견례'에서 리드 헤이스팅스는 "한국은 넷플릭스에서 매우 중요하다. 전 세계 엔터테인먼트 시장에서 한국을 빼놓고 이야기할 수 없다"고 말했습니다. <오징어 게임>이 대히트를 친 직후 이루어진 넷플릭스 3분기 실적 설명회 영상에서 그는 <오징어 게임>에 나오는 초록색 체육복을 입고 등장해 K-콘텐츠에 관심과 애정을 보여주기도 했습니다.

K-콘텐츠가 전 세계 엔터테인먼트 시장에서 위력을 갖는 우량주가 된 것은 역시 콘텐츠의 힘 덕분입니다. 그 힘이란 정확히 말하면 '리얼리즘'입니다. 영화계의 많은 전문가는 세계 영화계가 한국영화

출처: 넷플릭스 유튜브 계정 동영상 캡처

오징어 게임 체육복을 입은 리드 헤이스팅스

를 인정하는 요인으로 이 리얼리즘을 꼽습니다. 지독한 현실주의를 영화에 녹여내는 특유의 능력이 있다는 말인데요. 대표적인 예가 바로 봉준호 감독의 <기생충>입니다. 한국의 현실이면서도 자본주의 체제의 어두운 이면을 보여주는 보편적 현실이기도 합니다. '리얼리즘'이 영화의 내용에 속한다면, '작가주의+대중성'은 영화의 표현방식에 해당합니다. 이창동, 홍상수, 박찬욱, 봉준호 같은 시네아스트(cinéaste)들은 작가주의에 머물지 않고 대중성을 동시에 추구함으로써 한국영화를 할리우드 블록버스터와 경쟁해도 뒤지지 않을 만큼 성장시켰습니다. 영화에서 보여준 역량이 OTT를 만나면서 시리즈물의 성공으로도 이어졌습니다. 영화감독, 영화계 스태프들이 OTT로 대거 이동했기 때문입니다.

K-콘텐츠가 가진 또 하나의 힘은 바로 웹툰입니다. 성공한 많은 영화, 드라마들이 인기 웹툰을 원작으로 하고 있습니다. 재미와 감동이 이미 검증된 웹툰은 영상콘텐츠 업계로서는 화수분과도 같습니다. 무궁무진한 가능성입니다. 상상할 수 없었던 장르나 이야기들을 과감하게 표현해내는 웹툰이 영상콘텐츠로 부활하면서 콘텐츠의 다양성을 보여줬고, 이 점이 바로 우리의 경쟁력으로 나타났던 것입니다. 따라서 앞으로도 웹툰의 성장과 영상콘텐츠의 성장은 동시에 진행될 수밖에 없습니다. 2022년 초 국내 OTT 업체인 왓챠가 웹툰 진출을 계획했던 것은 이런 흐름을 빠르게 인식하고 선두를 확보하려는 움직임이었다고 보입니다.[49]

일찌감치 K-콘텐츠의 경쟁력을 알아본 넷플릭스의 광폭 투자는 분명 한국 콘텐츠산업에 멍석을 깔아주었습니다. 코로나19 시기에 넷플릭스 덕에 리쿱(제작비 회수·recoup)이 가능했던 사례는 많이 있습니다. 리스크를 감수하며 적극 투자해온 넷플릭스의 기여가 지대했던 것입니다. 또한 국내 콘텐츠들이 해외에서 위상을 알리는 데 중요한 거점이 되었고 여유 있는 제작 기간과 인력, 노동관계법 준수, 창작의 자유 보장 등 제작환경의 개선에도 선도적인 역할을 해온 점을 인정합니다. 그러나 모든 일에는 명암이 함께 있기 마련입니다. 넷플릭스에게 한국이 계속해서 노다지가 되려면 한국에게도 넷플릭스는 매력적인 투자자여야 합니다. 결론부터 말하면 아직은 부족하다는 말입니다. 서로의 상생을 위한 파트너십이 오래 유지되기 위해서 넷플릭스는 다음의 난제들을 원만히 해결해야 할 것입니다.

'누가 주인인가'보다 중요한 문제

IP(지식재산권)는 콘텐츠 비즈니스의 핵심입니다. 앞서 설명한 대로 <해피 뉴 이어>는 하나의 IP로 극장 개봉용 영화와 OTT 시리즈를 동시에 제작했고, <승리호>의 경우 영화는 넷플릭스에, 웹툰은 카카오페이지에 제공했습니다. 원소스멀티유즈(One Source Multi Use·OSMU) 전략에 따라 하나의 IP를 플랫폼의 특성에 맞게 공급하면서 수익을 다변화했던 대표적인 사례인데, 이는 콘텐츠 업계가 현재 'IP 확보 전쟁 중'이라는 사실을 여실히 보여주는 모습입니다.

콘텐츠 제작자들은 기획 단계에서부터 IP의 활용에 대해 고민해야 한다고 입을 모읍니다. IP를 확보하는 것이 실질적으로는 어렵기 때문입니다. '포스트코로나 이후 OTT와 K-콘텐츠의 발전 방안' 포럼에서 고중석 에그이즈커밍 전 대표는 "우리는 <슬기로운 의사생활>에 대한 IP 확장을 위해 공연 등을 생각했는데, 배우들의 소속사와의 협의 등 현실적 문제가 많았다"며 "굿즈 등을 만들려고 해도 초상권 확보를 위해 또 다른 투자를 해야 한다"고 말했는데요.[50] 이렇게 이상과 현실에 괴리가 생기는 이유는 계약방식 때문입니다.

단순히 생각해보면 영화를 만든 감독이나 시나리오 작가가 그 영화의 저작권자일 것이라 여기기 쉽지만 실제 저작권자는 제작사입니다. 감독이나 작가가 저작권자가 아닌 이유는 저작권법 제100조의 '영상저작물의 특례' 규정 때문입니다. 이 조항은 '감독이나 시나리오 작가처럼 영상제작자와 영상저작물의 제작에 협력할 것을 약정한 자는 특약이 없는 한 저작물과 관련된 제반 권리를 영상제작자에게 양도한 것으로 추정한다'는 내용입니다. 이런 규정이 만들어진 이유는 영화나 드라마 같은 영상저작물은 감독, 작가뿐만 아니라 조명, 음악, 미술, 기술 등 여러 창작자가 모여 만들어지는데 영상제작물을 이용하기 위해 관여한 사람들의 권리관계를 일일이 확인해 허락을 얻는 일이 쉽지 않기 때문입니다. 그래서 이러한 권리 처리를 간소하게 하고자 특례규정을 만든 것입니다.[51]

이 계약관계가 제작사와 OTT 플랫폼 간에도 적용됩니다. 현재 IP 확보로 제작사와 OTT 사업자 간 문제가 발생하는 이유는 Flat 계약의 방식 때문입니다. OTT 사업자 가운데 대표적으로 넷플릭스가 Flat 계약방식을 주로 채택하고 있는 것으로 알려져 있습니다. Flat 계약은 단매 또는 정액 판권 계약으로, 일정 금액으로 계약 기간 동안 판권을 사 오는 방식입니다. 아예 IP(지식재산권) 자체를 소유하는 형태의 계약입니다. 그러니까 넷플릭스는 제작사에 큰돈을 주어 투자를 하고 권리를 모두 가져가는 것입니다. 작품이 크게 성공을 해도 제작사가 추가로 보상받을 수 없는 구조입니다. 그래서 약 250억 투자를 받고 제작된 <오징어 게임>이 40배에 가까운 1조 500억의 수익을 냈어도 이미 저작권을 넷플릭스가 소유하도록 계약했기 때문에 넷플릭스는 수익을 배분하지 않아도 되는 것입니다.[52]

유정주 의원과 성일종 의원이 제출한 저작권법 개정안은 바로 이 <오징어 게임> 성공 이후 넷플릭스의 IP 독점 계약방식이 도마에 오르자 창작자의 권리를 보호해야 한다는 취지로 마련됐습니다. 법안은 IP를 양도한 저작자·실연자·영상저작물 저작자가 콘텐츠를 최종 제공하는 방송사·극장·OTT 등 플랫폼에 추가 보상을 청구할 수 있도록 하는 '추가 보상청구권' 도입을 골자로 하고 있습니다. 이 법안이 통과되면 작품의 흥행성적에 따라 창작자들이 넷플릭스에 추가

유정주 의원과 성일종 의원이 제출한 저작권법 개정안

대표발의	개정 내용
유정주 의원 대표발의안 (2022.8.31 발의)	제100조의2(영상저작물 저작자의 보상권) 영상저작물의 저작자 중 타인에게 그 영상물의 저작재산권을 양도한 자는 그 영상저작물을 복제·배포·방송·전송 등의 방식으로 최종적으로 공중에게 제공하는 자(이하 "영상저작물최종제공자"라 한다)가 영상저작물을 제공한 결과 발생된 수익에 대하여 정당한 보상을 받을 수 있는 권리(이하 "보상권"이라 한다)를 가진다.
성일종 의원 대표발의안 (2022.9.19 발의)	제100조의2(영상저작물 저작자의 보상권) 영상저작물의 저작자 중 타인에게 그 영상물의 저작재산권을 양도한 자는 그 영상저작물을 복제·배포·방송·전송 등의 방식으로 최종적으로 공중에게 제공하는 자(이하 "영상저작물최종제공자"라 한다)가 영상저작물을 제공한 결과 발생된 수익에 비례하여 정당한 보상을 받을 수 있는 권리(이하 "보상권"이라 한다)를 가진다.

인센티브를 요구할 수 있게 됩니다.

건강한 창작 환경을 조성하고 정당한 보상체계를 구축하는 일은 반드시 필요합니다. 여기에는 누구도 이의가 없습니다. 그러나 그 취지에 공감하면서도 이 법안에는 여러 가지 문제점이 있어 논쟁을 유발하고 있습니다. 첫째로는 '사적 자치의 원칙'이라는 계약의 기본원칙에 어긋나는 점입니다. 계약관계를 간단히 '제작'과 '유통'으로 나눠 살펴보자면, 우선 제작에 관련한 계약은 제작자(양수인)와 저작자(양도인) 간의 계약입니다. 제작자(양수인)는 '감독·작가 등 영상제작자와 영상저작물의 제작에 협력할 것을 약정한 자(양도인)'와 계약관계를 맺습니다. 그러니까 양도인인 '감독·작가 등 영상제작자와 영상저작물의 제작에 협력할 것을 약정한 자'는 양수인인 제작자로부터 수익을 배분받게 되는 것입니다.

유통에 관련한 계약의 주체는 제작자와 OTT 플랫폼입니다. 이때에는 제작자가 양도인이 되고 OTT 플랫폼이 양수인이 됩니다. 만약 제작자와 OTT 플랫폼이 Flat 계약을 했다면 제작자가 OTT 플랫폼에서 제작비(투자비)를 받고 IP를 넘겨주는 것입니다. 결과적으로 '감독·작가 등 영상제작자와 영상저작물의 제작에 협력할 것을 약정한 자'와 OTT 플랫폼 간에는 그 어떤 계약관계도 없습니다. 그런데 이 법안대로라면 계약을 맺지 않은 상대에게 추가보상금을 요구하는 것으로, 보상 협의의 주체가 양수인과 양도인이 아닌 제3자로 설정되는 것은 '사적 자치의 원칙'에 위배되는 일입니다.

문제가 또 있습니다. 엄밀히 따졌을 때 이 법안이 OTT산업에 도움이 되느냐 하는 것입니다. [OTT 편]에서도 말했듯이 국내 OTT 사업자들은 모두 적자에 허덕이고 있습니다. 이제 겨우 해외시장 개척을 위해 걸음마를 뗀 수준입니다. 내수시장 점유도 어려운데 해외시장에서의 안정적인 상륙은 더 어려울 것입니다. 플랫폼 입장에서는 어떤 식으로든 추가 보상금을 '잠재적 지출' 요인으로 고려해야 할 수밖에 없는데 이것은 곧바로 제작비 상승 부담으로 이어지고 그 부담은 투자 위축으로 연결되어 콘텐츠산업 전반의 경쟁력을 약화할 우려가 있습니다. 게다가 우리나라는 이 법에 따라 외국 창작자들에게 보상해줘야 하지만, 이 제도가 없는 상대국에서 우리나라 창작자가 보상을 받을 수 없게 되어 우리 업계의 부담만 몇 배로 가중되는 꼴입니다. 국내 플랫폼 업계가 '역차별'로 불만을 제기하는 것은 이런 이유 때문입니다.

OTT 업계 관계자 중 일부에서는 창작자 보호와 처우 개선에는 깊이 공감하면서도 창작자들이 지속적으로 창작을 할 수 있게 해주는 구조와 환경이 저작권 문제보다 더 중요할 수 있다고 지적합니다. <오징어 게임>의 경우만 놓고 볼 때 넷플릭스의 독점적 수익이 부당해 보일 수 있지만, 성공한 한두 작품이 실패한 나머지 작품들의 손실을 메우는 상호교차보조 구조가 아니면 사실상 손실 리스크를 안고 많은 콘텐츠에 '묻지마 투자'를 할 수 없다는 것입니다. 모두가 아는 사실이지만 <오징어 게임>은 충무로에서 10년 넘게 거절당했던 작품입니다. 넷플릭스의 과감한 투자전략이 아니었다면 세상에 나오지 못했을 확률이 큰 작품이었다는 말입니다. 장르물로 유명한

<지옥>의 연상호 감독은 "넷플릭스와의 협업으로 소수의 팬에게 소구하는 콘텐츠를 비롯해 기존에는 도전이 쉽지 않았던 장르까지 다양하게 시도할 수 있게 됐다"라고 말한 적이 있습니다. 넷플릭스가 이런 환경을 마련해주고 있다는 사실을 간과하지 말아야 합니다.

콘텐츠산업 전체를 놓고 봤을 때 '플랫폼이 IP를 소유하지 못하게 하는 것'과 '성공과 실패를 미리 따지지 않고 창작 역량을 가진 누구라도 창작할 수 있게 하는 것' 중에 무엇이 더 좋은 방향인가는 그리 간단하게 판단할 수 있는 문제가 아닙니다. 쪽박 아니면 대박인 콘텐츠산업에서의 '안정성'이란 계속해서 창작할 수 있는 조건 속에 있는 것을 의미할 수도 있습니다. 지속 가능한 제작환경이야말로 창작자들에게 가장 중요한 요소이니까요. 창작자와 넷플릭스 간 저작권의 배타적 권리에 대해 상호보완할 점이 분명히 있지만, '콘텐츠 하청기지화'라는 우려의 표현으로 IP를 확보하는 것만이 유일한 목표인 것처럼 인식하는 것은 또 다른 문제를 낳을 소지가 있습니다. 아직은 넷플릭스가 우리를 필요로 하는 것보다 우리가 넷플릭스를 더 필요로 합니다. 한 보고서[53]에 따르면 2016년부터 2020년까지 5년간 넷플릭스가 우리나라에 가져온 경제적 파급효과[54]는 약 5.6조 원입니다. 코로나19가 발생한 2020년 한 해만 약 2.3조 원이었습니다. 약 1.6만 명의 일자리 창출 효과도 낳았는데, 2020년 한 해 기준 약 5.8천 명이었습니다. 이것이 우리의 현실입니다. 침체된 영화산업이 언제 회복될지 기대할 수 없는 상황과 단기간에 국내 OTT의 흑자 전환이 요원한 상황에서 국내 콘텐츠에 대한 넷플릭스의 대규모 투자는 산

소호흡기나 마찬가지입니다.

이런 우리의 현실을 객관적으로 인정하면서 넷플릭스와 어떤 조건으로 협상할지를 냉정하게 따져볼 필요가 있습니다. 창작자의 권리보호와 지속 가능한 창작 환경 조성, 넷플릭스에 대한 문제 제기와 국내 OTT 업계의 지원 사이에 충돌점을 최소화하면서 장기적인 안목으로 콘텐츠 생태계를 조성해야 합니다. 모두가 상생하기 위한 대원칙을 세우고 합의를 이끌어내는 것이 가장 우선되어야 한다고 생각합니다.

물론 영화계와 정치권이 창작자의 권리 보호와 진작을 위해 문제를 제기하는 일을 멈추지 말아야 합니다. 미국의 작가조합(WGA)과 영화배우조합(SAG)이 총파업을 벌이며 거대 온라인 스트리밍 기업들을 향해 정당한 이윤 배분과 작업환경 개선을 요구하고 있는 상황은 분명 OTT 플랫폼과 창작자들 사이에 공정한 분배조건이 형성되어 있지 못하다는 사실을 보여줍니다. 2023년 6월 내한한 넷플릭스의 공동 CEO 테드 서랜도스는 국내외의 이런 비판적 여론을 충분히 인식하고 있는 것으로 보였습니다. 창작자들에 대한 '적절한 보상'을 거듭 약속하며 <오징어 게임> 시즌2에서 업계 최고 수준으로 보상하겠다고 밝힌 것입니다. 동시에 창작자들이 좋은 환경에서 일할 수 있도록 하고 신인 감독과 작가 양성을 위한 교육에도 투자하겠다고 공표했습니다. 실제로도 <오징어 게임> 시즌2를 준비하고 있는 황동혁 감독을 비롯한 제작자에 '만족할 만한' 보상이 이루어진 것으로 알려졌습니다.

넷플릭스의 공동 CEO 테드 서랜도스가 내한하여 취재진들과 대화하고 있다.

다만 IP 저작권을 둘러싼 창작자의 권리 보호를 위한 방법론은 더 깊이 고민해봐야 합니다. 현재 문화체육관광부에서 해외의 사례를 모으고 있지만 그것은 언제나 참고일 뿐 업계와 국가는 우리의 현실에 맞는 모델을 찾아야 할 것입니다. 상명대학교 지적재산권학과 김인철 교수는 "유럽의 국가들은 영상저작물 제작을 위한 계약 당시에 이미 알려진 이용에 대해서만 배타적이용허락이 되는 것으로 규정하고 있기 때문에 저작재산권자들은 양도 이후에도 저작재산권을 보유하는 것으로 추정된다. 이와 함께 이탈리아와 프랑스에서는 영상저작물에 대한 권리를 저작자의 동의 없이 제3자에게 양도할 수 없다고 한다. 이러한 내용들을 보면 우리나라의 저작권법과 유럽의 저작권법에는 상당히 차이가 존재하는 것으로 추측된다"고 말했습니다.[55] 이는 유럽과 우리나라가 저작권에 대한 인식 및 법체계가 모두 상이하다는 점을 의미합니다. 따라서 지금 우리에게 필요한 것은 해외의 사례를 무조건 표준으로 삼는 게 아니라 '한국식 모델'을 제대로 구축하는 일입니다. 이 과정에서 넷플릭스와 협조적 관계를 유지하며 창작의 우물이 마르지 않도록 하는 데 집중해야 할 것입니다.

저작권법 개정보다 계약방식의 변화가 더 나은 해법일 수도 있습니다. Flat 계약을 'RS'나 'MG+RS'로 바꾸는 것입니다. RS(Revenue Share) 계약이란, 순매출을 기준으로 일정 비율에 따라 나눠 갖는 방식을 말하고, MG(Minimum Guarantee)는 우선 최소의 개런티를 배분한 뒤 일정 기간 내에 해당 금액 이상의 매출이 발생하면 RS로 전환해 정산하는 방식입니다. 넷플릭스 외에 국내 OTT 가운데 Flat으로 계약하는 곳은 쿠팡플레이가 유일하고, 티빙과 웨이브의 경우에는 RS 방식으로 계약하고 있는 것으로 알려졌습니다. 웨이브의 경우 SVOD(구독형 VOD), TVOD(건별 구매 VOD) 두 가지가 있는데 SVOD

영화 계약방식[56]

계약방식	정산방식
Flat	구매 대금으로 확정된 비용 지급 후 추가적인 수익 배분은 진행하지 않음
RS(Revenue Share)	계약 기간 내 발생하는 총 매출에서 협의된 요율만큼 정산함
MG(Minimum Guarantee)+RS	최소 보장 금액(MG)를 지급한 이후 계약 기간 내 해당 금액 이상의 매출 발생 시 협의된 요율만큼 정산을 RS로 진행함
선급금(Advanced payment)+RS	판권사에 일정 금액을 로열티로 선급한 금액을 초과할 경우 RS로 전환, 초과하지 못할 경우 차액을 유통사가 판권사에서 회수하거나 추가적인 판권을 무상으로 제공받아 선급금을 회수함

는 대부분 RS로 계약합니다.

대부분의 OTT가 SVOD 형태인데, 이때의 정산은 [시청시간×RS]로 진행됩니다. 즉 시청시간이 길어야 매출이 커지는 구조입니다. 같은 서사를 2시간짜리 한 편보다 10시간짜리 다섯 편으로 만들어야 유리한 것입니다. OTT의 많은 콘텐츠가 시리즈물로 제작되는 이유는 바로 이 정산시스템 때문입니다. 앞서 <오징어 게임>의 성과를 말할 때 몇 가구가 얼마나 많은 시간을 시청했는지를 표기해서 설명했습니다. '전 세계에서 1억 1,100만 가구가 16억 5,045만 시간 동안 시청했다는 기록'이 그 부분입니다. 가구 수는 가족 구성원이 한 계정으로 시청할 수 있는 조건을 감안해 계산한 것이고 거기에서 시청시간을 다시 산출한 결과입니다.

시리즈물로 RS 계약 시 플랫폼의 성장세에 따라 콘텐츠 제공자(CP·Contents Provider)들이 이익을 나눠 가질 수 있습니다. 즉 <오징어 게임>처럼 작품이 흥행하면 CP인 제작사도 성장세를 함께 누릴수 있는 것입니다. 그래서 넷플릭스의 Flat 방식을 RS로 바꾸면 향후 수익 배분으로 인한 분쟁은 피할 수 있게 됩니다. 하지만 지금까지 넷플릭스는 제작비에 큰돈을 투자해 좀 더 다양한 작품을 라인업하며 성장해왔기 때문에 RS로의 변경이 국내 창작자들에게 어떤 유불리를 낳을지는 확신할 수 없습니다. 예를 들어, 제작사가 IP 일부를 확보하는 대신 투자비를 적게 받으면 그것이 작품의 퀄리티와 성적에 어떤 영향을 줄지 알 수 없다는 것입니다.

그런데 최근 인터뷰 과정에서 넷플릭스의 계약방식이 달라지고 있다는 말이 들렸습니다. <오징어 게임> 이후 저작권법 개정안에 이르는 과정에서 발생한 여러 논란과 악화된 여론이 영향을 끼쳤을 수도 있습니다. 넷플릭스와의 계약방식과 내용은 비밀이 엄격히 유지되는 것으로 유명해서 당사자가 아닌 이상 정확히 알 방법은 없습니다. 다만 "Flat 계약만 있는 것은 아닙니다"라는 한 관계자의 발언을 통해 계약방식이 다변화하고 있다는 점을 짐작할 수 있습니다. 협력과 공존을 강조하는 넷플릭스의 입장이 일관되게 실행된다는 증거이자 문제해결을 위한 신호탄으로 보여 다행스럽게 생각합니다.

저 개인적으로는 '보상'이라는 인식에 거부감이 있었습니다. 보상이 아니라 '공유'라고 생각하기 때문입니다. 많은 OTT 사업자가 채택하고 있는 RS 방식이 가장 이상적인 계약이라고 보이는 이유도 'Revenue Share'라는 용어 자체에 공유(share)의 개념이 들어있기 때문입니다. 'Give and Take' 개념의 Flat 계약에서는 공유의 인식이 없습니다. 넷플릭스의 계약방식 다변화가 공유의 인식을 바탕으로 실행되는 것이라면 문제해결의 실마리가 될 수 있어 다행스럽게 생각하는 것입니다.

사안에 따라 입법과 개정은 필요합니다. 극장이 영화관입장권통합전산망을 통해 투명하게 운영되는 것처럼 향후 OTT의 매출액과 수익이 분명하게 공개될 수 있도록 하는 일, 현재의 영화발전기금과 같이 한국영화산업 진흥을 위한 기금징수 대상에 OTT 업계를 포함시키는 일 등이 그런 예에 해당합니다. 그러나 지금은 무리하게 입법을 추진하는 것보다 영화산업의 새로운 체계를 만들기 위한 '숙의' 그리고 건강한 '합의'가 우선입니다. 산업의 일부가 아닌 전체를 살리는 것이 진정한 해결이라는 원칙하에서 양자 간 또는 다자간의 지속적인 소통이 절실한 때입니다.

우리는 프랑스를, 프랑스는 우리를

솔직히 말해 '지속적인 창작환경 조성'은 국가의 몫입니다. 거대 자본을 가진 해외기업에 문제 제기를 하기 이전에 콘텐츠산업에 정책적 지원을 제대로 하지 못한 국가에 화살을 돌리는 것이 순서일지도 모릅니다. 이런 면에서는 자국 문화 보호주의를 고수하는 프랑스가 부럽기도 합니다. 프랑스는 2021년 1월 1일 글로벌 OTT 서비스들이 매출의 일정 비율을 프랑스 현지 콘텐츠 제작에 투자하도록 의무를 부과하고, 콘텐츠 쿼터 등 규제방안을 담은 '주문형 시청각 미디어 서비스 법령(Services de méias audiovisuels àla demande, 이하 SMAD 법령)'을 공표했습니다.

SMAD 법령은 넷플릭스, 아마존프라임비디오 등 글로벌 OTT에서 발생하는 프랑스 매출액의 20~25%를 프랑스 및 유럽 콘텐츠에 투자하도록 의무화한다는 내용을 담고 있습니다. 본 법령의 적용으로 프랑스 콘텐츠 시장은 2022년부터 넷플릭스, 아마존프라임비디오, 디즈니플러스로부터 연간 2억 5,000~3억 유로 규모의 투자를 받게 되었습니다. 이러한 투자의 대가로 글로벌 OTT 사업자는 기존에 적용되던 3년(36개월)의 홀드백 기간이 최대 15개월까지 대폭 단축되는 혜택을 누리게 됐습니다.[57]

국내 OTT 관계자 중에는 국내와 유럽은 상황이 다르다고 말하기도 합니다. 자국의 콘텐츠를 해외에 서비스할 수 있는 플랫폼을 소유하고 있는지의 여부가 결정적으로 산업정책을 좌우할 수밖에 없는데, 유럽의 경우 자국의 플랫폼이나 콘텐츠를 해외로 수출할 역량이 상대적으로 부족하다 보니 '시청각 미디어서비스지침 저작권지침(Services de méias audiovisuels·SMA)' 같은 문화 보호주의와 해외 플랫폼 규제 방식의 정책을 펴게 된다는 논리입니다.[58] 따라서 자국의 콘텐츠를 해외로 수출할 수 있는 플랫폼을 가진 우리나라는 국내 OTT의 해외 진출을 통해 K-콘텐츠의 해외 서비스 주도권을 획득하는 것을 문화산업의 목표로 잡을 필요가 있으며, 이를 위해 내수·글로벌 시장에서의 파이를 키워나갈 수 있는 성장 지원 정책에 집중해야 한다는 주장입니다.

그러므로 저작권법 개정안의 내용처럼 흥행에 성공한 창·제작사에게 직접적인 보상이 돌아가는 것도 중요하겠지만 프랑스의 SMAD 법령처럼 글로벌 OTT 사업자에게 '투자의무를 부과'해 자국 콘텐츠산업의 확장을 도모하는 방법이야말로 좀 더 발전적인 선순환 지원체계일 수 있습니다. 콘텐츠의 성과가 다시 콘텐츠 제작 생태계로 유입되는 길이기 때문입니다. 영상산업 전체보다 영화산업으로 국한하면 이 방법은 매우 유익해 보입니다. 2시간 남짓으로 시간이 짧은 영화 콘텐츠는 RS 방식으로 계약하는 것이 불리할 수 있습니다. 앞서 설명한 대로 OTT의 수익구조는 시청시간에 비례하기 때문입니다. OTT 영화의 경우 5% 내외의 시청 점유율을 보이고 있어 OTT의 영화 제작·투자는 거의 없는 실정입니다. 그래서 극장용 영화가 아닌 OTT 영화는 오히려 RS보다 Flat 방식이 유리할 수도 있습니다. 따라서 OTT의 투자 의무가 전체 콘텐츠산업 성장이라는 목적성을 갖게 되면 시리즈물에 비해 상대적으로 투자받을 기회가 적은 영화산업이 위축되는 일이 줄어들 것이라 생각합니다. 상생이라는 대원칙에 부합하는 길이라고 할 수 있지요.

돈을 벌면 세금은 제대로

앱 분석서비스 와이즈앱이 분석한 바에 따르면 2020년 한국인의 연간 넷플릭스 결제 금액은 5,173억 원으로 추정됐습니다.[59] 2021년에는 9,635억 원으로 예측되어 2019년부터 매년 100% 전후의 상승세를 보이고 있습니다. 해마다 두 배에 가까운 성장을 하고 있는 것입니다. 그러나 이러한 성장과는 반대로 국내에서 세금을 제대로 내지 않고 있다는 지적을 받고 있습니다. 2020년 박홍근 더불어민주당 의원실이 국세청 자료를 분석한 결과를 보면, 넷플릭스를 비롯해 구글·애플·페이스북 같은 글로벌 정보기술(IT) 기업 134곳이 납부한 부가가치세는 총 2,367억 원으로 국내 대표 IT기업인 네이버 한 곳이 내는 법인세 4,500억 원에도 미치지 못하는 수준으로 나타났습니다.[60]

특히 넷플릭스가 심각합니다. 넷플릭스가 한국에서 미국 본사보다 매출원가를 과도하게 책정해 한국에 내야 하는 법인세를 줄인다는 세금 축소 의혹이 매년 제기되고 있는데요. 넷플릭스코리아 감사보고서에 따르면 넷플릭스는 2019~2021년 3년간 우리나라에서 1조 2,330억 원의 매출을 기록했는데 이 중 78%에 육박하는 9,591억 원을 수수료 명목으로 본사에 빼돌린 것으로 나타났습니다. 넷플릭스가 낸 법인세는 58억 6,000만 원인데, 이는 전체 매출액의 0.5% 수준에 불과합니다.[61] 2022년에도 넷플릭스의 한국법인은 미국 본사로 매출의 84%에 달하는 6,507억 원을 수수료 명목으로 보낸 반면, 우

넷플릭스의 한국 실적과 납부한 법인세

출처: 넷플릭스 감사보고서

넷플릭스 미국 본사와 한국 법인 비교
(매출액 대비)

출처: 미국 증권거래위, 국회 과방위 변재일 의원실

리나라에 낸 법인세는 매출의 0.4%인 33억 원이었습니다. 미국 증권 거래위원회(SEC)에 따르면, 넷플릭스 본사가 미국에 낸 법인세는 지난해 7억 7,200만 달러로 전체 매출(316억 1,555만 달러)의 2.4%인 것으로 나타났습니다. 한국법인이 미국의 6분의 1인 셈입니다.[62]

글로벌 빅테크들의 횡포를 견제하려는 움직임은 유럽에서 먼저 시작되었습니다. 유럽연합은 2020년부터 논의를 시작해온 '디지털 시장법(DMA)'과 '디지털 서비스법(DSA)'의 시행을 앞두고 있습니다. 빅테크들의 시장 독점을 막아 '공정한 시장질서를 확립'하려는 디지털 시장법은 2023년에, '불법 콘텐츠의 유통·확산을 강하게 차단'하겠다는 의지를 담은 디지털 서비스법은 2024년에 시행될 예정입니다.

유럽연합의 움직임에 앞서 프랑스는 이미 2019년 자국의 시장과 문화를 보호하기 위해 더욱 강력한 법적 규제를 마련한 바 있습니다. '디지털세'로 부르는 일명 '가파(GAFA)세'[63]입니다. 디지털 시대에 맞는 효율적이고 공정한 세금 시스템의 필요성을 강조하며 디지털세에 관한 법령(Loi du 24 juillet 2019 portant crétion d'une taxe sur les services numeriques)을 제정해 구글, 아마존, 페이스북, 애플 등 글로벌 IT기업에 디지털세를 부과하고 있습니다. 이 법령에 따르면, 약 30개의 과세 대상 기업은 프랑스 내 매출액의 3%에 해당하는 디지털세를 과세 당국에 납부해야 합니다. 유럽연합이 경제협력개발기구(OECD) 차원의 '글로벌 디지털세' 도입을 예고하고 있는데, 프랑스 정부는 이 제도가 마련될 때까지 기존 세제를 유지하겠다는 방침입니다.[64]

이외에도 영국은 2020년 4월부터 대형 소셜 미디어 플랫폼, 검색 엔진 등 플랫폼 사업자의 연수익이 5억 파운드 이상이면서 영국 내 수익이 2,500만 파운드가 넘는 경우 연간 총 매출의 2%를 '디지털서 비스세(Digital Service Tax)'로 부과하고 있으며, 이탈리아와 스페인 은 3%의 세율을 도입하여 각각 2020년 1월, 2021년 1월부터 분기 별로 과세하고 있습니다. 캐나다, 말레이시아, 인도, 인도네시아, 러시 아, 노르웨이, 뉴질랜드 등도 디지털세를 부과 중이며 최근에는 중남 미 주요국들도 디지털세 도입에 대한 논의가 이루어지고 있습니다.[65]

프랑스는 디지털세 말고도 '비디오물 배포 세금(La taxe sur la diffusion vidé, TSV)'에 의해 2018년부터 유튜브와 넷플릭스 같은 플랫폼에 대해 매출액의 5.15%를 납부하도록 하고 있으며, '온라인 서비스 부가가치세(TVA des services en ligne)'에 따라 2015년 1월 1일부터 프랑스에 진출한 해외 OTT 사업자에게도 예외 없이 20% 의 부가가치세를 강제하고 있습니다. 이러한 강력한 조세부과조치 와는 달리 법인세의 경우에는 프랑스가 한발 물러선 모습을 보이기 도 했습니다. 프랑스의 법인세율은 타 국가에 비해 높은 편으로 그동 안 넷플릭스는 세율이 낮은 네덜란드에 지사를 두고 조세를 회피해 왔습니다. 이런 방식으로 2020년 기준 4,000만 유로로 추정되는 세 금 대신 고작 73만 유로만 세금으로 납부했던 것으로 알려져 거센 비판 여론이 일었습니다. 프랑스 정부가 기준 세율 33.3%에서 2022 년에 27.5%까지 낮추겠다고 결정하고 이에 넷플릭스가 2021년 프랑 스 매출액부터 법인세를 납부하겠다고 밝히면서 이 문제는 일단락이

되었습니다.[66]

유럽이 이런 다각도의 대처를 하고 있을 때 우리나라 정부는 무엇을 하고 있었는지 묻지 않을 수 없습니다. 넷플릭스가 매년 매출액의 0.4~0.5%만을 세금으로 내고 있다면 조세를 회피한 기업의 책임과 더불어 이를 점검하지 못하고 방관한 정부의 책임도 함께 물어야 할 것입니다. 창작자 보호 및 국내 OTT의 성장정책을 마련하는 것도 중요하지만 해외 기업들의 불공정 관행을 처벌하고 평등한 경쟁의 장을 만드는 것이 먼저입니다. 세무 당국은 넷플릭스를 포함하여 글로벌 빅테크에 대한 투명한 과세집행을 조속히 시행해야 할 것입니다.

망 사용료 논란

2019년부터 넷플릭스와 SK브로드밴드(이하 SKB) 간 갈등을 빚고 있는 문제가 바로 '망 사용료'에 관한 문제입니다. 2020년 4월 넷플릭스가 SKB를 상대로 국내 통신사업자에게 갚을 채무가 없다는 것을 확인해 달라는 '채무부존재 소송'을 제기하면서 지금까지 법정공방이 계속되고 있습니다.

넷플릭스(CP·Content Provider)를 포함한 글로벌 CP들의 국내 인터넷 트래픽 점유율은 78.5%에 해당합니다. 넷플릭스와 구글 유튜브를 제외한 국내외 모든 CP는 망 사용료를 지불하고 있는 가운데 SKB(ISP·Internet Service Provider)는 망 사용료를 내지 않는 넷플릭스로 인해 타 CP들과의 역차별이 발생, 넷플릭스가 무임승차하고 있다고 주장합니다. 이에 넷플릭스는 '망 중립성 원칙'을 들어 망 사용료를 내지 않아도 된다고 주장했습니다. 망 중립성이란, ISP 사업자가 인터넷망을 이용하여 전달되는 모든 데이터 트래픽에 대해 데이터의 내용이나 유형, 제공기업, 이용자 등에 관계없이 동등하게 송·수신하도록 허용해야 한다는 망 설계의 기본원칙입니다. 그러나 법원은 1심에서 넷플릭스의 주장을 받아들이지 않았습니다.[67]

이에 넷플릭스는 2심에서 자사가 자체적으로 구축한 콘텐츠전송네트워크(CDN) 캐시서버인 '오픈커넥트 얼라이언스(Open Connect Alliances·OCA)'를 제공했고, 이를 통해 트래픽 발생량 감소에 기여하고 있으므로 망 이용대가를 지불할 수 없다고 주장했습니다. OCA란 넷플릭스 본사 서버에서 자주 보는 콘텐츠를 미리 복제하여 저장함으로써 국제구간 트래픽을 줄이는 기능을 하는 캐시서버(cache server)입니다. 이에 대해 SKB는 넷플릭스의 데이터 절감과 무관하게 SKB 인프라와 직접 연결된 상태이므로 지급 의무 부담이 있다고 반박했습니다. 또한 넷플릭스의 '상호무정산'은 통신사 간에 이뤄지는 정산방식으로 통신사와 콘텐츠제공사업자(CP) 간에는 성립되지 않는다고 강조했습니다.

양사 간 법정 다툼은 정치권에까지 확산되었습니다. 국회에서 망 사용료에 관한 법안[68]이 마련되자 구글 유튜브와 아마존 트위치가 넷플릭스에 가세하여 여론전을 펼치는 등 국회를 압박하기 시작했습니다. 구글 유튜브는 망 이용 대가가 이용자와 크리에이터에게 부정적인 영향을 끼칠 것이라며 법안 반대 서명 운동을 벌이고, 트위치는 한국 내 동영상 화질을 해상도 1080p에서 720p로 낮추는 등 강하게 반발하고 있습니다. 나아가 이 문제가 한미통상 마찰로 확산될 조짐까지 보이고 있어 미 무역대표부(USTR)는 한국 망 사용료 관련 법안에 우려를 표명하기도 했습니다.

망 사용료에 관한 한 프랑스의 상황도 크게 다르지 않습니다. 프랑스통신사업자 연맹은 넷플릭스, 유튜브, 아마존프라임비디오 플랫폼 등의 인터넷 네트워크 트래픽 사용량이 급증함에 따라 자국 통신사들이 인프라 확충을 위해 수십억 유로를 투자하고 있어서, 수익률 악화와 기업가치 하락과 같은 문제를 겪고 있다고 밝혔습니다. 글로벌 IT 기업은 프랑스 통신사들이 인프라 개선을 위한 각종 투자를 하는 동안 유럽에서 막대한 이익을 얻고 있다며, 이들도 공정하게 인터넷 서비스와 인프라 비용을 분담해야 한다고 주장합니다.

가장 기본적인 논란은 바로 인터넷 사용료에 대한 개념입니다. 인터넷 세계의 기본원칙으로 보면 인터넷 사용료는 인터넷 공간으로 들어가는 '접속료'이지 '전송료'가 아닙니다. 인터넷 이용자가 자신의 이용 패턴에 따라 인터넷 회선의 용량을 구매하고 통신사는 보장된 속도와 용량을 확보해서 최종 이용자에게 제공할 의무를 지닙니다. 예를 들어, 게임을 즐겨 하는 이용자라면 기가 속도가 필요하므로 그 속도를 보장받기 위해 비싼 이용료를 지불하며 인터넷을 사용합니다. 이용자가 자신에게 필요한 콘텐츠를 이용하기 위해 빠른 속도의 인터넷이 필요하다면 그에 따른 비용을 지불하는 것입니다. 인터넷 공간에 '접속'하여 콘텐츠를 제공하기 위해 CP도 ISP와 계약하고 비용을 지불하는데 이때의 계약은 자국의 ISP와 이루어집니다. 그러니까 넷플릭스는 미국의 ISP에 이미 비용을 지불하고 있습니다.

이 상황을 좀 더 쉽게 설명해보겠습니다. 놀이동산에 입장하기 위해서는 문을 통과해야 합니다. 입구는 A, B, C 3개가 있고 각각 주인이 있습니다. 이용자는 A, B, C라는 문의 주인에게 돈을 냅니다. 놀이동산에 들어가는 입장료입니다. 사람들이 문을 통과해 놀이동산에 들어가려는 이유는 재미있는 놀이기구를 타기 위해서입니다. 그러니까 문의 주인은 놀이동산에 재미있는 놀이기구가 많을수록 유리합니다. 어떤 놀이기구가 인기가 많아지자 이용자가 늘어났습니다. 그래서 A, B, C 문의 주인은 빨리 들어가려는 사람에게 돈을 더 받기로 했습니다. 그런데 돈을 더 내겠다는 사람이 계속 많아졌습니다. 문의 이용횟수가 늘어나자 문이 자주 망가졌습니다. 보수하는 데 돈이 들었습니다. A, B, C 문의 주인은 인기 많은 놀이기구 주인에게 돈을 내라고 요구했습니다. 그 놀이기구 때문에 문을 자주 보수해야 한다고 말입니다. 놀이기구 주인은 A, B, C 문의 주인의 사정을 고려하여 자동문처럼 문이 빨리 열릴 수 있게 만들어 주었습니다. 그런데도 A, B, C 문의 주인은 돈을 요구합니다. 문이 빨리 열려도 이용자가 많아서 고장횟수는 늘어난다고 하면서요. 이 문제를 해결하려면 어떻게 해야 할까요? A, B, C 문을 크게 만들면 됩니다. 그런데 그 몫은 A, B, C 문의 주인에게 있을까요, 놀이기구 주인에게 있을까요?

아직 법정 다툼이 진행 중인 가운데, 법안을 제출한 7명의 의원들 입장도 조금씩 상이해 업계와 정치권은 법원의 판결이 가져올 파급효과에 주목하고 있습니다. 국내외 어떤 기업도 공정한 거래행위를 통해 역차별 문제가 발생하지 않도록 국가가 시장의 질서를 확립하기 위한 제도를 마련하는 것은 당연합니다. 그러나 현재 인터넷 기반 온라인 서비스를 중심으로 한 콘텐츠 생태계가 빠르게 재편되고 있다는 점을 고려하면 보다 신중한 접근이 필요합니다. 국내 기준을 넘어 글로벌 표준에 부합하는 법제적 요건을 마련해야 하기 때문입니다. 유럽연합에서도 망 사용료 논쟁은 뜨거운 감자여서 우리나라의 논의 과정을 예의주시하고 있습니다. 2023년 3월 스페인 바르셀로나에서 열린 모바일월드콩그레스(MWC23) 개막 직전에 추진된 유럽연합의 '망 이용대가 법안(기가비트 커넥티비티 액트 법안)' 일명 '망 무임승차 방지법' 제정 발표에 넷플릭스의 신임 CEO인 그렉 피터스가 다급하게 MWC 기조연설에 참여한 것을 보면 ISP와 글로벌 CP 간의 망 사용료 논쟁은 새로운 미디어 시장질서를 확립하는 출발점으로서의 의미를 갖는 중대한 사안입니다. 누군가의 표현대로 'IT판 글로벌 판례'를 대한민국 법원이 만들게 될 수도 있습니다. 세계의 이목이 대한민국에 쏠려 있는 가운데, 우리는 이 문제를 잘 풀어내야만 합니다. 업계와 정치권만의 문제가 아닙니다. 국민이 관심을 갖고 중지를 모아야 할 때입니다.

5장

우리는 무엇을 어떻게 해야 하는가

현재 한국영화산업의 가장 큰 문제는 악순환에 빠져 있다는 것입니다. 극장이 회복되어야 산업이 살아난다고 하면서도 극장에 영화가 없습니다. 할리우드 대작 몇 편과 일본 애니메이션 몇 편이 그나마 극장을 연명시키고 있는 가운데 창고영화는 그대로 사장될 위기에 처해 있습니다. 생계를 위해 어쩔 수 없이 OTT 시리즈물을 만들어야 한다고 하면서도 전부 넷플릭스에만 줄을 서고 있습니다. 국내 OTT가 성장하지 못하면 영화산업도, OTT산업도 다 죽는데 말입니다. 어디서부터 문제를 풀어야 할지 모르겠다고 하지만 모른다기보다 하기 싫은 것처럼 보입니다. 실천하기에 가장 어려운 것은 가장 기본적인 것이니까요. 답을 알지만 누가 깃발을 들 것이냐고 오히려 제게 되묻습니다. 그런 상황을 보고 들으며 답답한 마음이 크지만, 한편으로는 코로나 시기 동안 다들 너무 큰 충격에 오래 빠져 있었기에 안타까운 마음도 듭니다. 절망의 늪에서 허우적대느라 모두가 탈진한 상태이거든요.

그래서 국가의 역할이 더 중요합니다. 지금은 업계의 자성과 자구책만으로는 시동이 걸리지 않습니다. 누군가 안에서 배터리에 전기 공급을 시도하는 동안 많은 사람이 직접 차체를 앞으로 밀어줘야 합니다. 엔진이 또 꺼져 가다 멈출지라도 지금 이대로 폐차시킬 수는 없습니다. 그러기엔 함께 한 추억이 너무 많고 우리의 사랑이 너무 큽니다.

개봉지원금을 통해 창고영화를 상영시키는 게 시급합니다. "2025년부터 라인업은 없다"는 업계의 우려가 현실이 되어서는 안 됩니다. 영화를 상영해서 자금이 돌게 해야 합니다. 팬데믹 시기에 훌륭한 제작사들이 CJ ENM 스튜디오스와 SLL 아래 들어가면서 대기업 상호출자 집단에 포함되었는데 모태펀드의 시행령상 상호출자제한 기업집단, 즉 대기업에 속한 투자배급사의 영화에 투자하지 못하는 상황이라 투자에 제한이 많다는 업계의 목소리가 큽니다. 이 제한을 '한시적'으로 풀어달라는 요구입니다. 투자자들이 투자하고 싶어도 못하는 상황은 만들지 말아야 합니다. 일시적으로 대기업 작품에도 투자할 수 있게 하여 막힌 자금줄을 푸는 방안을 적극 검토할 필요가 있습니다. 물론 이것은 어디까지나 임시방편입니다. 영화의 '근본'은 다양한 이야기이고 극장은 멀티플렉스와 독립예술영화관이 공존하고 상생하는 방향이 '기본'입니다. 자금줄을 뚫어 투자와 제작이 정상화되는 동안, 하루빨리 [포스트 봉준호법]을 마련하여 극장이 영화를 위한 공간이라는 정체성을 되찾게 해야 합니다.

국내 OTT의 성장을 위한 길은 성공적인 해외 진출이 유일합니다. 내수시장을 진작시키는 것만큼이나 어려운 일입니다. 글로벌 OTT의 우월적 지위와 업체 간의 극심한 경쟁으로 전망이 그리 밝지는 않지만 포기할 수도 없는 일입니다. OTT가 신산업인데다 향후 콘텐츠산업은 우리나라의 주력산업이 될 것이므로 지금으로서는 국가의 적극적인 지원이 절실하며 또 최선입니다. 2023년 4월 '미디어콘텐츠산업융합발전위원회'가 총리 직속의 민관기구로 출범했는데 이는 이번 정부가 지난 대선 공약으로 대통령 직속 기구로 위원회를 설치하고 미디어 주무부처를 단일화하겠다는 약속에 한참 못 미치는 결과여서 업계는 실망감을 감추지 못하고 있습니다. 미디어환경의 속도가 빠른 만큼 시장의 요구에 신속히 대응하고 효율적으로 정책을 집행하기 위해 무엇보다 컨트롤타워 역할을 수행할 미디어정책부처의 일원화가 시급합니다.

저작권법 개정안, 망 사용료 논란 등 넷플릭스를 둘러싼 여러 가지 논쟁거리에서 가장 핵심은 냉정한 판단입니다. 넷플릭스를 향한 비호감, 나아가 적대감을 표출하는 것은 애국이 아닙니다. 우리의 행동과 결정이 국내 기준을 넘어 국제표준이 될 수 있다는 점을 염두에 두고 합리적인 접근으로 문제해결을 도모해야 합니다. 이 과정에서 다양한 방법론을 활용할 수 있지만 무리한 입법보다는 지속적인 소통을 통한 합의가 최선이라고 생각합니다. 부정적인 여론 속에서도 국내 창·제작자는 넷플릭스와의 협업을 원합니다. 이것이 객관적 현실이라는 점을 분명히 인식해야 합니다. 직면한 문제는 풀어나가되 넷플릭스와 상생의 파트너십을 구축하고 지속 가능한 제작환경을 만드는 일은 우리에게 매우 절실한 문제입니다. 그럼에도 반드시 놓치지 말아야 할 것이 있습니다. 시장질서의 공정성을 확립하는 일입니다. 넷플릭스의 조세회피 의혹은 이미 오래전부터 제기돼왔고 필히 시정되어야 할 문제입니다. 이것은 지금 당장 필요한 국가의 역할입니다.

풀어야 할 과제들이 너무 많습니다. 문화산업은 '물먹는 하마'라는 인식 때문에 국가의 지원이 적극적으로 이루어지지 않을 때가 많습니다. 경제논리로만 접근할 수 없는 산업인데도 국민적 인식이 아직 그에 미치지 못하고 있습니다. 그렇지만 우리에게는 한류를 이어갈 책임이 있습니다. 미래 세대가 문화로 먹고살 것이라는 점을 인지한다면 국민의 문화에 대한 이해수준을 한 단계 끌어올려야 합니다. 초당적, 초정권적으로 문화산업을 이끌어야 할 이때, 정책결정자들을 올바른 방향으로 이끄는 힘은 국민의 깊은 관심과 지지뿐입니다. 현재 큰 어려움에 빠져 있는 한국영화를 부디 우리의 손으로 다시 부활시킬 수 있기를 진심으로 소망합니다. 한국영화는 계속 우리의 자랑이 될 것이라 믿습니다.

2부

한국영화의 중추,
기로에 서다

1장

한국영화의 중추, 이대로 좋은가

국가영화기관의 존재들

아무리 영화를 좋아하는 사람이라도 우리나라에 영화를 위한 국가기관이 존재하는지, 어떤 기관이 있으며 무슨 일을 하는지 세세히 아는 사람은 드뭅니다. 굳이 알아야 할 필요가 있냐고 물으시겠지만, 우리가 낸 세금이 영화산업을 위해 어떻게 쓰이는지를 아는 것은 우리의 권리이자 의무이기도 합니다. 무엇보다 우리 국민의 영화에 대한 사랑을 생각하면 이 기관들이 더욱 큰 역할을 해주기를 바라게 됩니다.

우리나라에는 3개의 영화산업 중추기관들이 있습니다. 한국영화산업을 총괄하며 핵심적인 지원을 도맡는 영화진흥위원회, 영화와 영상물의 등급을 분류하여 정확한 정보를 제공해주는 영상물등급위원회, 영화가 문화유산으로서 잘 보존·계승될 수 있도록 아카이빙과 복원을 책임지는 한국영상자료원이 바로 그것입니다. 그리고 국가기관은 아니지만 27번의 성공적인 영화제를 통해 아시아 최대의 국제영화제로 우뚝 선 부산국제영화제와 기타 다양한 영화제들이 든든히 영화산업을 견인하고 있습니다.

영화진흥위원회

영화진흥위원회(이하 영진위)는 기관명 그대로 한국영화를 '진흥' 하기 위해 만들어진 문화체육관광부 산하 공공기관입니다. 영진위 스스로의 정의에 의하면, 한국영화의 질적 향상을 도모하고 한국영화 및 영화산업의 진흥을 위하여 설립된 기관이라고 합니다. 전신은 1973년에 탄생한 영화진흥공사이고, 1999년 영화진흥법을 개정하면서 영화진흥위원회로 새롭게 출범해 현재 제9기 체제로 이어지고 있습니다. 지금까지 영진위는 한국영화계의 심장으로서 자리해왔습니다. '진흥'이라는 말 속에 한국영화에 관한 거의 모든 사업이 포함돼 있습니다. 영화진흥에 관한 기본계획 수립부터 유통·배급의 지원, 각종 조사·연구·교육·연수, 한국영화의 해외 진출 및 국제 교류, 영화발전기금의 관리·운용, 한국영화아카데미 운영, 영화관입장권통합전산망 운영 및 관리 등 영진위가 없으면 사실상 한국영화산업이 굴러가지 못할 것입니다.

그런 영진위가 코로나19로 영화산업이 직격탄을 맞은 이후 함께 좌초될 위기에 처해 있습니다. 현상적으로는 영진위의 곳간과도 같은 영화발전기금이 고갈되면서 조직이 와해 직전까지 간 것으로 보이지만, 영화계에서는 이미 오래전부터 영진위의 역할에 대해 회의적인 시각이 만연했습니다. 일부에서는 산업환경의 변화속도에 따라가지 못하는 경직되고 보수적인 조직구조를 탓하지만, 대다수는 원칙과 정체성의 상실을 불신의 근원으로 지목합니다. 현재 영진위는 응급치료가 절실한 상태입니다. 국가의 공적자금 없이는 생존하기 어렵습니다. 영진위가 다시 살기 위해서는 뼈아픈 질문의 시간이 요구됩니다. 이 시대가 정의하는 영화란 대체 무엇인지, 영진위의 존속 이유는 또 무엇인지 답을 해야 합니다. 영진위가 문제를 푸는 동안 우리도 함께 그 답을 생각해보면 좋겠습니다.

영상물등급위원회

영상물등급위원회(이하 영등위)는 영화, 비디오물, 예고편, 광고영화 등 영상물 전반과 광고·선전물의 등급을 분류하고, 외국인의 국내 공연에 대한 추천 업무를 수행하고 있습니다. 등급 구분의 기준은 바로 '연령'인데요. 이러한 분류가 필요한 이유는 바로 청소년을 보호하기 위해서입니다. 실제로 한 조사에 의하면 영등위가 제공하는 등급 분류와 내용 정보 서비스는 청소년과 학부모 모두에게 도움이 되는 것으로 나타났습니다. 영상물을 접하는 시기가 점점 더 어려지고, 유해한 영상물에 노출될 가능성은 점점 더 커지고 있는 상황에서 영화·영상물의 유해성을 판별할 수 있어야 한다는 데 모두가 동의하는 것입니다. 이 능력은 어릴 때부터 교육을 통해 길러져야 하며 가정과 학교, 사회 전체가 나서야 합니다.

그런데 안타깝게도 우리나라는 이러한 교육체계가 없습니다. 공교육이 이 기능을 수행하지 못해 영화교육과 미디어교육의 구분조차 제대로 이루어지지 않고 있습니다. 미디어교육 관련 법안이 2007년 처음 발의되어 지금까지 수없이 입안됐지만 통과된 것은 없습니다. 미디어교육위원회 설치를 놓고 부처 간 밥그릇 싸움만 벌이는 실정입니다. 또한 이 법안이 다루는 미디어교육에 등급 분류 관련 내용은 빠져 있어 이에 대한 수정·보완이 필요한 상황입니다. 영등위가 해야 할 일이 많은 이 시점에 가장 중요하게 요구되는 것은 영등위에 대한 대중의 신뢰입니다. <범죄도시> 1편과 2편, 그리고 해외 사례를 통해 영등위가 나아가야 할 길에 대해 함께 고민해보겠습니다.

한국영상자료원

한국영상자료원(이하 자료원)은 우리나라 유일의 영화 아카이빙 기관으로서 영화진흥위원회, 영상물등급위원회와 더불어 문화체육관광부 산하 영화기관 중 한 곳입니다. 나머지 두 기관은 부산에 있고 자료원만 서울 상암동에 본원이, 파주에 보존센터가 있습니다. 1974년 '한국필름보관소'로 출발한 자료원은 1991년 故 이어령 초대 문화부 장관이 기관명을 한국영상자료원으로 변경하며 위상이 높아졌습니다. 이에 1996년에 영화자료의 의무납본 조항이 만들어지고

2007년에 예술의 전당에서 상암동 청사로 이전, 2016년에는 파주 보존센터까지 개관하며 영상기록물의 보존·복원 역량을 강화해가고 있습니다.

자료원의 역할은 앞으로 더 중요해지고 확대될 것입니다. 영화·영상 자료들이 넘쳐나기 때문입니다. 기관명은 영상자료원인데 현재는 아카이빙과 복원의 영역이 영화에만 국한돼 있어 자료원의 기능을 십분 활용하지 못하는 측면이 있습니다. 영화의 재정의가 시급한 시점에 문화유산으로 후대에 계승해야 할 영상자료들의 기준과 범위를 넓힐 필요가 있습니다. 특히 글로벌 OTT와의 합의가 절실한데요. 국내의 인력과 인프라로 만들어진 작품인데도 저작권 문제로 콘텐츠를 보존할 수 없는 문제가 발생하는 것입니다. 또 하나는 기술발전의 빠른 속도 때문입니다. 플로피디스크의 정보를 지금의 컴퓨터 기기로 꺼낼 수 없듯이 과거의 작품을 현재의 기기로 상영하기 위해서는 복원과 디지털화 작업이 필수입니다. 아카이빙과 복원이 한몸일 수밖에 없는 것이지요. 필름보다 디지털 파일의 보존이 더 까다롭습니다. 그런데 아직까지 우리 사회는 아카이빙에 대한 인식이 빈약합니다. 할 일은 많은데 인력이 턱없이 부족한 이유가 이 일에 대한 중요성과 가치를 국가가 제대로 평가하지 못하기 때문입니다.

앞으로 영상제작 환경에서 기술 영역의 비중은 더욱 커질 것이고 이것은 자료원의 역할과 가능성과도 연결됩니다. 과연 어떤 일이 펼쳐질까요. 상상만으로도 즐겁습니다. 물론 이를 위해 준비해야 할 일들이 많습니다. 우선은 우리가 자료원에 대해 좀 알아야 합니다.

영화제

대한민국 국민이라면 우리나라에서 국제영화제가 열린다는 사실에 대해 분명 자부심이 있을 것입니다. 그런데 한편 의문을 갖는 분들도 많습니다. '영화제가 왜 필요한지, 감독들은 왜 영화제 수상에 그렇게 목을 매는지, 영화제에서 상을 받은 영화들이 대체로 재미없는 이유는 뭔지' 이 많은 질문에 나름의 답을 해보고자 합니다. 그리고 우리의 자랑인 부산국제영화제에 대해 깊이 들여다보겠습니다. '영화제는 국력에 비례한다'는 말이 있습니다. 여기에서의 국력은 경제력과 문화력을 동시에 말합니다. 우리의 영화제들을 소중히 여기고 성장시키는 것은 곧 국력을 키우는 일이 됩니다. 어떤 과제들이 우리 앞에 놓여있는지 함께 생각해보고 다가올 영화제를 어떻게 즐길지 행복한 고민에 빠져보시기 바랍니다.

2장

큰 산이 무너지고 있다

대체 어떤 산이기에

'총체적 위기' 그리고 '동맥경화.'

최근 영화진흥위원회 박기용 위원장이 한국영화계와 더불어 영화진흥위원회의 현실을 이렇게 표현했습니다. 팬데믹 기간 동안 영화진흥위원회가 영화계의 위기에 제 역할을 해내지 못했고, 코로나19 이전부터 감지해온 미디어환경의 변화에 안일하게 대처하는 등 실책이 컸다고 자인한 것입니다.[1] 인터뷰를 전후해 제가 만났던 젊은 영화인들은 영화와 극장 우위의 엘리티즘(elitism)과 기득권 문화가 오래전부터 영진위 내부에서 관찰됐다면서 현업 종사자들의 빠른 변화 속도에 비하면 영진위의 속도는 '정체'에 가깝고, 민감성의 수준은 '둔감과 무감' 사이에 있다고 비판했습니다. 박 위원장의 자성은 이런 비판의 목소리를 수용하고 인정한 결과라고 봅니다.

영화계에서는 영진위의 존속 여부를 심각하게 우려하고 있습니다. 더욱이 영진위의 곳간인 영화발전기금(이하 영발기금)이 고갈되고 있어 우려가 현실이 되는 건 시간문제입니다. 영진위의 수장인 박기용 위원장이 "특단의 조치가 없으면 큰일난다"고 도움을 호소하는 것은 실제 그 정도로 절박한 상황이기 때문입니다. 동맥경화를 치료하기 위해서는 약물투여와 함께 환자의 노력과 의지로 체질개선을 해야 합니다. 이것이 근본적인 치료입니다. 하지만 터지기 일보 직전인 혈관이 있다면 당장 응급처치를 해야겠지요. 영진위를 살리기 위해 영화계가 어떤 치료계획을 세우고 있는지 주목하지 않을 수 없습니다.

근본적인 치료를 위해 영화계가 내놓은 방안은 '정체성부터 다시 확립해야 한다'는 것입니다. 그러나 해결은 쉬워 보이지 않습니다. 현재의 위기의식은 모두가 공유하고 있지만, 출발점부터 입장이 나뉩니다. '영화란 무엇인가'에 대한 질문이 바로 그 출발점입니다. 영진위가 지원·진흥하려는 대상이 영화든 영상물이든 영진위 스스로 영화의 정의를 규정하지 못하면 조직의 정체성과 역할을 제대로 확립할 수 없습니다. 이것은 조직의 사활이 걸린 문제이면서 동시에 시대적 과제입니다. 영화계의 많은 종사자와 대중은 이미 변화한 미디어환경에 맞게 광의의 의미로 영화의 법적 정의가 바뀌어야 한다는 입장입니다. 반면 영화계의 또 다른 한쪽에서는 대중의 관념과 법적 개념이 반드시 일치할 필요는 없다고 얘기합니다. 영화의 새로운 정의를 내리는 것보다 '영화를 정책적으로 어떻게 지원할 것인가'에 대한 내용이 핵심이며, 영화지원방식과 재원조달 방안을 강구하는 것이 더 시급한 과제라는 것입니다.[2] 바닥을 드러낸 영발기금을 채우는 게 급선무라는 인식에서 나온 주장으로 보입니다.

그러나 이 주장은 앞뒤가 맞지 않습니다. 바로 영화지원방식과 재원조달 방안을 강구하기 위해 영화에 대한 재정의가 필요한 것입니다. 이론적 규정을 넘어선 법적 규정은 매우 중요합니다. 이 규정에 따라 지원의 근거가 마련되기 때문입니다. [OTT 편]에서도 언급한 바와 같이 코로나19 상황 속에서 OTT가 성장하던 시기에 법적 규정이 마련되지 않아 업계가 그 어떤 지원도 받을 수 없었던 사실을 상기할 필요가 있습니다. 영진위의 예산이 더욱 중요한 이유는 현재까지 극장 입장권 매출의 3%로 징수되는 부담금이 주된 재원이기 때문입니다. 그러나 극장의 적자로 인해 이 부담금이 충분히 징수되지 못하고 있습니다. OTT나 IPTV의 VOD 서비스처럼 영화를 상영하는 다른 미디어 플랫폼을 제외하고 오로지 극장에만 영발기금을 부과하는 데 대해 극장의 저항도 커지고 있습니다. 이러한 상황에서 추가경정예산을 받지 못하면 당장 2023년 말부터 영진위 운영에 큰 차질을 빚게 될 것으로 보입니다. 영진위에 의하면 2023년 말경 여유자금이 약 14억 정도가 남게 되며 2024년에는 기금이 완전히 고갈될 것으로 예상하고 있습니다. 매해 기금운용비[3]로 1,000억 원가량 필요한데 극장의 상황이 팬데믹 이전으로 회복될 기미는 전혀 보이지 않습니다. 그러니 영진위의 재원문제가 해결되기 위해서라도 영화에 대한 새로운 법적 규정이 반드시 필요합니다. 영발기금에 대한 얘기는 뒤에서 자세히 다루겠습니다.

다시, 영화란 무엇인가

영진위는 2020년 11월 '포스트코로나 영화정책추진단'을 발족시켰습니다.[4] 현안에 대한 다양한 논의를 통해 포스트코로나 시기를 대비한 해결책을 모색해보자는 프로젝트였지요. 1년이라는 긴 시간 동안 진행됐던 이 작업은 영화계로서는 매우 큰 의미를 갖습니다. 각계의 생생한 목소리를 모아 위기에 놓인 한국영화계에 새로운 이정표를 세우려는 절실한 몸부림이었으니까요. 당시 '포스트코로나정책TF'를 이끌었던 김현수 팀장은 "극장용 영화에 국한하여 영진위가 정기적으로 진행하고 있는 영화산업, 영화 종사자 실태조사가 무의미해 보일 정도다"라고 말했습니다.[5] 미디어 생태계의 급변이 주는 영화계의 혼란을 짐작할 수 있게 하는 말이었습니다.

하지만 절망만 있는 것은 아닙니다. 영진위의 김경만 정책연구원은 "최근에는 OTT 시리즈물뿐만 아니라 숏폼 콘텐츠도 (영진위에서) 지원을 고려해야 할 시점이 아닌가 하는 근본적인 질문이 발생한다. 영화 스태프, 창작자들도 그 경계를 의식하지 않고 오히려 좋은 기회로 여기고 작업하고 있는 상황"이라면서 변화의 방향과 속도에 발맞추어 가려는 업계와 영진위의 노력이 이어지고 있다는 것을 알려주었습니다. 영화와 드라마의 경계가 허물어지고 영화계 종사자들이 시리즈물과 방송 드라마를 동시에 만들고 있는 현실이 현재이자 미래라면, 그리고 그 미래가 희망이 되려면 우리의 인식은 당연히 전통적인 영화의 정의를 넘어서는 쪽으로 바뀌어야 할 것입니다. 이제 영화가 광의의 개념으로 넓어져야 하는 것은 논쟁거리가 아니라 당위라고 생각합니다.

영화 <사냥의 시간>을 예로 들어볼까요. 이 영화는 코로나19가 악화되기 직전 개봉날짜를 발표했다가 전염이 급격히 확산하면서 상영이 무기한 연기되자 어쩔 수 없이 극장 상영을 포기하고 OTT로 직행했던 첫 영화입니다. 극장 상영을 목적으로 제작되었지만, 상황적 여건으로 OTT에서 개봉한 것입니다. [영화 및 비디오물의 진흥에 관한 법률](이하 영비법)상 영화의 정의[6]로는 비록 극장에서 상영되지 못해도 그럴 '목적'으로 제작된 것을 영화로 봅니다. 따라서 <사냥의 시간>은 영화의 범주에 속하는 게 맞습니다. 그런데 극장 개봉이 아닌 OTT에서만 상영을 하거나 극장과 OTT에서 동시 개봉하는 영화는 영화가 아닌 것일까요? 법적으로 그것이 영화이기 위해서는 극장 상영을 '목적'으로 제작했음이 증명되어야 하는 것인데, 이 여부를 판

가름하는 것은 어렵기도 하거니와 무의미하기까지 합니다. 앞으로 OTT용 제작 영화는 더욱 증가할 것으로 예상되므로 법적으로 영화를 재정의하는 것이 시대의 요구에 부응하는 길입니다. '영화상영관 등의 장소 또는 시설에서'와 같은 영화상영의 공간 지정이나 목적성 등은 수정되거나 삭제되어야 합니다. 현재 국회에는 이에 대한 영비법 개정안이 상정돼 계류 중에 있습니다.[7]

영화계에서는 그간 극장산업 위주로 추진된 영화정책을 영비법의 취지에 맞게 '영화비디오물산업 정책'으로 확대할 것을 요구하고 있습니다. 구체적으로 극장용 영화·온라인 비디오물·방송물 등 산업 간의 경계가 모호해진 상황을 반영할 필요가 있으므로 첫째, 관련 법률 정의를 현행화하고 둘째, 영화비디오물을 지원하기 위한 재원확

<사냥의 시간> 포스터

보 방안을 마련하며 셋째, 영상물의 포괄지원체계를 구축하라는 요청입니다. 비디오물은 이미 영비법 제2조 제12호의2에 의거, "온라인 비디오물이란 [정보통신망 이용촉진 및 정보보호 등에 관한 법률] 제2조 제1항 제1호에 따른 정보통신망(이하 "정보통신망"이라 한다)을 통하여 시청에 제공할 수 있도록 제작된 비디오물을 말한다"라고 정의하여 케이블TV와 IPTV의 VOD, OTT 플랫폼에서 스트리밍되는 콘텐츠를 모두 비디오물에 포함하고 있습니다. 그러나 이 '비디오물'이라는 용어를 현재는 잘 사용하지 않는 데다 영화와 비디오물이라는 두 가지 정의를 통합하는 상위개념이 필요해 보입니다. [한국영상자료원 편]에서 언급했듯 故 이어령 초대 문화부 장관이 '필름보관소'에서 '한국영상자료원'으로 기관명을 바꾼 것이 결과적으로 미래가치를 내포한 개명이었던 것처럼 말입니다. 이 정의 문제가 해결되어야 좁게는 영진위의 재원조달방안이 마련되고 넓게는 영화산업의 새 역사가 시작될 수 있습니다. 무엇보다 영화의 재정의는 영진위가 스스로 재정립하기 위해 반드시 해내야 하는 사명입니다.

생존의 갈림길에 서다

영화발전기금이 정말 문제입니다. 이것 때문에 영진위의 생존이 위태롭기 때문입니다. 영화발전기금은 말 그대로 한국영화의 발전을 위해 모은 기본자금입니다. 법적으로는 [영화 및 비디오물의 진흥에 관한 법률] 제23조에 근거해 2007년에 신설된 자금입니다. 그런데 이것이 출발부터 좀 순탄치가 않았습니다. 노무현정부 때인 2006년 7월 1일 한미무역협정이 있었습니다. 이 협상 과정에서 스크린쿼터(한국영화의무상영일수)가 146일에서 73일로 축소되었는데, 이듬해인 2007년 한미 FTA에서 스크린쿼터가 현행 유보(현재의 수준을 그대로 유지 또는 동결함), 즉 73일로 축소된 결정을 계속 유지하는 것으로 합의되면서 한국영화를 보호하기 위한 후속 조치로 2007년과 2008년에 각각 1,000억 원씩 총 2,000억 원을 국고로 출연하며 탄생한 것이 이 기금입니다. 이 2,000억 원은 김대중정부가 대선 공약을 지키기 위해 영진위를 출범시킨 1999년에 300억 원, 2000년에 700억 원 등 2003년까지 총 1,500억 원을 영화진흥금고에 출연한 것에 추가된 금액입니다.

영화제작 지원, 영화유통 지원, 영화정책 지원, 첨단영화기술 육성, 영화기획개발 지원, 영화정보시스템 운영 등 크게 6가지 사업에 운용되는 영화발전기금은 △정부의 출연금 △개인 또는 법인으로부터의 기부금품 △영화상영관 입장권에 대한 부과금 △기금의 운용으로 생기는 수익금 △그 밖에 대통령령이 정하는 수입금으로 구성되어 있습니다. 이 중 '영화상영관 입장권에 대한 부과금'이 가장 큰 비중을 차지합니다.[8] 이것은 법정부담금으로 영발기금의 절반 정도를 차지합니다. 2007년 영발기금이 신설될 때 영비법 개정안에 '영화발전기금 조성을 위한 영화상영관 입장료 부과금 모금'을 법안에 담았습니다. 영화상영관에 입장하는 관람객에 대하여 입장권 가액의 100분의 5 이하의 범위에서 대통령령으로 정하는 부과금을 징수하기로 되어 있는데 실제로 3%만 부과해왔습니다.[9] 이 법이 신설되면서 일부 극장사업자들이 징수 방식에 위헌 소지가 있다며 바로 헌법소원을 제기했는데요. 당시 재판관 9인 중 4인이 기각의견을, 5인이 위헌 의견을 냈는데 위헌결정 정족수 6인에 미달되어 최종적으로 기각 처리되면서 합헌상태로 지금까지 유지되고 있습니다. 2007년 영화발전기금이 신설될 당시 부과금 징수를 7년간만 시행할 예정이었지만 2014년 영비법 개정을 통해 7년간 연장한 바 있고, 만료 예정이었던

2021년에 한 번 더 연장함으로써 최종 2028년 12월 31일까지 존립하게 되었습니다.

무엇이 문제인가

영발기금의 핵심인 영화상영관 입장권부과금은 2019년까지 안정적으로 증가했으나 코로나19가 시작되던 2020년에는 5분의 1 수준으로 급감해 이후 조금씩 회복하는 수준이지만 극장 관객 수가 큰

영화상영관 입장권 영화발전기금 부과금 추이

(단위: 백만 원)

연도	금액
2023	26,057(예상)
2022	17,948
2021	17,086
2020	10,522[10]
2019	54,582
2018	51,978
2017	49,900
2016	49,788

출처: 영화진흥위원회

폭으로 늘지 않는 이상 코로나19 이전으로 돌아가기는 어려워 보입니다. 게다가 징수기한이 2028년에 끝나기 때문에 그때까지 영화상영관 입장권부과금에 크게 의존하는 기존의 재원구조를 개선하고 신규재원을 확보하지 않는 한 영진위의 존립이 불가능해집니다.

영진위에 따르면 영화발전기금은 2022년 말 기준 583억 원 남았고 2023년 말에는 여유자금이 약 14억 원 정도가 남게 됩니다. 다음의 영화기금 시뮬레이션 표[11]를 살펴보면, 2017년 말 2,217억 원에 달했던 영화발전기금 여유자금은 2018년 말에 1,777억 원, 2019년 말에는 1,152억 원으로 줄었습니다. 코로나19가 기승이던 2020년은 기금이 급감하여 실제 수입액은 105억 원에 그치는 반면 지출액은 1,219억 원으로 늘어 적자가 약 1,114억 원에 달했는데, 그동안 공공자금관리기금에 예탁했던 원금 940억 원과 이자 30억 원을 회수해 충당하면서 여유자금은 2020년 말 1,053억 원이 되었습니다. 코로나19가 장기화되면서 2021년 말에는 600억 원대, 2022년 말에는 500억 원대로 떨어졌습니다. 이에 정부는 2023년 영화발전기금에 정부 일반회계 전입금 800억 원을 편성했지만, 상황은 매우 부정적입니다. 2021년 감사원이 발표한 '2020년 회계연도 국가결산 검사 및 감사 활동 결과'에 따르면 영화발전기금이 향후 5년 조정수지가 적자일 것으로 예상되는 상위 10개 기금 중 2위를 기록[12]했는데, 영진위는 그 시기가 더 앞당겨져 2024년이 될 것으로 전망하고 있습니다.

당장 극장은 반발하고 있습니다. 이미 언급한 대로 원래 이 기금

영화기금 시뮬레이션

(단위: 백만 원)

[영화기금 시뮬레이션] 2023년 말 여유자금 약 14억 예상, 2024년 기금 고갈 위기 재직면

	구분	2018년 결산	2019년 결산	2020년 결산	2021년 결산	2022년 결산	2023년 (예상)	2024년 (예상)
수입 (A)	수입 총액	313,315	263,672	227,228	202,083	162,967	167,471	30,057
	영화관 입장권 부과금	51,978	54,582	**10,522**	17,086	17,948	23,866	26,242
	공자기금 차입	–	–	–	–	80,000	–	–
	일반회계 전입금	–	–	–	–	–	**80,000**	–
	여유자금 회수 등	261,337	209,090	216,706	184,997	65,020	63,605	3,815
지출 (B)	지출 총액	135,597	148,411	**121,850**	141,410	104,607	166,070	89,441
	사업비·운영비	60,597	73,411	121,850	141,410	103,585	85,086	89,441
	공자기금 예탁	75,000	75,000	–	–	–	–	–
	공자원금 상환	–	–	–	–	–	80,000	–
	차입금 이자상환	–	–	–	–	1,022	984	–
여유자금(A-B)		177,718	115,261	105,378	60,673	58,360	1,401	△59,384

출처: 영화진흥위원회

의 징수기한은 2021년에 완료될 예정이었습니다. 이것도 2014년에서 한 차례 연장되었던 것인데 국회가 코로나19 위기 상황으로 영발기금의 재원마련에 다른 대안이 없다면서 2028년으로 7년간 또다시 연장한 것입니다. 게다가 영화를 상영하는 IPTV의 VOD 서비스나 넷플릭스 등의 OTT 플랫폼은 아직까지 영발기금의 징수대상이 아니기 때문에 극장은 "극장에만 부과하는 것은 불공정하다"고 주장합니다. 극장의 이러한 주장을 단순히 볼멘소리로 치부할 수는 없습니다. 극장도 재정이 회복되지 않는 상황에서 두 차례의 연장은 수용하기 어렵고, 기금징수 대상에서 다른 플랫폼이 빠진 것도 당연히 불합리하게 보이기 때문입니다.

일단 영화발전기금은 극장을 찾는 관객으로부터 나오는 돈이니 수혜가 극장 관객에게 돌아가는 게 맞습니다. 2008년에 헌법재판소에서 영발기금 징수에 대해 합헌 결정을 내리면서 그 이유를 다음과 같이 설명했습니다.

"영화관 관람객은 영화라는 단일 장르 예술의 향유자로 집단적 동질성이 있고 영화발전기금의 집행을 통한 영화의 장기적 발전이익은 결국 관람객에게 돌아가기 때문이다."

그러니까 이 결정은 징수대상과 수혜자가 일치한다는 점을 고려한 것이었습니다. 따라서 징수대상인 관객에게 혜택이 돌아가기 위해서는 극장에서만 거두는 영발기금의 지원대상은 '극장용 영화'로 한정되는 게 이치상 맞습니다.

그러나 영화의 범위를 넓히는 게 시대의 흐름에 맞다면 영진위가 지원해야 하는 영화도 극장용 영화를 넘어선 '모든 영화'여야 합니다. 그것이 공공기관의 역할이니까요. 설사 영진위의 지원금을 받고 만들어진 영화가 극장에서 개봉하지 않고 OTT에서 개봉을 하더라도 말입니다. 미디어환경은 플랫폼의 경계가 사라지고 있는데 극장용 영화에만 지원한다는 것은 영화산업의 일부만 책임지겠다는 것과 다름없으니 결코 바람직한 모습이 아닐 겁니다. 하지만 이런 입장은 극장사업자들의 반발을 사는 게 당연합니다. 영화상영관 입장권부과금으로 징수한 돈이 OTT용 작품의 지원금으로 사용된다면 징수대상과 수혜자의 불일치 문제가 발생하기 때문입니다. 그래서 극장이 "우리한테 부과하는 것과 똑같이 영화를 상영하는 다른 플랫폼에도 기금을 부과하라"고 요구하는 것은 타당한 목소리입니다.

그런데 다시 한번 생각해보기로 합니다. 얼핏 들으면 극장의 주장이 맞는 것처럼 들립니다. 하지만 100% 맞는 것은 아닙니다. 거듭 말하지만, 영화상영관 입장권부과금을 내는 주체는 관객이기 때문입니다. 극장이 내는 돈이 아니라 관객이 티켓을 구매할 때 지불하는 돈입니다. 그러니까 이 상황에서 가장 큰 피해를 입게 되는 주체는 극장을 찾는 관객입니다. 극장뿐 아니라 다른 플랫폼을 통해 같은 영화를 볼 수 있다면 극장을 찾은 관객은 온전한 수혜자가 아니게 됩니다. 그래서 극장이 OTT나 IPTV의 VOD 등 영화를 상영하는 모든 플랫폼에 영화발전기금을 부과하라고 주장하는 것은 충분히 이해됩니다. 플랫폼들이 한국영화의 혜택을 받는 만큼 한국영화의 발전과 진흥을 위해 대가를 지불하는 일은 당연하니까요. 그런데 논리적으로 타당하려면 이때에도 징수대상은 플랫폼이 아니라 '온라인 플랫폼 이용자'가 되어야 합니다. 예상컨대 이렇게 되면 온라인 플랫폼들

관객이 지불하는 영화발전기금

은 일제히 이용요금 인상을 시도할 것입니다. 이용자들에게 이 요금을 받아야 하니까요. 안 그래도 어려움을 겪고 있는 국내 OTT들은 이용자들의 이탈을 우려하며 이 정책에 반대 입장을 표명하리라 예상합니다.

영발기금징수의 공정성을 확보하고 안정적으로 재원도 넓히는 방법은 정말 없는 걸까요? 이 해결책을 찾지 못하면 영진위의 곳간은 곧 바닥나고 기관은 존폐의 기로에 서게 될 텐데 말입니다. 정부가 한두 해 응급치료를 한다고 해서 해결되는 건 아닙니다. 그것은 연명치료에 불과할 뿐이어서 근본치료가 되지 않으면 결국 사망에 이르게 될 겁니다. 절체절명의 순간입니다.

국회의 법안개정 움직임

국회에서는 온라인 플랫폼들에도 영발기금을 징수하는 것이 정당하다고 봅니다. 이에 특수유형부가통신사업자를 통해 제공된 동영상 콘텐츠의 이용자에게도 대통령령에 따른 부과금을 징수하고, 사업자에게 부과금을 수납할 수 있도록 하는 영비법 개정안을 발의한 상태입니다.[13] 하지만 예상하다시피 이 법안에 대해 OTT 사업자들은 동의할 수 없다는 반응입니다. 한 OTT 업계관계자는 "넷플릭스를 제외한 국내 OTT들은 치열한 경쟁과 투자·제작비 상승으로 사실상 적자인데 이 상황에 영발기금까지 징수하면 OTT 이용금액만 올리게 될 뿐이니 시기상조"라고 밝혔습니다. 또한 입법조사처에서도 OTT 업계와 과학기술정보통신부가 국내 OTT 업계의 경쟁력 확보를 위해 부과금 신설을 반대하는 의견이라고 설명했습니다.

방송통신발전기금(이하 방발기금)[14]을 영발기금에 포함하자는 법안[15]도 있습니다. 영화콘텐츠가 방송통신산업의 발전과 사업체의 매출 발생에 있어 연관성이 크고, 방송통신발전기금의 규모는 2020년 기준 약 1조 3,000억 원 수준으로 매년 확대되고 있으며 여유자금 규모도 충분하다는 점 등의 실정을 고려해 방송통신발전기금을 영화발전기금의 신규재원으로 포함하도록 하는 법적 근거를 마련하자는 목적입니다. 입법조사처에 따르면 해당 개정안에 대해서 문체부는 찬성, 과기부와 방통위는 첨예하게 반대하는 입장이라며 영화산업이 방송통신발전기금 조성에 기여한 정도를 검토해 소관 부처 및 관련 업계와 협의가 필요하다고 덧붙였습니다. 유료방송업계와 케이블 업계에서는 '기금의 용도에 맞지 않다'고 주장하고, 과학기술정보통신부와 방송통신위원회에서도 같은 논리로 반대하면서 부처 간 협의를 진행하기 어렵다는 의견을 내놨습니다. 사실상 부결로 봐야 합니다.

이 책에서 방발기금을 다루지는 않겠지만 영발기금이든 방발기금이든 미디어환경의 변화와 달리 법과 제도의 시행 속도가 항상 늦다는 점에서 업계 종사자들의 어려움이 발생합니다. 안타깝게도 발의된 법안들은 대부분 현실화될 가능성이 낮아 보입니다. 소관 부처인 문체부와 영진위 내부, 외부 연구기관 등 다차원적으로 재원조달 방안을 강구하는 모습이지만 뾰족한 대안이 없는 것도 사실입니다. 궁극적으로는 영화를 상영하는 모든 플랫폼을 징수대상으로 삼는 방향으로 가야겠지만, 현재로서는 글로벌 빅테크 기업의 실적과 달리 국내 OTT 업계가 불안정한 상태이므로 속도와 시기를 조절할 필요는 있을 것입니다. 단계별, 순차적 징수 규정을 두어 매출 실적에 따라 차등 부과하는 것이 지금으로서는 가장 '공정'할 수 있습니다. 극장과 온라인 비디오물의 산업환경이 서로 다르고 같은 산업군에 속해도 성장 및 부침의 정도에 차이가 있기 때문입니다. 또한 잊지 말아야 할 가장 근본적인 전제는 징수대상과 수혜자가 일치해야 한다는 점입니다. 플랫폼에 직접 부과를 하는 것인지, 플랫폼 이용자를 향해서인지가 명확해야 합니다. 지금은 이 구분이 모호해서 업계의 혼란만 가중시키고 있습니다.

영발기금과 관련해 현재 시점에서 반드시 고려되어야 할 점은 두 가지입니다. 첫째, 영진위를 존속시키기 위한 현재의 최선은 '국고 지원'이라는 점입니다. 코로나19의 직격탄을 맞은 산업이 영화·미디어 산업만은 아니지만, 그 사이 산업생태계가 급변한 점이 충분히 인정되어야 합니다. 기금을 운용한다는 이유로 다른 산업군에 비해서 지원이 적었던 것도 사실입니다. 우선은 시장이 새로운 질서를 만들고 산업이 안정기에 진입할 때까지만이라도 국가가 뒷받침할 필요가 있습니다. 이런 상황에서 국회의원이 "대안이 없으므로 현재의 제도를 고수·연장한다"는 식의 발언을 해서는 곤란합니다. 영발기금 징수 기간 연장을 위해 영비법을 개정하면서 소수의 국회의원이 언론을 통해 이와 같은 발언을 한 것은 대단히 부적절했다고 생각합니다. 산업계를 향해 어려움을 버텨내라고만 할 것이 아니라 소관 부처와 관련 기관의 모든 책임자를 향해 대책을 마련하라고 요구했어야 합니다. 그리고 당분간은 특별보조금 형태의 정부출연금이 바로 그 대책이라는 인식을 갖도록 지속적으로 설득하는 것이 그들의 역할일 것입니다.

둘째, 장기적으로 완전히 새로운 틀의 기금징수를 계획해야 합니다. 영화, OTT, 방송으로 나뉜 상태에서는 해결이 요원하고 더 큰 단위에서 이것들을 통합해 하나의 틀에서 기금을 관리·지원하는 게 필요합니다. 프랑스는 방송, 게임 분야까지 하나의 지원기금으로 통합되어 있으며 영화기금으로 쓰이는 재원은 TV에서 72.3%, 극장에서 22.7%, 비디오에서 5.08% 징수됩니다. 이 데이터를 보면 징수대상과 수혜자가 반드시 일치하지 않지만, 사회적 합의를 통해 영화·미디어 산업 전체가 상생의 길을 택했다는 것을 알 수 있습니다. 여기에 더해 IPTV, OTT 서비스도 공중파, 케이블TV와 같이 '프랑스영화투자의무' 및 '방영쿼터'를 적용하고 있는데요. 이런 제도를 통틀어보면 프랑스 정부가 얼마나 자국 영화를 지키려는 의지가 강한지, 프랑스 국민이 이에 얼마나 진심으로 동의하는지 잘 알 수 있습니다. 물론 프랑스 모델을 우리에게 똑같이 적용하는 것은 무리가 있지만, 만약 이 모델이 우리의 방향이라면 우선 영화미디어산업을 통합적으로 관리·운영할 부서부터 신설해야 할 것입니다.

어떤 형식이든 법제화까지는 시간이 오래 걸릴 수 있습니다. 영화산업이 어려운 지금의 상황이 비단 우리나라만의 위기는 아니므로 글로벌 표준이 마련될 때까지는 제도운영의 유연성을 발휘하되 최종적으로 하나의 컨트롤타워를 만들어간다는 목표 아래 현재는 관련 부처와 업계 간 협력 거버넌스를 조금씩 확장해 나가야 할 것입니다.

영진위가 이 과정에서 든든한 가교역할로 현 위기를 잘 극복해나갈 수 있도록 국민적 관심이 모아져야 할 때입니다.

영진위가 존립해야 하는 이유

영진위의 존립에 대해 내·외부적으로 회의론이 커지고 있는 것은 사실입니다. 영발기금의 고갈과 예산 축소라는 현실적인 문제와 더불어 영진위의 정체성과 역할론의 부재라는 존재가치의 상실까지 악재가 겹친 상황입니다. 통합부처의 필요성에 대해서 오래전부터 많은 곳에서 얘기하고 있지만, 그것이 단시간에 해결될 수 없는 문제라면 한국콘텐츠진흥원 같은 좀 더 큰 기관으로 영진위가 우선 통합될 필요성에 대한 의견도 있습니다. 이 방안을 영진위의 발전적 해체라고 보는 시각이 존재하는데요. 이런 시각을 가진 사람들은 원소스멀티유즈의 개념처럼 하나의 IP로 영화, 애니메이션, 게임, 음악, 출판, 굿즈 등으로 다양하게 활용하기 위해서는 영화기관만 따로 독립·운영되는 것이 시대에 맞지 않을뿐더러 비효율적이라고 주장합니다.

일리 있는 제안일 수도 있지만 그리 간단한 문제는 아닙니다. 영진위가 독립적으로 존재하면서 해야 하는 역할이 분명히 있다고 생각하기 때문입니다. 저는 앞으로 영진위의 특별하고도 고유한 역할은 '독립예술영화에 대한 지원'이 되어야 한다고 생각합니다. 영화의 개념 확장과 더불어 지원대상을 넓히는 게 일면 타당해 보이지만, 위기일수록 오히려 '원칙'에 충실해야 합니다. 이것은 시계를 거꾸로 돌리는 게 아니라 뿌리를 더 단단히 하는 일입니다. 영화는 결국 이야기인데 다양한 이야기는 독립예술영화에서 나옵니다. 국가의 역할은 시장이 하지 않거나 못 하는 일을 뒷받침하고 소외된 영역을 보살피는 것입니다. 따라서 작은 영화들이 계속 제작될 수 있도록 지원하는 것이 영진위의 첫 번째 역할이 되어야 합니다.

오랫동안 독립예술영화에 대한 지원의 실효성에 대해서 불만과 개선요구가 빗발쳤던 게 사실입니다. 밑 빠진 독에 물 붓기가 아니냐는 논란이지요. 지원을 받으면 받은 대로, 못 받으면 못 받은 대로 말이 많았습니다. 지원사업이라는 것이 원래 그런 속성이 있기는 합니다. 액수는 정해져 있는데 지원이 필요한 곳은 많으니까요. 소위 '될 것 같은' 상업영화에 큰돈을 쏟으면 나중에 성과는 나올 겁니다. 외부에 생색도 낼 수 있을 것입니다. 그러나 공공기관으로서 영진위의 역할은 보이지 않는 곳을 도와주고 이끌어주는 것입니다. 돈은 쓰는데 표는 잘 나지 않는 영역입니다.

앞서 포스트코로나 영화정책추진단의 최종 보고서인 『포스트코로나 영화정책 2022』에서 이 문제가 극명히 드러납니다. 반드시 이 지원이 필요하다는 입장에서는 이것이야말로 국가의 역할이라고 말합니다. 반복하지만 시장에서 선택되지 못하는 영역을 돌보는 것이 국가의 일이라는 얘기입니다. 덧붙여 문화사업은 인풋(input) 대비 아웃풋(output)을 논할 수 없는 영역이기 때문에 효율성의 잣대나 성과 위주로 평가해서는 안 된다고 강조합니다. 한국영화 기획·개발 및 선별지원의 목표는 여전히 혁신과 새로운 시도를 담은 작품의 창작자·제작자를 발굴하여 육성하는 일이라는 것이지요. 나아가 심사위원들은 심사에만 그칠 것이 아니라 연대의식과 책임감을 가져야 한다고도 말합니다. 선정자의 기획·개발 진행에 해당 심사위원이 참여해 육성을 돕는 프로그램을 운영할 필요가 있다고 하면서요.[16]

반대의 입장은 오히려 시장친화적 기준으로 선정해야 한다고 주장합니다. 다른 지원 프로그램과 달리 독립영화 개봉지원사업은 영화의 미학이나 실험적인 도전을 평가하는 것이 아니라 '개봉이 가능한지, 개봉을 한다면 어떤 전략으로 관객을 만나야 하는지, 손익분기점을 달성할 수 있는지' 등 실질적인 배급과 홍보마케팅, 개봉을 위한 평가여야 한다고 말합니다. 미학이나 실험성, 도전 정신을 지나치게 우선하여 지원작을 선정할 경우 냉혹한 극장 개봉 환경 속에서 관객의 선택을 받지 못할 것이라고 우려하면서 말입니다. 사실 지금까지 많이 그래왔습니다. 그래서 이런 입장의 사람들은 심사위원 선정도 평론가나 교수보다는 투자나 배급, 마케팅, 극장 등의 현업 전문가 중심으로 구성하고, 작품의 선정 기준과 후속 조치 등이 더욱 세밀하게 설계되어야 한다고 제안합니다.[17]

두 입장 모두 나름대로 설득력이 있습니다. 지원기관은 시장의 선택 여부와 상관없이 다양한 영화를 만들 수 있도록 돕는 역할이 필요합니다. 우월한 위치를 점하던 극장 유일의 환경에서 많은 온라인 플랫폼이 등장한 것이 얼핏 독립예술영화계에도 기회의 장인 것처럼 보이지만 많은 영화인은 과거보다 제작환경이 더 나빠질 수 있다고 경고합니다. 극장이나 새로운 플랫폼, 이미 상업적으로 검증된 사람들에게만 유리하기 때문입니다. 영화 <기생충>의 제작사인 바른손이앤에이 곽신애 대표는 "코로나가 시작되면서 투자를 위해 움직여봤더니 문이 많이 좁아져 있고, 특히 신인한테는 더 어려워져 있었다"고 말합니다. 영화산업의 생태계가 선순환하려면 신인의 등장과 그들을 위한 기회가 늘어나야 하는데 지금처럼 그 길이 막히면 머지않아 영화생태계가 붕괴될 것이란 걱정이 든다는 말도 덧붙였습니다.[18] 상황이 이렇다 보니 국가마저 시장의 논리로 움직이면 독립예술영화의 토대가 사라질 우려가 커지는 겁니다.

게다가 글로벌 OTT의 성장은 영화산업의 해외 수출 판로를 축소시킬 가능성이 있습니다. 현재 시점에서는 아직 '가능성'입니다. OTT 플랫폼으로 인해 전 세계에 동시다발적으로 상영이 가능해진 점은 영화 수출의 위협이 되는 반면, OTT 효과로 K-콘텐츠에 대한 전 세계의 관심이 커지면 오히려 수출 확대로 이어질 수도 있는 두 가지 측면이 공존하기에 그렇습니다. [OTT 편]에서도 말했지만, 2022년은 한국영화의 해외 수출이 회복을 넘어 성장세를 보인 해였습니다. <오징어 게임> 등 글로벌 OTT를 통해 인기를 끈 K-콘텐츠의 힘으로 분석하기도 했지요.

그러나 분명한 사실은 OTT의 선택이 작은 영화로까지 이어질 것이란 기대는 하기 어렵다는 것이므로 수출 판로를 넓히고 영화산업의 양극화를 해결하기 위해 국가의 지원은 더 커져야 합니다. 다시 강조하지만 영화 강국이라 일컫는 해외 선진국일수록 국가 차원에서 영화산업을 진작하고 보호합니다. 그것은 영화가 산업적 이익을 넘어 문화유산으로서의 사회적 가치를 지니기 때문입니다.

그렇다고 현실 논리를 무시할 수는 없습니다. 영화계 일각에서 영진위의 사업성과에 부정적인 평가를 내리는 큰 이유는 분명합니다. 영진위가 지원하는 작품의 대부분이 관객과 만나지 못한 채 사장되는 것이 현실이거든요.[19] 아무리 상업성·대중성보다 작가주의·예술성을 지향하는 영화라고 해도 '봐주지 않는' 영화를 만들고 싶은 감독은 없을 것입니다. 결국 영화는 관객을 만날 때라야 매체로서의 의미를 가질 수 있습니다. 두 입장 사이에서 적절한 균형을 맞춰야겠지만 만약 실험성을 강조하여 시장의 선택에서 배제된 작품이라면 독립예술전용상영관[20]을 통해 관객을 만날 수 있도록 맞춤형 지원이 이루어져야 할 것입니다.

돈을 '잘 쓰는' 것도 능력입니다. 작품성과는 별개로 지원금을 적재적소에 배치하는 것은 오로지 영진위의 몫입니다. 지출의 묘를 살리되 그 목표가 독립예술영화 제작의 '지속 가능성'이라는 사실만은 변하지 말아야 합니다. 극장을 찾는 관객이 영화상영관 입장권부과금을 지불하면서까지 영화발전기금을 조성해주는 이유는 첫째도 둘째도 한국영화의 발전과 성장을 위해서입니다. 산업의 급변이라는 과도기에서 발생한 기금 부족 사태가 영진위의 존폐를 좌우하는 결과로 이어진 것도 사실이지만 영진위를 둘러싼 문제는 훨씬 이전부터 존재했다는 걸 부인할 사람은 없습니다. 그러나 초심과 원칙을 지켜낸다면 백척간두에서 분명 진일보할 것입니다. 저는 아직 영진위에 대한 기대와 희망을 놓을 수 없습니다. 대중의 마음도 저와 같으리라 믿습니다.

한국영화아카데미를
국립영화학교로

여기 졸업작품은 꼭 본다

한국영화아카데미(Korean Academy of Film Arts·KAFA)는 1984년 3월 설립해 올해 개교 40주년을 맞으며 지금까지 39기의 졸업생을 배출한 영진위의 자랑이자 대한민국 영화계의 자랑인 최고의 영화학교입니다. 임상수(5기), 허진호(9기), 봉준호(11기), 장준환(11기), 김태용(13기), 최동훈(15기) 등 지금까지 이곳을 거쳐 간 영화계 인재들이 800명에 달합니다. 그래서 1990년대 후반 이후 '제2의 한국영화 르네상스'를 연 진정한 K-무비의 본산지라고 평가받고 있습니다.

KAFA는 정규과정, 장편과정, 사전제작과정, 기술과정 등 4가지 과정을 운영하고 있습니다. 먼저 정규과정은 '연출', '촬영', '프로듀

한국영화아카데미 외관

KAFA 로고 및 슬로건

싱', '애니메이션' 등 4개 과정에 30명 이내의 소수정예[21]로 철저한 현장실무형 교육을 진행하는데, 입학준비생들에게는 꽤 악평(?)이 높습니다. 입학전형[22]도 까다로운 데다 수업의 난이도가 높기로 유명해서입니다. 하지만 단순히 어렵고 힘든 과정이기만 하다면 많은 지원자가 입학을 꿈꾸지 않겠지요. 철저한 멘토링과 크리틱은 KAFA 졸업생들이 꼽는 이곳만의 장점입니다. 이는 교수진 상당수가 KAFA 출신으로 학생들에 대한 애정이 깊고 교육과정에 대한 기여도가 크기 때문입니다. 앞서 영화계가 요구한 심사위원들의 연대·책임의식과 심사위원들의 참여를 통한 인재육성은 바로 여기 KAFA에서 이미 실현되고 있습니다. 그래서 많은 영화제작사에서 이 아카데미 졸업영화제는 반드시 챙겨본다는 얘기가 있는 것입니다.

특히 2006년에 신설된 '장편과정'은 대단합니다. 10명 내외가 입학해서 연간 6~8편의 장편영화를 직접 제작하는데 이는 국내 어느 메이저 제작사도 감당하지 못하는 편수라고 합니다. 그리고 이 작품들 대부분이 국내외 영화제에 진출해 다수의 수상 실적을 내고 있습니다. 특히 2023년은 매우 특별한 해였는데요. KAFA 출신의 두 여성 감독이 맹활약을 펼쳤기 때문입니다. 14기 '장편과정' 졸업생 김세인 감독의 졸업 작품인 <같은 속옷을 입는 두 여자>가 2023년 베를

	작품명	제작 연도	수상실적
1	파수꾼 (윤성현)	2010	부산국제영화제 뉴커런츠상 수상('10) 대종상영화제 신인감독상 등 2관왕('11) 로테르담국제영화제 초청('11) 청룡영화상 신인감독상 등 2관왕('11) 등
2	소셜포비아 (홍석재)	2014	부산국제영화제 초청('14) 서울독립영화제 독립스타상 등 2관왕('14) 부일영화상 신인감독상 등 2관왕('15) 등
3	성실한 나라의 앨리스 (안국진)	2014	전주국제영화제 초청('15) 청룡영화상 여우주연상 수상('15) 백상예술대상 각본상 수상('16) 디렉터스컷어워즈 올해의독립영화감독상 수상('16) 등
4	죽여주는 여자 (이재용)	2016	베를린국제영화제 초청('16) 벤쿠버국제영화제 초청('16) 부산국제영화제 초청('16) 부일영화상 여우주연상 수상('17) 등
5	죄 많은 소녀 (김의석)	2017	부산국제영화제 뉴커런츠상 등 2관왕('17) 서울독립영화제 독립스타상 수상('17) 무주산골영화제 뉴비전상(대상) 수상('18) 디렉터스컷어워즈 올해의비전상 수상('18) 등
6	야구소녀 (최윤태)	2019	부산국제영화제 초청('19) 서울독립영화제 독립스타상 수상('19) 뉴욕아시안영화제 Screen Intl' Rising Star Asia Award 수상('20) 등
7	혼자 사는 사람들 (홍성은)	2020	전주국제영화제 배우상 등 2관왕('21) 토론토국제영화제 초청('21) 산세바스티안국제영화제 초청('21) 브줄국제아시아영화제 NETPAC상 등 2관왕('22)

영화 <같은 속옷을 입는 두 여자> 스틸컷

영화 <홀> 스틸컷

린영화제 파노라마 부문에 공식 초청되었고, 제76회 칸영화제 라시네프(시네파운데이션) 시상식에서는 황혜인 감독의 KAFA 졸업 작품인 단편영화 <홀>이 2등을 차지하는 쾌거를 이뤘습니다. 이제 KAFA의 작품들은 세계 최고의 국제영화제에서도 주목하는 수준으로 올라섰습니다.

이렇게 꾸준히 우수한 작품들이 나온다는 것은 이 교육과정 자체가 그만큼 우수하다는 방증입니다. 이런 이유로 '장편과정'에 대해 지원금이 늘어나는 추세입니다. 2020년 기준으로 편당 3억 5,000만 원의 예산을 확보했습니다. 이 금액은 전년도인 2019년까지 편당 1억 2,000만 원에 그쳤던 금액의 3배에 해당합니다. 2021년에도 큰 폭으로 증가해 편당 4억 원이 책정되었고, 2022년과 2023년에는 편당 4억 3,000만 원이 편성되었습니다. 순제작비 30억 원 이상을 상업 영화로 분류하는 일반 영화현장에 비하면 3~4억 원 규모는 1/10 정도에 해당하는 저예산이지만 다음 표에서 보듯 시장에서의 독립예술영화 평균 제작비와 비교해보면 결코 적은 금액이 아닙니다. 특히 KAFA가 영화제 출품, 상영지원, 극장 배급과 해외 세일즈까지 시스템을 갖춘 커리큘럼에 맞춰 교육 및 지원을 하기 때문에 교육생들로

2018~2022년 한국영화 독립·예술영화 평균 제작비

(단위: 억 원, %)

| 구분 | 편수 | 순제작비(A) | | 마케팅비(P&A)(B) | | 총제작비(A+B) |
		평균 순제작비	비중	평균 마케팅비	비중	평균 총제작비
2018	113	2.0	73.5%	0.7	26.5%	2.7
2019	120	2.6	71.3%	1.1	28.7%	3.7
2020	105	2.4	78.1%	0.7	21.9%	3.1
2021	151	2.4	75.0%	0.8	25.3%	3.2
2022	128	2.8	76.4%	0.9	23.6%	3.6

출처: 영화진흥위원회

서는 오히려 큰 금액일 수 있습니다.[23] 그래서 저는 KAFA가 '국립영화학교'로 승격되어 영진위가 이 학교를 통해 제2의 봉준호, 박찬욱을 배출하는 것이 영진위의 새로운 정체성이자 미래가 되어도 좋겠다는 생각입니다.

프로듀싱 과정

저는 KAFA에서 교육하는 과정 중에 '프로듀싱 과정'을 주목하고 있습니다. 이 과정은 기획 프로듀서를 양성하는 프로그램입니다. 영화 제작의 경쟁력을 높이고 한국영화를 국제적인 영화산업으로 견인할 핵심 인력을 양성하는 것을 목표로 합니다. 기획력, 커뮤니케이션 능력에서부터 비즈니스 협상, 리더십 개발 등 일련의 비즈니스 교육을 통해 학생들의 문제해결력을 함양시켜 글로벌 인재로 키우는 데 중점을 두고 있습니다.[24]

이 과정은 매우 중요합니다. 사실 창작자를 키워내는 교육기관은 KAFA가 아니어도 많습니다. KAFA만큼 집중적인 멘토링을 제공하는 기관은 드물겠지만요. 그런데 '창작물'을 '상품'으로 만드는 건 창작자가 아니라 프로듀서입니다. 감독이 영화를 예술품으로 만드는 사람이라면 프로듀서는 그 예술품을 상품으로 만드는 사람입니다. 이것은 창작 이후에 해당하는 영역이지만, 엄밀히 말해서 프로듀서의 몫은 창작 이전 단계부터 시작됩니다. 기획이 창작이 되도록 연결하는 사람이니까요. 이렇게 프로듀서는 영화 제작 전체 과정을 실질적으로 계획하고, 총괄적인 조율과 집행을 담당합니다. 영화의 기획, 예산작성, 투자유치, 스태프 구성, 캐스팅, 제작현장 관리, 홍보, 마케팅, 배급 등 프로듀서의 영역에 미치지 않는 업무는 없습니다.[25] <신과 함께>를 제작한 리얼라이즈픽쳐스 원동연 대표가 "미국 영화산업의 100년 넘는 역사에는 프로듀서가 중심에 있었다"는 말은 진실인 것이지요.[26] <기생충>이 국제무대에서 작품성을 인정받게 된 것은 봉준호 감독의 연출력뿐만 아니라 최고의 실력을 갖춘 프로듀서들의 전방위적 활동이 있었기 때문입니다. 그래서 감독을 키우는 것만큼이나 프로듀서 인력을 양성하는 일은 매우 중요합니다. 향후 한국영화산업의 미래는 전문 프로듀서들에게 달렸다고 해도 과언이 아닙니다.

앞서 프로듀서의 핵심 역량을 '기획력'과 '커뮤니케이션 능력'이라고 말했습니다. 프로듀서는 영화가 될 소재를 발굴해 기획하고 그 기획에 맞게 시나리오를 쓰고 연출을 할 수 있는 감독을 찾아내는 능력을 갖춰야 합니다. 혹은 이미 작성된 시나리오를 읽고 제작 가능성을 판단할 수 있어야 합니다. 한마디로 작품을 보는 '눈'이 있어야 하는 것이지요. 작품에 어울리는 배우들과 스태프들을 섭외하는 일도 프로듀서의 몫입니다. 이와 더불어 커뮤니케이션 능력 역시 필수입니다. 어느 파트에서 문제가 생겨도 이를 해결해야 할 사람은 프로듀서입니다. 제작의 모든 일에는 설득과 협상, 조율이 필요합니다. 감독과의 교감은 물론이고, 투자사로부터 자금을 끌어와 운용하고 배급사 및 극장을 상대하는 것도 프로듀서의 일입니다. 이렇게 '영화에 관한 모든 것'이 프로듀서에서 시작해 프로듀서로 끝나기 때문에 이들을 전문적으로 교육해서 양성해야 하는 것입니다.

또 한 가지 제가 주목하는 프로듀서의 역량은 영화의 수출입과 관련된 일입니다. 한국영화가 산업으로 성공하기 위해서는 해외시장 개척이 반드시 필요합니다. 작은 규모의 내수시장만으로는 불가능하지요. <기생충>이 아카데미에서 성공한 전력을 바탕으로 한국영화를 세계에 알리고 수출을 확대할 수 있는 프로듀서들이 많이 배출되어야 할 것입니다. 해외의 우수한 독립예술영화를 국내에 소개하는 역할도 마찬가지입니다. 사실 우리나라는 칸, 베를린, 베니스 등 해외 3대 국제영화제의 수상작들조차 국내 미개봉이 많습니다. 해외의 우수한 영화들을 보지 않으면서 우리의 문화 수준이 높다고 평가하는 것은 어불성설이며 매우 부끄러운 일입니다. 상업 블록버스터 영화들은 상대적으로 손쉽게 시장의 선택을 받지만, 영화의 다양성을 보장하는 작은 영화들은 수입이 되어도 배급과 홍보의 부족으로 묻히기 일쑤입니다. 이에 대한 국가의 지원은 전무한 상황이고요. 그래서 저는 앞으로 많은 청년이 프로듀서의 꿈을 갖고 도전하길 바라고 있습니다. 이 분야에서 앞으로 할 일이 정말 많을 것입니다. 그런 점 때문에 KAFA가 이 길의 선구적이며 선도적 역할을 시작한 것이라 생각합니다. 참으로 든든한 일입니다.

3장

〈범죄도시〉는 1편만 잔인했는가

천만 관객 영화의 조건이 된 '나이'

2022년 개봉한 <범죄도시2>가 코로나 이후 그러니까 2019년 <기생충> 이후 3년 만에 처음으로 천만 관객을 돌파했습니다. 사회적 거리두기가 완화되었는데도 극장 상황이 호전되지 않던 차에 매우 반가운 소식이었지요. <범죄도시2>의 성공이 모멘텀으로 작용해 여름 시즌 개봉을 앞둔 <외계+인>, <한산: 용의 출현>, <비상선언>, <헌트> 등 빅4 영화들까지 순항하길 기대했지만, 손익분기점을 넘긴 작품은 <한산> 하나뿐이었습니다.

그렇다면 <범죄도시2>는 왜 그렇게 인기를 끌었던 것일까요? 분명히 전작인 <범죄도시1>을 보신 분들의 영향이 컸을 것입니다. 1편의 총관객 수가 688만 명이었으니 1편을 재미있게 보신 분들이 분명 2편도 관람하셨을 것입니다. 주연배우인 마동석과 손석구의 조합도

눈길을 끌었지요. 글로벌 인지도를 가진 마동석 배우는 말할 것도 없고, <나의 해방일지>라는 드라마의 인기로 스타덤에 오른 손석구 배우가 액션 연기를 선보임으로써 대중의 관람 욕구를 자극했습니다. 여기에 한 가지 요소가 더 있는데 바로 두 작품의 등급이 다르다는 점입니다. <범죄도시1>은 '청소년관람불가' 등급을 받았는데 <범죄도시2>는 '15세 관람가'로 하향 조정되어 개봉했습니다. 두 편을 모두

영상물등급위원회의 등급분류 내용

구분	등급분류 내용
	차이나타운 장악에 나선 조직원들과 강력반 형사의 대결을 그린 액션 영화로 흉기를 이용한 살상과 유혈 장면이 빈번하고, 신체 훼손 및 저속한 대사 등 청소년에게 유해한 내용을 다수 포함하고 있는 청소년관람불가 영화 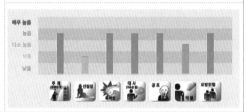
	시신의 팔 등 신체를 자르는 간접 장면이나 정황 장면, 그 외 흉기류를 이용한 살상 장면들이 다소 거칠게 묘사되나 구체적이지는 않은 수준으로 폭력성과 공포감이 다소 높다. 또한 납치 살해 및 금품 요구, 시신 유기, 청부살인 등의 범죄를 다루고 있어 주제와 모방위험의 유해성도 다소 높은 수준이므로 15세 이상 관람가. 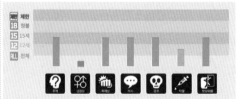

보신 분들이라면 분명히 의아하셨겠죠? 우열을 가리기 힘들 만큼 두 영화 모두 잔인하고 폭력적인데 왜 등급이 다를까 하고 말입니다. 영상물등급위원회에서 등급분류를 한 내용만 살펴봐도 폭력, 공포, 모방위험 등 같은 항목에서 모두 높은 점수를 받고 있다는 점을 알 수 있습니다.

실제로 2편을 연출했던 이상용 감독은 인터뷰에서 이렇게 말했습니다. "우리는 19세 관람가(청불)로 찍었고, 당연히 등급도 19세를 받을 거라고 생각했다. 그래서 지금 관객들이 훨씬 잔인한 느낌을 받았을 것이다. '못 먹어도 고'라는 심정으로 등급 심사를 넣었는데, 15세가 나왔다. 그 이후 수정 작업은 거쳤다. 어차피 15세가 나왔기 때문에 (공포스러운) 사운드도 확 줄이고, 피가 나오는 장면도 뺐다. 나도 관객들 중간에 숨어서 봤는데, 너무 많은 분이 영화를 보시니까 '15세인데 욕이 너무 많은가?' 싶었다."[27]

감독이 이렇게 말할 정도이니 개봉과 동시에 이 영화의 등급 논란이 일었던 건 당연한 일이겠지요. 하지만 팬데믹 이후 처음으로 극장이 호황을 맞은 터라 그런 논란은 오래 지속되지 않았습니다. 다만 이 영화의 천만 관객 달성 원인에 대해서는 분석이 필요합니다. 등급을 낮춘 덕인지 팬데믹 시기에 극장 상영 영화가 부족했던 상황에서의 반사이익인지 따져볼 필요가 있습니다. 왜냐하면 관람 등급은 천만 영화 탄생을 결정짓는 주요 지표이기 때문입니다. 역대 청불 등급을 받은 영화 중에 천만 영화는 없었습니다.[28]

영화업계는 대중영화에서 청소년관람불가 등급과 15세 이상 관람가 등급을 받을 때 관객 규모가 최소 30만 명까지 차이 날 수 있다고 말합니다.[29] 한국영화는 15세 이상 관람가일 때 흥행에 성공할 가능성이 매우 높습니다. 등급별로 매출액과 관객 수를 살펴보면 코로나

2019~2021년 개봉 영화 등급별 매출액과 관객 수

2019년			개봉 영화 등급별 관객점유율(%)
등급	매출액(원)	관객 수(명)	
전체관람가	64,769,775,883	8,140,802	전체관람가 7.1
12세 이상 관람가	303,876,730,927	36,642,465	청소년관람불가 5.3 / 12세 이상 관람가 32.0
15세 이상 관람가	539,727,470,878	63,567,847	15세 이상 관람가 55.5
청소년관람불가	53,055,274,262	6,091,025	
합계	961,429,251,950	114,442,139	

2020년			개봉 영화 등급별 관객점유율(%)
등급	매출액(원)	관객 수(명)	
전체관람가	9,163,755,132	816,284	전체관람가 2.3
12세 이상 관람가	82,186,741,730	9,549,037	청소년관람불가 2.0 / 12세 이상 관람가 26.5
15세 이상 관람가	216,229,005,550	25,005,251	15세 이상 관람가 69.3
청소년관람불가	6,188,091,520	724,400	
합계	313,767,593,932	36,094,972	

2021년			개봉 영화 등급별 관객점유율(%)
등급	매출액(원)	관객 수(명)	
전체관람가	7,826,661,733	815,214	전체관람가 4.5
12세 이상 관람가	38,518,295,830	4,096,300	청소년관람불가 6.8 / 12세 이상 관람가 22.8
15세 이상 관람가	112,483,233,130	11,822,333	15세 이상 관람가 65.9
청소년관람불가	12,382,273,570	1,211,343	
합계	171,210,464,263	17,945,190	

19로 극장 상황이 최악이었던 2020년을 제외하면 매출액과 관객 수 모두에서 15세 이상 관람가와 청소년관람불가 등급 사이에 10배의 차이가 나는 것을 알 수 있습니다.[30] 관객점유율을 살펴보면 15세 이상 관람가 등급이 압도적이라는 사실이 더 뚜렷해집니다. 왜 많은 제작사에서 15세 이상 등급을 받기 위해 애를 쓰는지 이해가 가는 대목입니다.

그럼 대체 <범죄도시2>는 얼마나 돈을 벌었을지 궁금하실 겁니다. 총제작비는 130억 원(순제작비 105억 원)이 들었고 손익분기점 달성 관객 수가 150만 명이었는데, 최종적으로 총관객 수 1,269만 명으로 집계돼 극장 매출로만 1,098억 원, 총 매출로 1,126억 원을 벌어들여 제작비의 8.6배 정도의 돈을 회수한 것으로 알려졌습니다. 코로나 이전 극장 손익분기점을 계산하는 평균 기준으로는 제작비 80억 원이면 200만 명, 130억 원이면 300만 명입니다. 이대로 하면 <범죄도시2>의 경우 최소 300만 명이 봐야 손익분기점을 달성하는데 코로나19 상황에서 개봉 시기를 조율하던 중 영화진흥위원회로부터 15억 원의 지원금을 받고, 미국, 싱가포르, 캐나다 등 132개국에 선판매되어 이미 상당한 금액의 부가 수익을 챙길 수 있는 상황이어서 관객 수 절반으로도 손익분기점을 달성할 수 있었습니다.

등급분류는 왜 중요한가

그림[31]에서처럼 극장에서든 TV에서든 영화가 시작되기 직전 화면 상단에 새겨진 12, 15, 18 등의 숫자를 보셨을 겁니다. 숫자는 그 영

등급분류 확인 방법

출처: 영상물등급위원회 홈페이지

화를 관람할 수 있는 연령을 명시한 것입니다. 12는 만12세 이상, 15는 만15세 이상의 관객이 볼 수 있는 영화라는 것을 의미하고 18은 만18세 이상 관람가로 보통 '청소년관람불가', 줄여서 '청불'로 부릅니다. 이 영화는 일반 상영관에서 상영이 가능하지만 어린이와 청소년은 관람이 불가합니다. 이밖에 '전체관람가'와 '제한상영가'가 있는데 '전체관람가'는 말 그대로 연령에 상관없이 모든 관객이 볼 수 있고, '제한상영가'는 만18세 이상 그리고 제한 상영관에서만 상영하는 영화를 말합니다. 제한상영가는 연령과 장소 두 가지 요건을 모두 충족해야 합니다. 청소년관람불가와 제한상영가는 모두 청소년의 관람을 불가한다는 점에서는 같지만, 전자는 단순히 청소년에게 적절하지 않은 내용을 제한한다는 의미인 것에 비해 후자는 특별한 규정이 있습니다. "선정성·폭력성·사회적 행위 등의 표현이 과도하여 인간의 보편적 존엄, 사회적 가치, 선량한 풍속 또는 국민 정서를 현저하게 해할 우려가 있어 상영 및 광고·선전에 일정한 제한이 필요한 영화"라는 기준이 그것입니다. 2009년 개정된 [영화 및 비디오물의 진흥에 관한 법률] 제29조 제2항 제5호(이하 영비법)에 규정돼 있습니다.

영비법 제29조 제8항에서는 앞서 얘기한 연령등급과 함께 영화의 내용정보 제공에 관한 심의를 규정하고 있습니다. 내용정보란, 숫자 옆에 표시된 그림에 해당하는 내용으로 '주제', '선정성', '폭력성', '대사', '공포', '약물', '모방위험' 등 7가지 항목[32]에 대해 영상물의 내용과 표현 정도에 따라 '낮음', '보통', '다소 높음', '높음', '매우 높음' 등 5단계로 분류하는 것입니다.

등급분류 기준

주제의 기준　　선정성의 기준　　폭력성의 기준　　대사의 기준　　공포의 기준　　약물의 기준　　모방위험의 기준

출처: 영상물등급위원회 홈페이지

영상물등급위원회가 이렇게 영상물에 대해 연령등급을 분류하고 내용 정보를 제공하는 목적은 무엇일까요? 바로 '청소년을 보호'하기 위해서입니다. 전체관람가(ALL)와 제한상영가를 제외하고 만12세, 만15세, 만18세 등 전부 10대에 해당하는 연령을 세분화하는 이유입니다. 인지적, 정서적으로 성장단계에 있는 청소년들을 유해한 영상물로부터 보호하기 위한 최소한의 사회적 장치입니다. 혹자는 영상물등급위원회의 등급분류를 이전의 검열과 심의에 준하는 행위로 오인할 수도 있습니다. 이유는 두 가지입니다.

첫째, 등급분류상으로는 '제한상영가'가 있지만 현재 전국에 제한상영관이 전무한 상황입니다. 이런 조건에서 제한상영가 등급을 매긴다는 것은 실제로 상영 불허나 마찬가지이므로 창작자 입장에서는 표현의 자유를 억압받는다고 여길 수 있는 것이지요. 둘째, 신뢰성과 공정성 문제입니다. <범죄도시>처럼 1편과 2편이 모두 강한 폭력성을 띄는 데도 청불이었던 1편이 2편에서는 15세 이상 관람가로 하향 조정 된다거나 <기생충>[33], <독전>[34] 등 거의 모든 항목이 '다소 높음'으로 분류되는 영화인데도 15세 이상 등급을 받는 경우가 종종 발생합니다.[35] 이 문제는 심각하게 생각해봐야 하는 문제입니다. 영상

물등급위원회의 존재 이유이자 중대한 임무에 해당하기 때문입니다. 두 가지 논쟁의 적정성을 영상물등급위원회의 역사와 해외의 등급분류 사례를 통해 좀 더 살펴보겠습니다.

영상물등급위원회가 되기까지

영상물등급위원회는 [영화 및 비디오물의 진흥에 관한 법률] 제71조에 의거, 영상물의 공공성과 윤리성을 확보하고 청소년을 보호하기 위해 1999년 6월에 발족된 공공기관입니다. 등급분류를 시작한 것은 1997년부터이므로 약 25년 정도밖에 되지 않습니다. 영상물등급위원회가 1999년에 발족했는데 등급 분류를 2년 전인 1997년부터 했다는 게 이상하죠? 네, 영상물등급위원회가 지금의 모습을 갖추기까지 참 많은 일이 있었습니다. 앞서 잠깐 언급했듯이 아직도 일부에서는 이 기관을 검열기관으로 인식하며 부정적으로 바라보는 시각이 존재하니까요. 그러나 기관의 역사를 잘 들여다보면 예전과 같은 부정적인 시각은 많이 불식될 것입니다.

1997년부터 등급분류를 시작하게 된 것은 이전 해인 1996년에 헌법재판소가 '영화의 상영 허가'에 대해 위헌결정을 했기 때문입니다. 그 당시에는 기관명이 영상물등급위원회가 아니라 공연윤리위원회였습니다. 위헌결정을 받게 된 내용은 구(舊)[영화법] 제12조 제1, 2항과 제13조에서 규정한 "영화는 상영 전에 공연윤리위원회의 심의를 받아야 하며, 심의를 받지 않은 영화는 상영하지 못한다"는 것입니다(헌법재판소 결정 1996. 10. 4. 93헌가13, 91헌바10 영화법 제12조 등에 대한 위헌 제청). 이후 공연윤리위원회는 한국공연예술진흥협의회로 개편되고 '등급분류' 제도가 탄생하게 됩니다. 그러니까 공연윤리위원회는 엄연한 검열기관으로 보는 게 맞습니다. "현재의 영상물등급위원회의 업무는 공연윤리위원회의 그것과는 전혀 다른 것이기에 두 기관은 상관관계가 없다"며 공연윤리위원회는 영상물등급위원회의 전신이 아니라는 주장도 있습니다. 그러나 헌재의 위헌판결 이후 1997년 공연법이 개정됨으로써 공연윤리위원회가 한국공연예술진흥협의회로 개편되었다가 1999년 6월 한국공연예술진흥협의회가 영상물등급위원회로 새로 출범했기 때문에 이 세 기관은 연속성을 가지고 있다는 것이 대체적인 시각입니다.

'등급분류'는 '영화상영 허가제'의 위헌 판결 이후 1997년부터 한국공연예술진흥협의회에서 시작해 2년 뒤인 1999년 영상물등급위원회가 새로 출범한 뒤로도 지속적으로 이어진 업무였습니다. 영상물등급위원회의 발족 시기와 등급분류 시기가 다른 이유는 이런 배경 때문입니다. 그런데 2001년 8월 30일 헌법재판소의 두 번째 위헌결정이 내려집니다. 이 당시 영상물등급위원회에서의 등급분류에는 '상영등급분류보류'라는 등급이 있었는데 이것이 문제가 되었습니다. 상영등급분류보류란, 말 그대로 등급분류를 확정하지 않고 '보류'한다는 것인데, 그 보류가 사실상 상영을 불허하는 것이며 이것은 또 다른 형식의 검열이라는 영화계의 주장에 대해 헌재가 이를 받아들여 위헌으로 결정한 것입니다(헌법재판소 결정 2001. 8. 30. 2000헌가9 영화진흥법 제21조 제4항 위헌 제청). 등급분류보류제도가 폐지되고 생겨난 것이 바로 '제한상영가' 등급입니다. 등급분류 기준, 즉 전체관람가, 12세 이상 관람가, 15세 이상 관람가, 18세 이상 관람가, 제한상영가 중에 마지막으로 명시한 제한상영가가 이것입니다.

처음 생겨난 '제한상영가'와 지금의 '제한상영가'는 조금 다릅니다. 헌재의 세 번째 결정 때문입니다. 2002년 영화진흥법 개정에 따라 도입된 제한상영가 등급에 대해서 2008년 7월 31일 헌재는 헌법불합치 결정(헌법재판소 결정 2008. 7. 31. 2007헌가4 영화진흥법 제21조 제3항 제5호 등 위헌 제청)을 내립니다. 이번엔 '위헌'이 아니라 '헌법불합치'입니다. 제한상영가 등급 분류가 검열에 해당한다고 보는 게 아니라 헌법의 명확성 원칙에 위배된다고 보아 자구를 수정하라는 판결이었습니다. "상영 및 광고·선전에 있어서 일정한 제한이 필요한 영화"라 한 것으로는 제한상영가 영화가 어떤 영화인지를 알 수 없으므로 헌법의 명확성 원칙에 위배되는 바, 2009년 개정 법안에서는 이 표현이 "선정성·폭력성·사회적 행위 등의 표현이 과도하여 인간의 보편적 존엄, 사회적 가치, 선량한 풍속 또는 국민 정서를 현저하게 해할 우려가 있어 상영 및 광고·선전에 일정한 제한이 필요한 영화"라는 자구로 구체적으로 수정·보완되면서 현재에 이르고 있습니다.

이렇게까지 우여곡절을 겪었는데도 문제가 완전히 사라진 건 아닙니다. '제한상영가' 등급은 여전히 뜨거운 감자입니다. 제한상영관이 없기 때문입니다. 제한상영가라는 등급 분류 자체가 문제라기보다 이 등급을 받은 영화를 상영할 공간이 없다는 게 문제입니다. 코로나19 이전에는 전국에 걸쳐 소수의 상영관이 운영 중이었는데 팬데믹 이후로 모두 문을 닫아 현재는 단 1곳도 운영되지 않고 있습니다. 이런 상황에서 이 등급을 받는다는 것은 판매와 유통을 금지하는 것과 다름없다고 볼 여지가 있습니다. 제한상영관의 부재가 국가의 개입이나 조종의 결과가 아니라 하더라도 영화를 제작하는 입장에서는 불안감과 불합리함을 느낄 수 있을 것입니다. 청소년 보호라는 가치를 위해 제한상영가 등급을 매기는 것은 공익적인 일입니다. 그러나 창작자의 표현의 자유 또한 마땅히 보호되어야 할 권리입니다. 이 문제를 합리적으로 풀기 위해 사회적으로 중지가 모아져야 하지만 청소년을 보호한다는 등급분류의 목적과 원칙은 지켜져야 할 것입니다.

해외의 등급분류 방법

매년 해외 각국의 등급분류 기구의 주체들이 모여 '국제 등급분류 컨퍼런스(International Classifiers' Conference)를 개최하고 있습니다. 주로 유럽에서 실시되는데 2019년에는 미국에서 열렸습니다. 유럽의 많은 국가와 미국, 남미, 아시아 등 다양한 국가들이 모여 각국의 등급분류 상황을 공유하며 미디어환경 변화에 따른 등급 분류의 쟁점과 방향 등을 논의하고 있는데 우리나라도 적극적으로 이 회의체에 참여하고 있습니다.

각국의 문화와 역사의 차이에도 불구하고 등급분류의 목적은 모두 같습니다. '청소년 보호'입니다. 사전정보제공과 윤리성 확보, 자국 영상산업 보호 등 다른 목적이 추가된 경우도 있지만, 청소년 보호는 한 국가도 빠짐없이 공통으로 지향하는 바입니다. 청소년을 보호하는 제도와 시스템은 국가별로 조금씩 상이합니다. 산업자율기구 형태로 존재하는 미국과 일본을 제외하고는 거의 모든 국가에서 등급분류를 법으로 강제하며 정부기구 혹은 공공기관으로서 등급분류기구를 운영하고 있습니다.[36] 우리나라를 포함해 상영제한 등급을 두고 있는 국가는 8개국에 불과하지만 영국은 소위 '가위질'이라 불리는 '삭제(Cut 제도)'가 가능하고 호주, 캐나다(퀘백주), 헝가리는 '등급거부'가 가능합니다. 또한 싱가포르는 2001년 우리나라 헌법재판소가 위헌으로 결정했던 '등급보류'가, 프랑스와 남아프리카공화국은 '상영불가' 등급 산정이 가능합니다. 캐나다는 주마다 자율적으로 운영하는데 상영제한 등급이 없는 주에서는 특별히 '성인전용' 등급을 두어 연령등급을 강화하고 있습니다. 이렇게 보면 우리나라의 등급분류 제도는 그다지 엄격한 편이 아닙니다. 만약 우리나라에서 영국처럼 국가가 나서서 삭제를 한다면 어떤 일이 벌어질까요. 등급거부, 상영 불가 모두 상상할 수 없는 일입니다. 등급을 '보류'만 해도 이미 위헌이라고 판결한 바 있습니다.

엄격함의 정도가 청소년 보호의 효과와 얼마나 비례하는지 여기서 논할 수는 없지만 많은 제도를 통해 해외 국가들이 자국의 청소년을 보호하겠다는 의지는 분명히 전달됩니다. 창작자의 표현의 자유를 제한하거나 억압하겠다는 의지로 해석되기보다 말입니다. 법적 강제, 상영제한 등급이 없는 미국과 일본의 경우도 상황은 다르지 않습니다. 미국영화협회의 지원으로 운영되는 미국의 등급기구 CARA(The Classification and Rating Administration)는 등급분류 담당자의 자격을 영화산업과 아무런 관련이 없는 5~15세의 자녀를 둔 학부모로 규정하여 '대다수 미국 부모들(Majority of American parents)'이 생각하는 바를 등급분류에 적용하도록 노력하고 있습니다. 이해관계자들에 의한 판단이 아니라 아이를 둔 부모의 시선으로 등급을 분류하겠다는 의미입니다. 일본 역시 등급분류 기관인 영화윤리위원회 내에 '청소년자문위원회'를 두어 청소년 보호와 윤리성 확보라는 등급분류의 중심 가치를 실현하는 데 애쓰고 있습니다.[37]

'청소년자문위원회'는 아동문화 전문가들로 구성되어 있습니다. 우리나라의 경우 영상물등급위원회 위원의 자격을 문화예술·영상물 등·청소년법률·교육·언론 분야 또는 비영리민간단체 등에서 종사하고 전문성과 경험이 있는 자로 규정(영비법 제73조 제2항)하고 있어 다른 국가보다 영화계 인사의 참여도가 높다는 것을 알 수 있습니다. 이러한 구조는 영화산업계의 목소리를 반영하는 데 좀 더 유리할 수 있으므로 '표현의 자유' 제한 가능성이라는 우려에 대해서는 걱정을 덜어도 될 것 같습니다. 오히려 유럽의 국가들처럼 제도를 엄하게 규정할 수 없다면 미국처럼 학부모 위원을 대거 참여시키고 그들의 목소리가 적극 반영될 수 있는 방안을 마련해야 한다고 봅니다. 현재의 위원 구성상으로는 '참교육을위한전국학부모회' 소속 1인이 학부모 자격으로 참여한 유일한 위원입니다.[38]

영상물에 대한 미국 학부모의 청소년 보호가 어느 정도인지는 다음의 사례들이 충분히 보여줍니다. 1995년 캘리포니아에서 12세 등급인 <죽은 시인의 사회>[39]를 초등학생에게 보여준 교사가 해고

된 일이 있습니다. 학부모의 '동의' 없이 12세 영화를 교실에서 상영했다는 게 이유였습니다. 2000년에는 더한 일도 있었습니다. 캘리포니아의 한 고등학교 교실에서 <아메리칸 뷰티 American Beauty>(1999)를 상영했는데, 청불영화인 이 영화를 교사가 학교 관계자나 학부모의 동의를 받지 않고 상영했다는 이유로 체포되었습니다.[40] 후자의 경우는 학교와 학부모의 '동의절차'가 없었다는 이유도 문제이지만 상영된 영화가 청불영화라는 점이 더욱 문제였을 것입니다. 그러나 전자의 경우는 연령에 맞는 영화를 상영했음에도 불구하고 학부모의 '동의'를 구하지 않았다는 점만으로 교사가 해고된 일이어서 저는 좀 충격이었습니다. 그러나 국가가 법적 강제를 하지 않는데도 영상물의 위해성에 대한 미국의 인식 수준이 상당히 광범위하고 깊다는 점이 우리나라의 학부모에게 시사하는 바가 크다고 생각합니다. 지금이 다양한 미디어 콘텐츠에 아이들이 그대로 노출되는 시대여서 더욱 그렇습니다.

한 가지 예를 더 들어볼까요. 역시 미국의 사례입니다. 미국에서 매우 유명한 영화 정보 모음 사이트인 IMDb(Internet Movie Database)에서는 영화 <올드보이>에 대해 다음 쪽과 같은 학부모 가이드를 제공하고 있습니다.[41]

한편 이 영화에 대한 우리나라 영상물등급위원회의 내용정보 서비스는 다음과 같습니다. 여러분이 학부모라면 과연 어느 정보에서 더 도움을 얻을지, 어느 기관에 더 신뢰가 갈지 한눈에 비교가 되실 겁니다.

섹스 및 누드(Sex & Nudity)
- 한 남자가 일본 포르노를 본다. 약 5 초입니다.
- 한 남자가 한 장면에서 여자를 성폭행하려고 합니다. 그는 그녀의 의지에 반하여 격렬하게 키스하고 그녀를 더듬 으려고 하는 것이 눈에 띄게 보입니다. 그러나 그녀는 그의 머리를 때리고 그는 떠납니다.
- 샤워를 한 후 남자의 맨 엉덩이가 잠깐 보입니다.
- 남자와 여자가 30초 동안 섹스를 합니다. 그녀의 가슴과 엉덩이의 짧은 샷이 있습니다. 대부분은 어깨를 위로 올리는 데 초점을 맞추거나 그다지 자세하지 않은 거리에서 보입니다.
- 여성의 벌거벗은 가슴은 한 장면에서 잠깐 보입니다(대부분 그녀는 먼 배경에 있습니다). 그녀는 여전히 대부분 옷을 입고 있습니다.
- 여성의 배가 몇 초 동안 나타나며 무언가가 쓰여 있습니다. 샤워실에서 남자의 엉덩이가 잠깐 보입니다.
- 한 남자가 TV에서 옷을 입은 여자를 보면서 잠깐 자위합니다. 가슴만 표시됩니다.
- 한 남자가 다른 남자를 속여서 그와 섹스를 하는 젊은 여자의 비디오 테이프를 재생합니다. 아무것도 보이지 않지만 우리는 그들의 성적인 말과 성적인 신음을 쉽게 듣습니다.

폭력 및 유혈(Violence & Gore)
- 양식화되었지만 생생한 폭력. 너무 폭력적이지는 않지만 어떤 시점에서는 여전히 매우 폭력적입니다.
- 18세 이상 시청가.
- 한 남자가 몇 장면에서 손목을 자르고 자살을 시도합니다. 땅에 많은 피가 보입니다.

욕설(Profanity)
- 칠판에 'fuckhead'라는 단어가 한 번에 적혀 있습니다.
- (참고: 한국어, 영어 자막 포함)
- 'God'의 3번 사용과 "Lord"의 1 번 사용.6 "hell" 7번 사용됩니다.
- 'fuck' 8번, 'bastard' 7번, 'asshole' 6번, 'son of a bitch' 5번, 'dickshit' 3번, 'dick' 1번, 'cocksucker' 1번, 'shit' 1번 사용됩니다.

알코올, 마약 및 흡연(Alcohol, Drugs & Smoking)
- 일부 흡연하는 청소년을 보여줍니다.
- 오프닝 장면은 음주로 경찰에 구금된 주인공을 보여줍니다. 이외에는 약물 사용이 거의 또는 전혀 없습니다.

"영상의 표현에 있어 폭력적인 부분은 자극적이며 거칠게 지속적으로 표현되어 있고, 그 외 선정성, 공포, 대사, 모방위험 및 주제 부

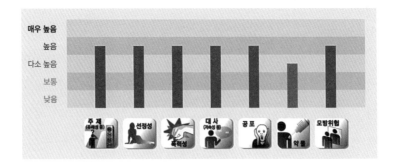

분에 있어서도 청소년에게 유해한 내용을 포함하고 있어 청소년이
관람하지 못하도록 각별한 주의가 필요한 청소년관람불가 영화."

영상물의 홍수 속에서 살아남기

정말 큰일이라고 말할 수밖에 없을 것 같습니다. 쏟아지는 영상물에 모두가 허우적대는 시대입니다. OTT 서비스가 확대되고 유튜브 등에서 볼 수 있는 무료영상물이 급증함에 따라 거의 모든 국가의 등급분류 기관이 제도를 개선하거나 기술적 장치를 마련하기 위해 노력하고 있습니다. 그러나 등급분류를 할 영상물의 양이 절대적으로 많아 사실상 모든 콘텐츠의 등급을 분류할 수 없는 실정이고, 주로 PC나 태블릿, 스마트폰 등을 통해 개인적으로 영상물을 시청하다 보니 등급분류로써 청소년을 보호한다는 가치가 실효성을 갖기 어렵습니다.

영상물등급위원회가 발간한 『세계 영상물 등급분류제도 현황과 경향』에 따르면 영국의 BBFC, 네덜란드 NICAM은 유럽연합의 도움을 받아 콘텐츠 제작자와 이용자가 함께 등급을 분류하는 'You rate it' 프로그램을 공동 개발하여 시범 운영 중이고, 독일 FSM은 콘텐츠의 내용에 대한 문항에 개인이 응답하면 등급이 자동으로 분류되는 'Age-de'를 실시하고 있습니다.[42] 주목해야 할 제도는 노르웨이 NMA의 유튜브 영상물에 대한 등급분류 방법인데요. NMA는 유튜브의 자체 등급분류가 필요하다는 조사결과를 바탕으로, 법적 토대하에 2019년 1월부터 유튜브에 업로드되는 모든 영상물을 자체적으로 등급분류하고, 연령등급 표시를 시행하고 있습니다. 영상물을 업로드하는 자가 NMA가 제공하는 등급분류 가이드라인과 트레이닝 프로그램을 통해 A(All), 6, 9, 12, 15, 18세로 자체적 등급 부여를 하고, 유튜브 영상물에 표기해야 하며, 이를 따르지 않을 경우 점차적으로 '경고→벌금→담보 벌금'의 조치를 취할 예정입니다.[43] 국가가 등급분류 프로그램을 제공하고 유튜브에 콘텐츠를 업로드하는 제작자들이 이 프로그램에 따라 자체적으로 등급을 분류해 영상물에 표기하게 하는 방식이어서 제작자 입장에서는 효율적이고 등급분류의 사회적 가치 실현에도 도움이 될 것으로 보이는데요. 사실상 요즘 청소년들이 가장 많이 이용하는 플랫폼이 유튜브인데 이에 대한 등급분류는 이루어지지 않고 있으므로 당국에서는 이 제도를 적극 검토해 하루빨리 도입해야 할 것입니다.

유튜브와 더불어 문제가 되는 것이 OTT 콘텐츠입니다. 유튜브와 달리 OTT 콘텐츠는 영상물등급위원회의 등급분류 심사를 받아야 합니다. 그동안 OTT 업계가 수없이 제기했던 불만은 바로 영상물등급위원회의 '심사 기간'이었습니다. 등급분류의 속도가 너무 느렸기 때문이지요. 영화와 비디오물에 대해 영상물등급위원회가 등급분류를 해야 할 건수가 5년 전에 비해 영화 기준 1,000편이 증가하고 비디오물 기준 2배가 증가해 평균 6일 정도 소요되던 등급분류 처리 기간이 10일로 늘어나는 등 실제로 심사 속도에 문제가 크긴 컸습니다. 그래서 OTT 업계는 꾸준히 이에 대한 제도개선을 요구했습니다. OTT 콘텐츠 중에 실시간 콘텐츠 등 적시성이 요구되는 것들이 많기에 국회는 OTT 업계의 요구를 수용하여 2022년 9월 온라인 비디오물에 대한 자체 등급분류 제도 도입을 주요 골자로 하는 영비법 개정안을 발의했습니다.

영비법 개정안에 따르면 문화체육관광부 장관으로부터 '지정'을 받은 OTT 사업자는 제한관람가 등급을 제외하고 자체적으로 온라인 비디오물의 등급을 분류하여 유통할 수 있습니다. '청소년 보호'라는 등급 분류의 취지도 양립할 수 있도록 영상물등급위원회는 사후관리를 철저히 해야 하는데, 관리 대상은 자체등급분류사업자와 자체 등급분류된 비디오물 모두 해당합니다.

자체등급분류사업자는 온라인 비디오물의 '등급'과 '내용정보'를 표시하고 이를 영상물등급위원회에 통보하는 등 자체등급 분류사업자의 의무를 준수해야 하며, 이를 위반할 경우 문체부 장관은 자체등급분류사업자의 지정을 취소하거나 6개월 이내의 업무 정지를 명할 수 있습니다. 한편 영상물등급위원회는 자체등급분류된 비디오물이 '제한관람가' 또는 '청소년관람불가'에 해당한다고 판단될 경우 직권으로 등급분류 결정을 하거나 자체등급 분류사업자의 등급분류 결정을 취소할 수 있고, 사업자의 등급분류 결과가 등급분류 기준에 현저히 위배되거나 사업자 간 등급분류 결과가 상이할 경우 사업자에게 등급조정을 요구할 수 있습니다.

애초 국회에서는 온라인 비디오물의 유통을 원활히 하고 OTT산업의 발전을 도모하기 위해 자체등급분류사업자를 '지정제'가 아닌 '신고제'로 시행할 것을 논의했으나, 등급분류에 관한 사회적 신뢰성이 확보될 때까지 신고제 도입을 3년 뒤로 보류하기로 최종 합의하고 지속적인 모니터링을 실시하기로 결정했습니다.

자체등급분류제도는 OTT업계의 숙원이었습니다. 영비법 개정으로 업계의 숨통이 다소 트였지만 해결해야 할 과제들은 산더미입니다. 제도가 안정적으로 정착하기까지 사업자는 청소년 보호의 의무를 준수하고 정확한 정보 제공, 윤리성 강화 등 등급분류의 공익성에 힘써야 할 것입니다. 최근 5년간 '청소년관람불가' 등급을 받은 비디오물 비중이 작지 않습니다. 등급분류 핵심결정사유[44]에 따르면 한국영화, 외국영화 모두 '선정성' 때문인 것으로 나타났습니다.

영비법 개정 논의 과정에서 신고제를 보류하고 지정제를 택하게 된 데에는 일부 업체들이 청소년관람불가 콘텐츠들을 유통해 놓고 징계를 받게 되면 폐업해버리고 아무런 책임을 지지 않는 경우가 거론[45]되는 등 의무보다 이익을 우선하려는 사업자에 대한 현실적 우려가 존재하기 때문입니다. 물론 시장의 온전한 자율성은 공급자로서의 사업자의 역할로만 얻어지는 것은 아닙니다. 등급분류 기구들이 세밀한 등급분류 기준을 세우고 사후관리에 만전을 기하는 동시에 이용자들이 스스로 유해 영상물에 대한 경각심을 가져야 합니다. 이용자들의 미디어 리터러시 능력이 강화되어야 하는 것입니다. 이 능력은 어릴 때부터 교육을 통해 훈련되어야 하는 능력입니다. 이것이 국가가 미디어교육 시스템에 박차를 가해야 하는 이유입니다.

등급분류가 미디어교육의 첫걸음

영상물등급위원회가 발간한 『2020 영상물 등급분류 인지도 및 청소년 영상물 이용 실태조사』 보고서에 따르면 청소년들의 영상물 시청 경향이 사회적 문제로 대두될 가능성이 농후하다는 것을 알 수 있습니다. 익히 알고 있는 일이지만 보고서를 통해 결과물을 접해보니 훨씬 생생한 목소리를 듣게 된 느낌이었습니다. 보고서에 따르면 청소년과 학부모 모두 미디어 리터러시의 필요성을 인지하고 있었고, 교육 의지 또한 높았습니다. 사실 미디어 리터러시는 '자신의 연령에 맞는 영상물을 선택할 수 있는 능력'에서 시작됩니다. 영상 내용을 해석하고 비판적으로 수용하는 능력은 그다음 문제입니다. 현재 미디어 리터러시 교육은 거의 초보 수준입니다. 교육기관의 난립, 체계 없는 교육과정, 교재의 미비, 공교육과의 느슨한 연계 등 그 중요성에 비해 국가 차원의 준비가 매우 부족합니다. 미디어 리터러시를 규정하는 것에서부터 산재해 있는 교육을 통합적으로 이루기 위한 다양한 논의가 진행 중이지만, 다시 강조하건대 청소년이 자신의 연령등급에 맞는 영상물을 분별해내는 능력을 갖게 하는 교육이 가장 먼저입니다.

우선, 청소년의 하루 평균 영상물 시청시간은 약 3시간(185.3분)이며, 응답자의 86.2%가 주로 '혼자' 시청한다고 응답했습니다. 2017년 61.8분, 2018년 69.3분, 2019년 77.2분에서 거의 두세 배 가까이 늘어난 시간으로 2020년은 코로나19의 영향으로 집에 있는 시간이 많아 이러한 결과가 도출된 것으로 보입니다. 중요한 것은 시청시간의 길이보다 '혼자' 시청한다는 점입니다. 유해 영상물들을 비밀스럽게 접할 기회가 많아진다는 뜻입니다. 실제 조사결과도 그렇게 나옵니다. 설문조사 시점을 기준으로 최근 6개월 내 유해 동영상의 시청 경험률이 38.9%로 조사됐고, 내용별로는 '상위 연령등급의 영화'가 61.7%로 가장 높았습니다. 또한 유해 동영상을 처음 시청한 후 60.7%가 '6개월 이내' 재시청했다고 응답했습니다. 반복적으로 유해 동영상을 접하게 된다는 말인데, 충동성이 강하고 절제력이 약한 청소년기의 특성상 이 조사결과는 그리 놀라운 일이 아닙니다. 상위 연령등급의 영화라고 하면 '선정성'이 짙은 영상물들일 것입니다.

심각한 문제는 유해 영상물을 처음 시청한 시기가 초등학교 고학년 때(44.0%)라는 점입니다. 유해 동영상을 경험하는 연령이 점점 낮아지고 있는 상황은 비단 우리만이 아닌 전 세계의 공통적 문제이기에 해외의 많은 등급분류 기구들이 연령등급을 세분화하여 유아와 어린이, 청소년의 구분을 보다 명확히 하기 위해 노력하고 있습니다. 남아프리카공화국의 경우에는 총 10개 등급을 운용하면서 13세 이하 등급을 5개[46]로 나눌 만큼 구분의 정도가 촘촘합니다. 또한 많은 국가에서 PG(Parental Guidance), 즉 '부모지도하 관람가'를 설정해 부모의 지도가 가능한 상태에서 관람이 이루어지도록 합니다. 세계적 추세가 이러하기에 전체관람가, 12, 15, 18, 제한 상영가 등 5등급에 그치는 우리나라의 등급분류는 적절하지 못하다는 지적이 계속 나오고 있습니다. 극단적으로 말하면 12세 미만을 모두 포함하는 '전체관람가'의 경우 유치원생과 초등학교 고학년의 인지·정서적 차이를 고려하지 않는 구분입니다. 만5세에게 만11세와 같은 영상물을 볼 수 있게 구분해 놓은 건 사실 문제가 있습니다. 이번 설문조사에서 전체관람가 등급을 학령기 전후로 나누는 것이 필요하다는 의견이 69.0%에 달하는 것, 아이들의 발달수준에 따른 연령 구분이 더 필요하다는 요구에 대해 영상물등급위원회는 분명한 답을 찾아야 할 것입니다.

다행인 점은 이렇게 우리나라 학부모의 등급분류에 대한 관심이 높다는 사실입니다. 매우 고무적인 현상입니다. 이번 조사결과에서 학부모는 자녀와 함께 영상물을 관람할 때 연령등급을 확인하며(75.4%), 연령등급이 도움이 된다(82.0%)고 답했습니다. 같은 질문을 청소년에게 물었더니 '연령등급을 확인한다'는 90.5%, '연령등급이 도움이 된다'는 64.7%로 나왔는데, 이 결과를 비교해보면 학부모가 상대적으로 등급분류에 더 도움을 받고 있었습니다. 그만큼 학부모의 등급분류에 대한 신뢰도가 높다는 뜻입니다. 바꿔 말하면 그만큼 유해 동영상에 대한 학부모의 불안이 크다는 얘기가 되겠지요. 그렇기 때문에 학부모는 제한상영가도 필요하며(77.3%), 무료영상물에 대해서 연령등급 분류가 필요하다(81.4%)고 강하게 말하고 있습니다.

더욱 긍정적인 현상은 학부모 못지않게 청소년 스스로도 문제의식을 갖고 있다는 점입니다. 청소년 대부분이 영상물 연령등급제도를 알고 있으며(91.1%), 관람 전 연령등급을 확인(90.5%)하는 것으로 나타났습니다. 영상물 연령등급 교육[47]의 필요성에 대해서도 66.9%가 긍정으로 답했습니다. 또한 관련 프로그램, 전문강사의 방문 특강 등을 통한 학교 교육이 효과적(35.5%)이라고 생각하는 것으로 나타났습니다. 하루에 4시간 이상 영상물을 시청하는 '장시간 영상물 시청 청소년'의 경우에도 학교에서의 미디어교육을 선호하고 있었습니다. 학부모와 청소년 모두 영상물의 유해 가능성과 유해 영상물에 대한 선별능력의 중요성을 인지하는 만큼 영상물등급위원회는 미디어교육의 기능을 더욱 강화해야 할 것입니다. 코로나19 상황이었던 2020년[48], 2021년[49]에도 변함없이 미디어교육을 실시했던 것은 현장의 요구에 영상물등급위원회가 적극 대응한 모습이라 하겠습니다.

영상물등급위원회에서 현재 청소년을 대상으로 미디어교육 및 등급 분류 체험프로그램을 운영하고, 학부모를 대상으로도 자녀의 영상물 교육 프로그램을 운영하고 있지만 양쪽 모두에게 교육의 기회가 많이 부족한 것이 사실입니다. 학부모와 청소년들이 학교에서의 등급분류 체험 및 특강을 요청하고 있는 상황에서 미디어 강사로 활동하고 있는 분들이 채 20명밖에 되지 않는 현실[50]은 현장의 요구에 우리 사회의 대응이 얼마나 느리고 수동적인지를 단적으로 보여줍니다. 영상물등급위원회 홈페이지를 통해 '온라인 프로그램'을 활성화하고 있지만, 앞의 설문조사 결과에서 청소년이 관련 프로그램, 전문 강사의 방문 특강 등을 통한 '학교 교육이 효과적(35.5%)'이라고 생각하고 있으며, 장시간 영상물 시청 청소년의 경우에도 '학교에서의 미디어교육을 선호한다'고 밝힌 만큼 학교에서의 현장교육을 더욱 확대할 필요가 있습니다. 미디어 강사의 부족 현상은 학교 교사의 활발한 교육연수 등을 통해 보완해야 할 것입니다. 물론 미디어 리터러시를 시행하고 있는 다른 기관과의 협력체계를 고려하여 미디어 강사 양성 방안을 하루빨리 마련해야 합니다. 진작 시행했어야 할 교육인데 아직 초보 수준이라 답답함이 큽니다. 할 일이 너무 많습니다.

영상교육,
아이들을 지키는 마지막 보루

영상교육의 필요성

이 책에서 많이 언급했던 얘기가 바로 '국가의 역할은 무엇인가'에 관한 것입니다. 반복하지만 국가 본연의 임무와 역할은 사회의 공적 기반을 조성하는 일입니다. 핵심은 물적·인적 인프라 구축입니다. 물적 인프라는 사회 공공시설을 건립함으로써, 인적 인프라는 교육을 통해 확보됩니다. 이 인프라가 제대로 갖춰져야 시장이 원활하게 기능할 수 있습니다.

Z세대를 포함해 그 이후에 출생한 아이들은 태어나자마자 스마트 기기와 영상콘텐츠에 노출되면서 텍스트보다는 이미지로 소통하고 학습하는 경향이 커졌습니다. 1인 미디어 시대가 열리면서 이미 초등

학생도 영상콘텐츠를 만들어 인터넷에 공유하며 자신을 표현하거나 소통하고 있습니다. 이들에게 이미지는 매우 중요한 '언어'가 되고 있습니다. 학교 현장에서는 학생회 선거에 입후보하거나 동아리에 지원할 때에도 영상으로 만들어진 자기소개서를 제출하고 있습니다. 조별 프로젝트에서 활용내용과 보고서를 영상으로 제작하는 경우도 많고, 음악 수업의 악기 수행평가는 각자 집에서 영상으로 녹화해 담당 선생님께 온라인으로 전송합니다. 체육 실기평가도 마찬가지입니다. 영상은 이미 교육의 핵심적인 도구(tool)입니다.

이렇게 자라난 아이들이기에 영화에 대한 시선과 제작방식도 기존과는 많이 다릅니다. 요즘 청소년들이 만드는 영화는 그것이 영화인지 아닌지가 불분명한 경우가 많습니다. 오세섭[51]에 따르면 2000년에 만들어진 <이 영화를 보는 그대는 지금 어디에 있는가?>라는 영화

교육부 인가시설 교육사랑연수원에서 실시하는
'2023 청소년 스마트폰 영화제' 포스터

에서부터 청소년영화의 개념과 형식에 관한 논쟁이 시작되었다고 합니다. 극영화도 다큐멘터리도 아닌 모호한 형식, 파격적인 표현 등 과연 어디까지가 영화라는 예술 장르이고 개인의 촬영물인지, 청소년영화제마다 영화에 대한 미학 기준과 수용 가능한 영화 내용의 범위에 대한 관점이 부딪쳤는데 항상 다른 결론이 도출됐다고 합니다. 이렇게 젊은 세대가 전통적인 영화의 개념과 형식에서 벗어나 넓은 스펙트럼으로 영화를 대하는 만큼 교육도 이런 기준에 맞게 이루어질 필요가 있습니다.

영국, 프랑스, 캐나다, 호주 등 해외에서는 이런 현상이 발생하기 훨씬 이전인 1950년대부터 꾸준히 영화교육의 중요성을 인식하고 영화교육, 시각예술, 미디어교육이라는 이름으로 '학교 내'에서 제도적으로 교육을 진행하고 있었습니다. 영화의 교육적 가치를 일찌감치 인식했기 때문입니다. 나아가 아래 그림에서 보는 것처럼 1950년대부터 영화교육을 진행하고 있는 영국의 BFI(British Film Institute)와 아일랜드의 IFI(Irish Film Institute)는 다양한 미디어의

영화교육의 개념

필름 리터러시
(Film Literacy)

미디어 리터러시
(Media Literacy)

영화교육
(Film Education)

출현과 함께 영화교육의 개념을 폭넓게 확장해 수용하고 있습니다.[52]

우리나라의 현주소

그러나 우리나라는 공교육이 영화교육을 제대로 흡수하지 못하고 있습니다. 영화교육과 미디어교육의 구분도 명확하지 않고, 영화교육 안에서도 '영화에 대한 교육(Teaching about film)'과 '영화를 통한 교육(Teaching through film)'[53]이 분명하게 확립되어 있지 않습니다. 필름 리터러시, 씨네 리터러시, 미디어 리터러시, 디지털 리터러시 등 용어들도 혼재합니다. 심지어 국정 또는 검정교과서와 체계화된 교육과정도 없이 워크북 수준의 교재를 가지고 교사의 재량껏 수업이 진행되고 있습니다.[54] 예술고등학교 또는 특성화고등학교의 영화 관련 학과를 제외하면 대부분은 일반 학교에서 '재량활동'이나 '특별활동', '동아리활동'으로 편성되어 운영하는데 정규교과수업이 아니다 보니 교육체계를 갖추지 못한 상황입니다.

교육기관들도 산재돼 있습니다. 주로 문화체육관광부 산하 기관에서 영화예술교육, 미디어교육을 실시하고 있는데, 영화진흥위원회에서는 2019년부터 '청소년 영화교육 활성화 사업'을 시작해 소수의 영화교육 중점학교를 선정·운영 중이고, 한국문화예술교육진흥원에서는 [문화예술교육 지원법][55]에 근거하여 2006년부터 영화교육을 시행하고 있습니다. 한국문화예술교육진흥원은 가장 오래된 교육기관으로 학교예술 강사를 파견하여 학교의 교원과 협력하에 수업을 진행하고 있습니다. 한편 영상물등급위원회와 한국언론진흥재단에서는 미디어교육 강사를 양성하고 있는데요. 영상물등급위원회의 미디어교육 강사는 등급분류와 심사에 관계된 교육을, 한국언론진흥재단의 미디어교육 강사는 뉴스미디어 리터러시 교육을 시행합니다.

영화교육을 포함한 미디어교육을 어떻게 운영할 것인지의 출발은 영화교육과 미디어교육의 관계설정에 있습니다. 이 둘은 동일하지는 않지만 점점 경계가 모호해지고 있으며 '영상'이라는 큰 틀에서는 불가분의 관계이기도 합니다. 그래서 영화교육을 포함해 '영상'이라는 상위개념에서 교육체계가 만들어져야 합니다. 영상이라는 큰 개념에서 교육의 틀을 짜려면 우선 영상을 선별해서 보고 해석하는 '리터러시 교육'과 '감상 및 제작 교육'이라는 이원화된 체계가 필요합니다. 구체적으로 첫째, 리터러시 교육 안에서는 한국언론진흥재단이 실시하는 뉴스미디어 리터러시 교육과 영상물등급위원회가 실시하는 등급분류 교육이 둘째, 감상 및 제작 교육 안에서는 한국문화예술교육진흥원의 문화예술 교육과 영화진흥위원회의 영화교육이 통합운영되어야 합니다. 그리고 이 교육체계는 공교육을 통해 유·초등 단계부터 고등 단계까지 일관되고 연속적으로 이루어져야 합니다. 그런데 우리의 현실은 이렇습니다.

빛 좋은 개살구, 미디어교육 법안

미디어교육과 관련해 국회에서 처음으로 발의된 법안은 2007년 4월 이경숙 의원(열린우리당)이 발의한 [미디어교육진흥법안]입니다. 제

출처: 픽사베이

269회국회 문화관광위원회회의록[56]에 따르면 이미 [문화예술교육지원법]이 시행 중에 있는데 동법의 적용 대상에 방송, 영화, 광고, 출판 등 미디어 분야의 교육이 이미 포함되어 있으므로 [문화예술교육지원법] 외에 미디어교육에만 특별히 적용되는 [미디어교육진흥법안]을 제정할 필요성이 있는지에 논의가 필요해 보인다는 수석전문위원의 검토보고가 있었습니다. 이 말을 통해 알 수 있는 것은 당시만 해도 예술·인문학적 차원에서의 영화교육과 리터러시 차원의 미디어교육에 대한 개념이 전혀 정립되지 않았다는 사실입니다. 16년 전이니 그럴 수도 있다고 생각합니다. 결국 이 법안은 임기만료에 의해 자동 폐기되었습니다.

　이후에도 최민희 의원이 [미디어교육지원법안](2012.08.03./미래창조과학방송통신위원회)을, 김희정 의원이 [미디어교육지원법안](2013.09.17.)/미래창조과학방송통신위원회)을, 유은혜 의원이 [미디어교육 활성화에 관한 법률안](2018.05.17./교육문화체육관광위원회)을, 신경민 의

원이 [미디어교육지원법안](2018.05.18./과학기술정보방송통신위원회)을 발의했으나 이 법안들 역시 전부 임기만료로 폐기되었습니다. 법안이 통과되지 못한 이유는 크게 두 가지입니다. 첫째, 현행 [문화예술교육지원법]을 보강할 것인지 새로운 법안을 통해 미디어교육을 지원할 것인지 논의가 더 필요하고 둘째, '미디어교육위원회'를 어디에 둘지에 관해 부처별 이견이 존재한다는 것입니다. 문화체육관광부, 방송통신위원회, 국무총리 산하 등을 두고 합의를 보지 못했습니다.

현재 21대 국회에서 논의하고 있는 내용은 두 번째에 관한 것입니다. 앞서의 첫 번째 이유, 즉 [문화예술교육지원법]을 보강할 것인지 새로운 법안을 통해 미디어교육을 지원할 것인지에 대해서는 새로운 제정안을 발의하는 쪽으로 정리가 되었습니다. 자세히 들여다보면 새로운 제정안은 뉴스미디어 리터러시에 관련한 미디어교육 법안이라고 할 수 있습니다. 영상물등급위원회가 실시하는 연령에 따른 등급분류나 심사에 관한 리터러시는 빠져 있고 한국언론진흥재단이 실시하는 리터러시에 가깝습니다. 협소한 개념만을 담고 있는 법안인 것이지요.

과학기술정보방송통신위원회 위원인 정필모 의원은 [미디어교육 활성화 및 지원에 관한 법률안](2020.08.24.)에서 '허위조작정보(일명 가짜뉴스)와 같은 무분별한 정보가 생산·유통되는 등 (미디어의) 부작용도 커지고 있어 분별력 있는 미디어를 이용할 수 있도록 하는 미디어교육의 중요성'을 말하면서 미디어교육위원회를 '방송통신위원회' 소속으로 두자고 합니다. 교육위원회 위원인 권인숙의원(현 법제사

법위원회)과 정경희 의원은 각각 [미디어교육 활성화에 관한 법률안](2021.07.14.)과 [미디어교육 촉진에 관한 법률안](2022.11.29.)을 통해 미디어교육위원회를 교육부 장관이 겸임하는 부총리 소속으로 두고 관계부처가 참여해야 한다고 주장하고 있습니다. 법안을 제안하는 이유는 크게 다르지 않습니다. 청소년들의 정보 분별력과 문해력 향상을 위한 미디어교육의 필요성입니다. 중요한 것은 포괄적인 개념을 담고 있지 못하는 이 하나의 법안조차도 부처 이기주의와 밥그릇 싸움으로 통과를 못 시킨다는 점입니다. 미디어교육위원회를 어디에 설치할 것인지만이 중요해 보이는 싸움을 하고 있는 것입니다.

물론 싸움으로 비치지 않기 위해 "타 부처 소관 법률과의 충돌 소지가 있고 부처 간 이견이 있으므로 논의가 필요하다"[57]며 포장은 그럴듯하게 하고 있습니다. 이전에 폐기된 법안들의 검토보고와 다르지 않은 의견입니다. 부처 간 협의가 필요하다는 것입니다. 하지만 부처 간의 원만한 논의와 합의 도출은 요원해 보입니다. 미디어교육 법안이 첫 발의된 때가 2007년인데 16년 동안 시간이 부족했을 리는 없습니다. 물론 정권이 바뀔 때마다 새롭게 조직이 개편되고, 미디어교육이라는 개념 자체도 광범위한 게 사실입니다. 그러나 국민들은 의심할 수밖에 없습니다. 과연 정부에서 미디어교육을 실시할 의지가 있는지 말입니다. 이러니 우리 아이들의 미래가 걱정일 수밖에요.

영화교육은 어렵다?

이아람찬(외 4인)에 의하면 영화를 교육하려 하는 학교의 수가 점점 줄고 있는 상황입니다.[58] 영화교육이 특별한 전문기술을 요하는 분야라고 인식하는 학교 관계자들이 많아 교육에 어려움을 느끼는 데다 기자재와 관련한 책임 보수 등에 대한 부담감이 작용해서라고 합니다. 그러나 지금은 장편영화조차 스마트폰으로 촬영하고 편집하는 시대입니다. 영상편집도 유튜브 영상을 통해 쉽게 배우는 사람들이 많습니다. 미디어환경의 흐름에 학생들은 빠르게 적응하며 적극적이고 도전적으로 미디어를 활용하는데 교육현장에서는 '기자재와 관련한 책임 보수에 대한 부담'을 말하며 교육을 회피하고 있습니다.

영화교육은 [문화예술교육지원법]에 의거해 현재의 교육을 고수하려는 것으로 보입니다. 그런데 이 법으로는 영화교육을 온전히 수행할 수 없습니다. 앞에서도 말했듯이 일반 학교에서 영화 과목이 독립 교과가 아닌 데다 한국문화예술교육진흥원에서 만든 교재는 워크북 형태에 불과합니다. 영화교육의 목적은 영화와 영상을 즐기는 방법을 가르치려는 게 아니라 아이들에게 문화적 소양을 갖게 하려는 것입니다. 그리고 문화에도 '문해력'이 필요하지요. 음악, 미술이 정규 교육 과정에서 독립 교과로 교육되는 이유입니다. 영화교육에 대한 인식이 전환되지 않는다면 수업시간에 영화를 보는 것은 여전히 '노는' 것으로 보일 수밖에 없습니다. 학교 현장에서 교사가 영화를 교육할 수 있는 자질을 갖추지 못해 생기는 현상이기도 합니다.

이런 현실 때문에 2019년부터 영화진흥위원회에서는 '청소년 영화교육 활성화 사업'[59]을 추진하고 있습니다. 2021년에는 「청소년 영화교육 교육과정기준 연구 개발」 프로젝트를 처음으로 가동했는데요. 그동안 영화교육을 위해 공식적으로 제공하는 추천영화목록과 영화정보조차 존재하지 않았기 때문입니다. 영진위는 이 프로젝트를 통해 1~2학년/3~4학년/5~6학년용 워크북과 교수학습지도안을 마련함으로써 초등학교 내에서 일반 교사가 영화를 수업에 적극 활용할 수 있도록 기본 틀을 제공한 바 있습니다. 워크북과 교수안은 영화, 영화교육, 영화제, 초등교육 분야에 종사하는 6인의 전문가들이 학년 구분 없이 선정한 총 30편[60]의 영화를 기본으로 합니다.

총 7종의 교재들을 제작한 것은 보편교육으로서 영화를 교육현장에 접근할 수 있게 만드는 의미 있는 시도라고 생각합니다. 다만 초·중·고 12년 동안의 전체 교육과정을 고려하지 않은 채 초등 단계에 필요한 교육 내용만을 제공하여 이후 과정과 연계되지 않은 분절된 교육자료라는 점, 당장의 교육현장에 도움이 될 교재이긴 하지만 교과서 형태에는 미치지 못했다는 점, 제작교육이 배제된 감상교육을 위한 자료에 치중해있다는 점은 아쉬운 부분으로 남습니다. 더 큰 문제는 이 교재가 제대로 활용되는지, 향후 어떻게 개선해 나가야 하는지 등을 지속적으로 모니터하며 후속조치를 취해야 하는데 영진위 안에 영화교육 전문가나 부서가 존재하지 않는 만큼 일회성 혹은 단기성 사업에 그칠 우려가 있다는 것입니다. 무엇보다 한국문화예술교육진흥원과의 협업이 필요하다고 생각합니다. 이미 영화교육이 [문화예술교육지원법] 안에서 이루어지고 있는 만큼 두 기관이 서로

구분	구분별 편수
장편/단편 영화	장편 23편, 단편 7편
실사/애니메이션 영화	실사 16편, 애니메이션 14편
극/다큐멘터리 영화	극 27편, 다큐멘터리 3편
등급	전체관람가 24편, 12세 이상 관람가 6편
국적	한국 14편, 미국 10편, 영국 외 1편, 이집트 1편, 일본 1편, 중국 2편, 프랑스 1편

영화진흥위원회, 「2022년판 영화교육 별책부록」, p9

1	영화 제목	개에게 처음 이름을 지어준 날	관련 교육	사회/인권/환경 교육

	감독: 야마다 아카네/2017년/일본/107분/전체관람가
	함께 살던 반려견 '나츠'를 병으로 떠나 보낸 방송국 PD '카나미'(고바야시 사토미)는 문득, 반려동물들을 위해 뭐라도 해야겠다는 생각에 동물보호센터를 찾는다. 일주일이 지나면 살처분이 될 운명에 처한 동물보호센터의 동물들, 비윤리적인 개공장에서 돈벌이의 수단이 되어버린 개들, 대지진으로 주민들이 떠나버린 마을에 덩그러니 남겨진 유기동물들, 알레르기 때문에, 또 아이 건강에 좋지 않을까봐… 무책임한 이유로 버려져 마음에 상처를 입은 고양이들… '카나미'는 보호 센터에서 동물들의 안타까운 현실을 직접 마주하면서 동물과 인간의 행복한 동행을 위해 영화를 직접 만들어보기로 결심한다. 출처: kobis

영화 소개 및 추천 의견	이 영화는 감독의 체험을 바탕으로 한 다큐멘터리 형식의 극영화입니다. 영화를 함께 보며 동일본 대지진이라는 큰 재해에서 인간과 반려동물이 함께 살아갈 수 있는 방법에 대해 생각해 보는 시간을 가질 수 있습니다.
주요 활동	(1) 인간과 동물의 공존에 대해 이야기 나누기 (2) 동물 보호 캠페인 기획하기
질문	• 동물보호센터에서 카나미는 어떤 생각이 들었을까요? • 버려진 동물들에 대해 생각해봅시다. 어떤 이유로 버려지는 것일까요? • 인간과 동물이 함께 살아가기 위해 필요한 것은 무엇인가요?
참고	국내개봉: 2017년 4월 6일 네이버 시리즈온, 유튜브 등에서 구매 가능 (2021년 12월 현재)
	#인권 #동물보호

〈포스터 이미지 출처: 퍼스트런〉

영화진흥위원회, 「2022년판 영화교육 별책부록」, p14

중복되는 사업이 없는지를 확인하고 교육의 실효성을 위해 함께 힘써야 할 것입니다.

우리의 롤모델 프랑스

역시 영화 강국은 그냥 만들어진 게 아닙니다. 프랑스의 영화교육 실태를 보면 그저 '부럽다'는 말밖에 나오지 않습니다. 프랑스의 영화교육은 미디어교육과 분리되어 있는데, 독립적인 기능을 가지면서도 통합적이고 거시적인 안목으로 예술적 감각과 비판적 사고력을 함양시킵니다.

영화교육

프랑스의 영화교육은 1988년 1월 6일 '예술교육법(La loi des enseignements artistique)'이 제정된 것을 시작으로 봅니다. 프랑스 교육부는 영화교육을 일회적인 것이 아니라 유치원·초·중·고등학교 단계별로 지속성을 가지고 실시하는 것을 원칙으로 삼고, '이미지와 영화, 영상기술교육 — 유치원에서 고등학교까지(l'éucation àl'image, au cinéa, et àl'audiovisuel : De la maternelle au baccalaurét)'라는 사이트를 통해 영화교육의 방향과 실천을 구체화하고 있습니다.[61] 프랑스 영화교육의 지향점은 매우 인상적입니다. 미국 영화의 영향으로부터 아이들을 지키겠다는 목표를 갖고 있기 때문입니다. 할리우드로 인해 영화가 영상표현예술이 아니라 상업화된 소비재로 전락

하며 영화에 내재되어 있는 문화를 상실하고 있는 상황에서 학생들에게 작품성이 있는 양질의 영화를 볼 수 있게 하여 진정한 영화문화를 되찾겠다는 의지인 것입니다.[62] 또 다른 목표는 영화교육이 소수의 예술가를 기르는 게 아닌 '예술적 국민'을 만드는 데 있다는 것입니다. 이에 따라 영화교육 커리큘럼은 아이들의 생애주기에 맞게 유아교육부터 고등교육까지 일관성과 지속성을 유지하고 있습니다.

프랑스의 영화 공공기관인 국립영화센터(CNC, Centre National du Cinéma et de l'image animée)는 ① 유치원~초등학교 영화교육(École et cinéma) ② 중학교 영화교육(Collège au cinéma) ③ 고등학교 영화교육(Lycéen et apprentis au cinéma) ④ 학교 외 영화교육(Passeurs d'images) 등 총 4개 영역으로 영화교육을 기획·운영하고 있습니다.[63] 교육의 특징은 첫째, '이미지 교육'과 '영화감상'을 핵심으로 한다는 점입니다. 앞에서 명시한 대로 영화교육의 지침을 담은 사이트 이름에 이미 교육철학이 다 담겨 있습니다. 사이트명은 '이미지와 영화, 영상기술교육 – 유치원에서 고등학교까지(l'éucation àl'image, au cinéa, et àl'audiovisuel : De la maternelle au baccalaurét)'였습니다. 영화가 이미지의 조합이라는 점을 상기해보면 왜 이미지 교육을 영화교육의 중심으로 삼았는지 이해가 되실 겁니다.

구체적으로 유치원, 초등학교 때는 회화, 디지털사진, 비디오, 인터넷 영상 등과 같은 다양한 이미지를 습득한 뒤 여러 가지 이미지를 조합하는 과정에서 영화 이미지를 인지하게 하고, 중학교 때는 '조형

예술' 교과를 통해 이미지가 전달하는 관점과 독특한 비전을 강조함으로써 이미지에 대한 분석을 실시합니다.

극장에서 영화를 관람하는 '영화감상' 교육도 필수입니다. 초등학생은 국립영화센터(CNC)의 위원회에서 선정한 영화를, 중학생은 영화인들과 지역문화단체 대표 등 22명으로 구성된 위원회에서 선정한 영화를 감상합니다.[64] 앞서 밝혔듯 이 영화들은 대중상업영화가 아니라 문화적 다양성을 접할 수 있는 예술영화들입니다.[65] 특이한 점은 더빙이 아닌 프랑스어 자막과 함께 해당 언어를 그대로 상영한다는 점인데요.[66] 알아듣지 못하는 언어일지라도 오리지널 영화를 감상하는 것 또한 문화적 다양성을 배우는 과정이라고 여기기 때문입니다.

고등학교 과정은 대학 진학 유무에 따라 교육을 세분화하여 이전과 다른 양상으로 실시됩니다. 영화교육은 학생들이 선택하는 바칼로레아 유형, 즉 일반 바칼로레아(Baccalauréat général)와 기술 바칼로레아(Baccalauréat technologique), 전문 바칼로레아(Baccalauréat professionnel)와 전문적성시험인 영상기술직업자격증(CAP: Certificat d'aptitude professionnelle)과정에 따라 다르게 이루어집니다.[67] 영화관 교육으로는 '영화관에서의 고등학생과 견습생(Lycéen et Apprentis au Cinéma)'이라 불리는 프로그램을 통해 중학교 때와 마찬가지로 예술성, 다양성의 영화들을 감상합니다. 당연히 자막이 제공되는 오리지널 버전입니다.

미디어교육

영화교육이 국립영화센터(CNC) 중심으로 이루어진다면 미디어교육은 프랑스 교육부 산하 국립미디어교육센터인 클레미(CLEMI)에 의해 실시되고 있습니다. 여기서 말하는 미디어교육이란 한국언론진흥재단이 실시하는 뉴스미디어 리터러시를 말합니다. 클레미는 2013년부터 초등교육에서 고등교육에 이르는 모든 교육과정에서 각 교육 주기에 특화된 미디어교육 커리큘럼 과정을 교사에게 제공함으로써 미디어교육을 전담하고 있습니다. 한마디로 교육지원 전담기구입니다.

뉴스로드 기사에 의하면, 프랑스가 처음 미디어교육을 공교육에 포함시킨 것은 2005년 교육법을 개정하면서부터입니다. 이에 따라 프랑스는 2011년부터 미디어교육을 학력검증 국가고시 '브르베(Brevet)'의 필수 과목으로 채택했으며, 2013년 교육법을 다시 개정해 중학생부터 필수적으로 미디어·정보 교육을 제공받을 수 있도록 했습니다. 또한 2018년부터는 '안티 가짜뉴스법'으로 불리는 '정보조작대처법'이 통과되면서 교육법이 일부 개정돼 미디어에 대한 비판적 분석능력을 강화하는 내용이 추가됐습니다.[68]

초등학교, 중학교, 고등학교에 이르는 커리큘럼은 세분화되어 매우 정교합니다. 초등학교의 경우 학생들은 ① 신문구조를 이해하고 ② 기사를 읽은 후에 정보를 전달하는 글을 직접 작성해봅니다. ③ 신문 1면이 갖는 의미, 텍스트와 이미지를 통해 뉴스의 중요도와 편집에 얽힌 교육을 받고 ④ 인터넷에서 정보를 탐색하는 방법과 인터넷 사용에 따른 위험이 무엇인지를 배웁니다. ⑤ 이미지가 표현하는 메시지를 해석하고 ⑥ 미디어에 내포된 성(性)인식을 구분하며 ⑦ 방송미디어에서 말로 표현되는 메시지를 이해합니다. ⑧ TV에서 보이는 이미지들을 분류·해석하고 ⑨ 광고의 기능과 숨겨진 뜻을 찾아냅니다.

중·고등학교의 커리큘럼은 다양한 교과목과 함께 실시하는데 고등학교의 경우 일부 과목에서 대학입학시험과 연계된 교육이 이루어지고 있습니다.

다시 한번 말하지만 영화의 수준은 국력에 비례합니다. 국력은 곧 국민의 수준입니다. 프랑스가 '예술적 국민'을 만들기 위해 바친 세월은 결코 짧지 않습니다. 법령을 만든 때는 1988년이지만 1960년대부터 이미 학교에서 영화교육이 필요하다는 논의가 시작되었습니다.[69] 우리나라는 이제 막 걸음마를 시작한 단계입니다. 아니, 아직 신생아일지도 모릅니다. 영화교육과 더불어 뉴미디어 시대에 필요한 미디어교육까지 사회 전체가 머리를 맞대고 교육의 내용과 방법에 대해 고민해야 합니다. 초당적, 초정권적 논의를 펼쳐야 합니다. 다름 아닌 우리의 미래, 아이들을 위한 일입니다. 더 늦기 전에 부디 한 발짝이라도 나아갈 수 있기를 진심으로 바랍니다.

4장

과거로 미래를 열어야 한다

돌아온 영화들

2023년 초 이 영화를 '다시' 봤습니다. 무려 25년 만인데 세월이 이렇게 흐른 줄도 몰랐습니다. 제가 나이를 먹듯 영화도 나이를 먹고 있었던 것이지만, 제가 이 영화를 한 번도 잊고 산 적이 없었기 때문에 그새 세월이 흘렀다는 자각을 못 했습니다. 바로 제임스 카메론의 역작 <타이타닉> 얘기입니다. 25년이라는 시간이 무색하게 영화는 기억 속 그대로였습니다. 이미 중년이 된 레오나르도 디카프리오, 케이트 윈슬렛이지만 영화 속에서 그들은 같은 사람인 듯 다른 사람으로 여전히 찬란하게 존재하고 있었습니다. <타이타닉>은 2012년 3D 아이맥스로 재개봉을 한 적이 있고, 2018년에는 20주년 기념으로 또 한 번 재개봉했습니다. 이번 재개봉이 특별했던 것은 25주년 기념으로 '4K 리마스터링' 작업을 거친 고화질에 3D까지 합쳐진 버전으로 관객들과 만났다는 점이었습니다.

팬데믹의 영향 탓에 재개봉으로 돌아온 영화들이 많이 있습니다. 디지털로 영화를 찍는 것이 지금은 당연하게 여겨지지만 이것은 불과 10여 년 정도밖에 되지 않았습니다. 이전에는 모두 필름으로 영화를 찍었지요. 그런데 그 필름 영화들을 지금의 극장 환경에서는 상영할 수 없습니다. 영사기가 다 바뀌었기 때문입니다. 그래서 필름 영화들을 재개봉하려면 디지털 리마스터링 작업을 거쳐야 합니다. 디지털 리마스터링이란 필름을 디지털화하고 화질과 음질을 디지털 활용에 맞게 수정·개선하는 작업을 말합니다. 그러니까 제가 본 <타이타닉>은 25년 전 화면에서 봤던 그 영화가 아니라 디지털 리마스터링을 통해 새롭게 태어난 영화인 것입니다. 특히 지금 시대에는 거의 4K 해상도로 리마스터링을 하고 있습니다. 4K란 가로 해상도가 4 Kilo Pixel에 이르는 매우 고화질의 해상도를 의미합니다. TV로 치면 UHD급의 고화질이라 할 수 있습니다. 다시 말하지만 25년 전 봤던 그 영화는 지금 다시 볼 수 없습니다. 플로피디스크에 담긴 정보들을 지금의 컴퓨터에서 꺼내 볼 수 없는 것과 같습니다.

제임스 카메론 감독의 또 다른 영화 <아바타>도 13년 만에 4K 리마스터링으로 재개봉을 했는데요. 2주 동안 23만이라는 기록을 세웠습니다. 신카이 마코토 감독의 애니메이션들인 <너의 이름은>, <날씨의 아이>나 왕가위 감독의 <화양연화>, <중경삼림>, <해피 투게더>, <타락천사>, <2046> 등 4K로 재개봉한 영화들이 매진행렬을 보였습니다. 이런 현상은 재개봉 영화들이 관객들에게 새로운 콘텐츠로 수

4K 리마스터링으로 재개봉한 영화들의 포스터

용되고 있다는 것을 말해줍니다. 코로나19 시절을 보내는 동안 4050 에게는 그때 그 시절의 추억과 향수를 불러일으키고 2030에게는 말로만 듣던 명작들을 풍성하게 즐길 수 있는 기회가 된 것입니다. 우리나라 영화들도 속속 4K 리마스터링으로 재개봉을 앞두고 있습니다. 다만 국내에 이 기술을 가진 곳이 많지 않아서 한국의 필름영화들을 보고 싶어 하는 관객들은 좀 더 기다리셔야 할 것 같네요.

국내 유일의 아카이빙&복원

[영화 및 비디오물의 진흥에 관한 법률](이하 영비법) 제34조에 의거해 한국영상자료원은 우리 영화 및 비디오물과 그 관계 문헌·음향자료 등을 수집, 보존, 활용, 전시하는 것을 주목적으로 설립된 기관이라고 정의하고 있습니다. 영화와 관련된 모든 자료를 수집·보존하는 아카이빙과 그 활용을 통해 현재와 후대에 문화자료를 제공하고 전승하는 데 선도적 역할을 맡고 있는 기관입니다. 쉽게 얘기하면, '모든 영화자료를 보관하는 도서관'이 가장 기본적인 자료원의 역할이고, 보관된 자료를 그 시대에 맞게 대중과 연결하고 후대를 위해 보존하는 일이 두 번째로 중요한 자료원의 임무입니다.

수집 대상 자료로는 국내외 영화 필름과 함께 비디오물,[70] 오디오물, 포스터, 스틸, 시나리오, 도서, 정기간행물, 의상, 소품, 영화인 애장품 등을 포함한 각종 비(非)필름 자료들까지 총망라합니다. 영화 필름은 극영화와 비(非)극영화(Non-fiction film)까지 다양한 규격의 필름과 변화된 미디어환경에 따른 디지털 파일[71]까지 모두 수집하고 있는데, 실질적 의무납본 대상은 '영상물등급위원회'로부터 상영 등급을 분류 받은 국내 영화와 시나리오로 극영화 중심입니다. 이것은 영비법 제35조 제1항[72] 규정에 따른 것인데, 극영화 외 영상자료들은 기증 또는 구입 등의 형태로 수집합니다. 현재 자료원에 보존 중인 한국영화 필름은 현존하는 가장 오래된 극영화 필름인 <청춘의 십자로>(1934)를 비롯해 1만 2,700여 편에 달합니다.[73] 아카이브는 재해나 재난에 대비하기 위해 상암 본원과 파주의 2원 체제로 분리해 보존하고 있으며 파주는 네거티브 필름을, 상암은 활용용 필름을 각각 보존합니다. 화재 시 자료유실을 대비해 이중 백업을 해 놓는 것입니다. '네거티브' 필름은 촬영 원본 필름을 말하는데요. 카메라 속에 옮겨진 피사체의 상이 현상했을 때 본래의 피사체와 반대로 나타나는, 즉 음영이 바뀌어 있는 원본입니다. 이 네거티브는 상영용 필름이 아닙니다. 상영을 위해서는 네거티브를 포지티브로 복사해야 합니다. 네거티브를 복사하면 음영이 원래대로 보이는 '마스터 포지티브(master positive)'가 되는데, 이것을 다시 '듀프 네거티브(dupe negative)'로 복사합니다. 과거에는 이 듀프 네거티브들로부터 몇 백 벌의 상영용 필름을 복제하여 각 영화관에 전달했습니다. 이를 릴리즈 프린트(상영용 프린트, release print)라고 부르기도 합니다. 이 복잡한 과정들은 전부 원본 필름을 손상 없이 보존하기 위해서입니다. 원

왼쪽부터 시계방향으로 필름보관소, SUN, 스탠백에 필름을 걸어 검수하는 장면, 필름보수작업

본을 몇백 벌씩 복사하면 필연적으로 훼손되기 마련이니까요.

수집·보존은 '망라성'을 기본으로 하며, 가능하면 최대한 그 시대에 만들어진 거의 모든 자료를 대상으로 한다는 게 목표입니다. 작품의 질을 따지는 건 원칙적으로 자료원의 몫이 아닙니다. 공간 부족을 이유로 자료들을 선별적으로 수집하는 행위도 가급적 지양합니다. 왜냐하면 후대에게 최대한 많은 유산을 물려주는 것을 자료원의 역할로 규정하기 때문입니다. 자료에 대한 평가는 후대의 몫으로 남기자는 취지입니다. 최근 이 원칙에 대한 도전적인 이슈가 생겼는데 바로 에로영상물 때문입니다. 인터넷, IPTV, 모바일 등에서 서비스하기 위해 만들어지는 에로영상물 중 상당수가 영화상영등급을 부여받은 후 자료원에 의무제출되고 있습니다. 제출보상비를 노린 것이기도 하고, 영화등급을 부여받아 판권료를 높이기 위한 계산도 있습니다. 한 해 의무제출되는 영화 700~900편 중 상업적으로 의미 있는 영화가 100~120편, 에로영상물이 500~600편, 나머지가 중단편을 포함한 독립영화라고 합니다. 그렇다면 이와 같은 대량의 에로영상물을 과연 영상자료원이 수집·보존해야 할까요? 말초적인 욕망만을 노린 에로영상물이라 할지라도 이것은 당대 영상문화와 기술에서 만들어진 것이고 대중들의 욕망과 성의식을 반영합니다. 즉, 에로물에 성과 젠더에 대한 의식, 성을 억압하거나 반대로 표현하는 방식, 검열을 피하는 방식 등을 담을 수 있다고 보는 것입니다. 풍속박물관, 섹스박물관 등이 의미를 갖는 것처럼 말입니다. 일본에서 인기를 끌었던 핑크무비[74]도 그 시대 일본인들의 성의식을 드러낸 영화로 재평가되면서 미학적으로 새롭게 조명되고 있습니다.

자료원에서는 아카이빙뿐만 아니라 영비법 제34조 제4항[75]의 규정에 따른 다양한 사업도 시행하고 있습니다. 우선 무료상영관인 시네마테크 KOFA를 통해 국내외 고전, 예술, 독립영화를 상영하고 있습니다. 국내 최대의 전문 영화자료실인 영상도서관, 한국영화사 전시관인 한국영화박물관도 운영하고 있습니다. 온라인 서비스로는 국내 최대의 한국영화 데이터베이스인 KMDb(www.kmdb.or.kr)를 통해 한국영화의 작품 정보, 영화인 정보, 동영상, 이미지 등 다양한 자료를 손쉽게 검색할 수 있도록 하고, KMDb VOD(www.kmdb.or.kr/vod)와 유튜브 '한국고전영화' 채널(https://www.youtube.com/@KoreanFilm)을 통해 한국고전영화를 온라인으로 제공하며,

한국영상자료원이 운영하는 시네마테크 KOFA

영상도서관 내 영화감상실과 문헌자료실

정기적으로 영화 비평과 칼럼을 게재해 심도 있게 영화를 소개하고 있습니다.

영상자료의 아카이빙 과정에서 중요한 작업 중의 하나는 '복원'입니다. 한국영상자료원은 영화 복원작업과 방대한 양의 영화를 보존하기 위해 제2의 청사를 건립했습니다. 이곳이 바로 파주보존센터입니다. 2009년부터 건립 계획을 세워 7년의 준비 기간을 거쳐 2016년

5월 개관한 파주보존센터는 필름 보수와 필름 복원이 가능한 국내 유일의 기관입니다. 필름 인화 및 현상소를 구축해 훼손된 아날로그 필름을 자체적으로 복원하기 위한 전문 인력과 최적화된 환경을 갖추고 있습니다. 앞서 말한 대로 원본에 해당하는 네거티브 필름을 소장하고 있는 곳도 파주보존센터입니다.

필름은 현존하는 영상매체 중 가장 해상도가 좋은 편에 속하지만 온·습도에 민감하고 시간이 지남에 따라 자연 열화하는 매체입니다. 그래서 매우 세심한 관리가 필요합니다. 이를 위해 정기적으로 보존 처리를 하고, 주기적으로 손상 상태를 점검하며, 보존고의 온도와 습도를 일정하게 유지하는 등의 보존 과정이 필수적입니다. 복원에는 원래 아날로그 복원만 존재했으나, 2000년대 이후 디지털 복원기술이 발전하면서 디지털 복원이 매우 중요한 과제로 떠올랐습니다. 아날로그 복원이란 손상된 필름을 점검하고 물리적으로 보수하며, 새로운 필름으로 복사하는 것을 의미합니다. 디지털 복원이란 필름으로부터 화면을 스캔하고, 사운드를 추출하여 손상된 부분을 디지털 기술로 복원한 뒤 파일을 만들어내는 과정입니다. 이와 같은 디지털 복원 과정을 통해 최근에는 4K로 리마스터링 된 소스를 만들어내고 있습니다. 아날로그 필름의 경우 앞서 언급한 것처럼 원본 필름의 복사 과정에서 손상이 될 수도 있고, 원본이 없는 상영용 프린트나 듀프 네거티브 필름의 경우에는 손상이 심각하여 화면의 일부가 사라져 버리는 경우도 있습니다. 또한 해외에서 입수한 필름이 복원 대상일 경우에는 해당 지역의 자막이 수록된 경우도 있습니다. 디지털 복원에는 이와 같이 손상된 화면이나 사운드를 복구하고, 자막을 지우는 과정, 색의 톤을 새롭게 만들거나 사운드 믹스를 추가하는 과정이

위쪽은 이두용 감독의 <피막>, 아래쪽은 이장호 감독의 <별들의 고향>을 가로줄만 없앤 복원 장면

시계방향으로 DI, 필름 보수, 탈산처리, 포스터스캔 작업 중인 모습

포함됩니다. 따라서 필름의 손상도에 따라 복원의 난이도가 크게 차이 나게 됩니다.

이 복원의 과정에서 디지털 기술을 이용하여 원 아날로그 필름의 상태보다 개선된 화질과 음질을 만들어낼 수도 있습니다. 그러나 영상자료원은 이 개선의 정도를 조절합니다. 아카이브 기관의 복원은 원칙적으로 개선이 아니라 당대 대중들이 만났던 영화의 상태로 되돌리는 것을 목표로 하기 때문입니다. 따라서 원 필름 당시에 예산이나 기술의 부족으로 조도가 너무 낮거나 사운드 상태가 좋지 않다 하더라도 최대한 이 상태를 유지하는 선에서 복원하고자 합니다. 즉 원본을 무작정 깨끗하게만 만드는 것이 아니라 영화가 제작된 시대 상황에 맞춰서 복원하는 과정이라는 말입니다. 가령 화면 가장자리에 보이는 머리카락 같은 실금이나 뿌옇게 손상된 부분은 지금의 시선으로 봤을 때 지저분해 보이므로 지워야 한다고 생각하지만 실제 복원 공정에서는 이런 것들을 남기는 것입니다. 그러다 보니 고화질 디지털로 만들어지는 요즘 영상콘텐츠와는 다른 질감을 가지기도 합

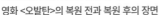

영화 <오발탄>의 복원 전과 복원 후의 장면

출처: 한국영상자료원 제공

니다. 이렇게 복원은 시간이 오래 걸리고 정교함이 요구되는 아카이 브에 대한 철학이 담긴 작업입니다.[76]

그런데 한 가지 문제가 있습니다. 자료원에 납본되는 파일은 2K DCP(Digital Cinema Pakage·극장 상영용 파일)라는 점입니다. 이미 언 급한 대로 의무납본 제도로 인해 등급심사를 받은 모든 영화는 자료 원에 제출됩니다. 그런데 극장에 걸리는 해상도가 2K이다 보니 중간 에 디지털 공정을 거친 2K DCP가 제출되고 있는 것입니다. 실제 영 화촬영은 4K, 6K, 8K 등 고화질로 하지만 최종본인 극장용은 2K 파일입니다. 대부분의 상영관이 2K 영사기이기 때문에 4K를 구현 할 환경이 되지 못합니다. 3,254개의 전국 스크린 중 4K 영사를 할 수 있는 상영관은 228개밖에 되지 않으니 디지털 촬영 시대에 진입 한 지 15년[77]이 되어가는데도 원래 촬영했던 원본 소스가 잘 보존되 지 않는 실정입니다. 이에 영상자료원은 의무제출되는 자료와 별도 로 한정된 범위에서나마 4K 이상의 원본 소스를 수집하고자 노력하 고 있습니다.

철학적인 질문들을 던지다

'무엇이 복원의 원칙인가.'

원본의 흠결까지 그대로 살리는 것이 진정한 복원인가, 티끌 하나 없는 깨끗한 화면으로 보기 좋게 바꾸는 것이 복원인가 하는 질문입니다. 앞서 영화가 제작된 시대 상황에 맞춰서 복원을 하는 것이 진정한 복원이라고 말한 바 있지만, 이 문제는 여전히 논쟁 중입니다. 여기에 덧붙여진 또 하나의 논쟁은 과연 원본을 무엇으로 볼 것이냐 하는 문제입니다. 촬영 당시에 썼던 잘린 부분이 없는 네거티브 필름(ON·오리지널 네거티브)과 실제 상영을 했던 프린트 필름(RP·릴리스 프린트) 중에 과연 무엇을 복원할 것인가 하는 점입니다.

원본성의 중요성을 대다수가 인정하지만 그 영화가 상영될 당시 대중들을 만났던 버전, 그러니까 프린트 필름이 더 중요하다고 말하는 사람들도 있습니다. 설사 잘려나간 부분이 많다 하더라도 실제 대중들이 접한 영화가 당시의 시대상을 더 잘 반영하고 있다고 해석하는 것입니다. 문화유산이란 현재의 가치가 아니라 미래의 가치이므로 대중성을 가졌던 자료들이야말로 후대가 과거의 가치관, 생활양식, 문화 등을 이해하는 데 더 도움이 될 것이라는 입장입니다. 이러한 입장의 사람들은 아카이빙과 복원의 목적이 단순히 '영화사적'인 자료의 보존에만 있는 것이 아니라 '역사적·인류학적' 관점에서 이루어지는 해석에도 있다고 주장합니다.

일리 있는 말임에도 불구하고 자료원에서는 원본의 희소성과 보존가치에 좀 더 무게를 둡니다. 그래서 상영용 프린트보다는 오리지널 네거티브 필름에서 복원을 해오고 있습니다. 나아가 영상자료원은 디지털 소스 역시 부분적으로 DI(Digital Intermediate·색 보정을 포함한 후반 작업)가 들어가지 않은 원본을 매입해 보존하는 사업을 최근부터 진행해오고 있습니다. NG컷까지 모두 보존하는 할리우드처럼 아카이빙과 복원의 중요성을 인식하는 문화가 뿌리를 내려야 하기 때문입니다. 원본을 수집하기 위해 앞장서는 자료원의 아키비스트들은 원본에 대해 '미래가치를 갖는 자료'라고 말합니다. 그런데 실제 영화 현장에서는 그런 인식이 부족한 게 우리의 현실입니다. 한국의 많은 영화제작사가 원본데이터를 관리하지 못해 소중한 자료들이 빈번히 유실되고 있는 것입니다. 넷플릭스의 오리지널 다큐멘터리 영화 <사이버 지옥: N번방을 무너뜨려라>를 촬영한 박홍열 감독에 의하면 넷플릭스는 해당 4K 촬영 원본데이터를 전부 수집해간다고 합니다. 한국영화계 전체의 인식 제고가 절실해 보입니다.

중요한 문제가 또 있습니다. 아카이빙의 '대상과 범위'입니다. 자료원의 조준형 학예연구팀 차장은 한국영상자료원의 기관명에 故 이어령 초대 문화부 장관의 혜안이 담겨 있다고 말합니다. 자료원의 전신은 '한국필름보관소'입니다. 영화진흥공사(현재 영화진흥위원회)의 하부 단위로 처음부터 극영화를 보존하기 위해 영화인들의 요청으로 만들어진 기관이었습니다. 그런데 1991년 이어령 전 장관이 '필름보관소'를 '영상자료원'으로 명칭을 바꿨습니다. '필름'에서 '영상'으로, '보관소'에서 '자료원'으로 의미를 확장시킨 것입니다. 이 기관이 공적 기록물로서의 모든 영상을 아카이빙하는 역할을 담당해야 한다는 의미로 해석할 수 있습니다. 그러나 여전히 자료원의 수집활동은 영화 부문에 집중되어 있습니다.

영화관계자들은 OTT와 유튜브 등 새로운 온라인 미디어 플랫폼들이 빠르게 성장하는 시점에서 자료원의 새로운 기능과 임무가 규정돼야 한다고 입을 모읍니다. 현재 영비법의 비디오물의 정의에서 거의 대부분의 영상물이 포함되어 있고, 영상자료원 역시 비디오물을 수집·보존할 수 있지만, 영화필름 보존으로부터 시작했던 영상자료원의 역사와 지금까지의 관행, 예산과 인력의 부족 등으로 영화 외의 자료에 대해서는 아주 제한적으로만 수집·보존을 하고 있습니다. 특히 OTT 플랫폼을 통해 영화 및 영상콘텐츠를 관람하는 문화가 일반화되고 있는 시점에서 OTT 콘텐츠의 수집과 보존은 매우 중요한 현안이 됩니다. 넷플릭스의 오리지널 콘텐츠인 <오징어 게임>이나

<D.P.> 등은 제작 원본은 고사하고 상영용 파일인 DCP조차 수집이 안 되는 상황입니다. 자본을 제외한 우리나라의 모든 인적·물적 인프라로 제작된 작품들인데도 아카이빙을 할 수 없는 실정인 것입니다. 그래서 이 콘텐츠들을 아카이빙하고자 할 때 글로벌 OTT 사업자들과 분쟁이 발생할 소지가 있습니다. 글로벌 OTT 사업자들이 저작권 등의 문제로 자료원의 아카이빙에 반대할 가능성이 있기 때문에 법적 규정과 현실에 큰 괴리가 생길 수 있는 것입니다. 점차적으로 글로벌 OTT 사업자와의 합의를 이루어내야 하겠지만, 이 문제는 국가가 강제적인 입법절차를 통해서라도 성사시키려는 의지를 가져야 한다고 생각합니다.

그 외에도 한류의 핵심 콘텐츠인 K-팝 뮤직비디오, 보존가치가 있는 유튜브 등 수많은 온라인 영상물들에 대해서는 어떻게 해야 할지도 논의가 필요합니다. 개인이나 집단 차원에서 아카이빙을 할 수 있는 여력은 크지 않은 만큼 국가가 어떤 기준으로 어느 정도 범위의 콘텐츠를 아카이빙해야 하는지 정하는 일이 필요할 것입니다. 상당한 비용이 들 것으로 예상되기 때문에 이에 대한 사회적 합의를 이루기 위해 국가의 역할이 필요합니다.

영비법 제34조 제4항의 제6호에 해당하는 내용을 보다 광범위하게 적용해 본다고 가정을 해보겠습니다. 제6호는 '그 밖에 한국영상자료원의 설립목적 달성에 필요한 사업'을 말합니다. 표현으로만 보면 매우 광범위하고 포괄적입니다. 이를 뉴미디어 시대에 맞게 좀 더 능동적으로 해석할 필요가 있겠지요. OTT 콘텐츠를 포함한 온라인 영상물 등 아카이빙의 대상 범위가 확대되면 인력과 장비, 공간의 확충이 절대적이므로 고정예산을 확보해야 할 것입니다. 예산확보를 위해서는 자료원의 역할에 대한 구체적인 명시가 있어야 합니다. 영화계 전체의 깊이 있는 논의를 통해 이 역할을 규정해야 합니다. 인력 상황은 지금 현재도 심각한 수준입니다. 매년 6월 '시네마 리트로바토(Cinema Ritrovato)'라는 복원영화제를 개최하는 복원 강국 이탈리아에서는 화면복원 인력만 40명입니다. 우리나라는 겨우 2명입니다. 필름을 디지털화하는 경우도 마찬가지입니다. 아날로그 필름을 2K급 이상으로 디지털화하는 것만 해도 1년에 해야 할 디지털 대상 작이 대략 2~3천 편인데 실제 작업은 60편 정도밖에 못 합니다. 국내에 아날로그 필름을 디지털화하는 외주 업체가 거의 없기 때문입니다. 즉 이 작업은 오직 자료원에서 처리해야 하는데 이 팀이 딱 한 팀만 존재합니다. 이것이 우리의 현실인데 더 고차원적인 논의를 시작이나 할 수 있을지 의문입니다.

"복원인력이 그렇게 필요한데 왜 증원을 못 하냐"는 질문을 하실 수도 있습니다. 자료원의 많은 사람은 이에 대해 "복원이 산업으로 인식되지 않기 때문"이라고 답합니다. 복원 기관이 공공과 민간을 합쳐 두 곳밖에 없으니 당연히 복원기술을 전문적으로 교육하는 곳이 따로 존재하지 않습니다. 자료원에서도 복원 팀원은 3년에 한 명 정도 채용하는 상황이고, 이들은 선배들로부터 도제식 교육을 받고 있습니다. 3년에 한 명 채용이라는 사실은 복원의 중요성에 대한 우리 사회의 인식이 얼마나 빈약한가를 말해줍니다. 인력을 확충하자면 예산이 필요한데 정부에서 이 부분을 적극적으로 지원하지 않는 것입니다. 이렇다 보니 민간 업체가 생겨날 리 만무합니다. '기록문화보관소'가 민간 업체로는 유일하게 이 작업을 하고 있습니다. 기록문화보관소의 박민철 대표는 이렇게 말합니다.

"복원을 기술로 인식해야 합니다. 필름 스캔 이후 (복원)공정은 영화 후반 작업과 거의 동일합니다. 리마스터링을 산업으로 지원하는 인도는 볼리우드(Bollywood·봄베이(Bombay)와 할리우드(Hollywood)의 합성어로 인도의 영화산업을 말한다) 작품을 넘어 할리우드 작품의 리마스터링을 도맡아 하고 있습니다. 우리나라의 우수한 후반 작업 인력이 리마스터링에 참여한다면 산업 규모가 확대될 수 있습니다."[78]

장비, 공간의 문제도 빈약한 수준입니다. 사실 디지털혁명은 아카이브 기관 입장에서는 '디지털딜레마'입니다. 디지털은 활용성에서는 축복인데 보존성에서는 재앙으로 여겨지고 있습니다. 필름은 필름캔에 넣어 적정한 온·습도하에서 200년 이상 손상 없이 보존이 가능하지만 디지털은 20년만 지나도 베드섹터(bad sector·물리적인 결함이 생겨 정보를 저장할 수 없게 되는 상태)가 발생해 화질에 문제가 발생합니다. 따라서 3~5년 주기로 데이터 무결성 여부를 확인해야 합니다. 새로운 저장 매체에 영화를 옮기는 매체 이전 작업도 꾸준히 진행해야 합니다. 기술은 계속 발전하고 디지털 환경은 자주 변화하기 때문입니다. 앞에서 든 예처럼 플로피디스크에 있는 정보는 USB와 외장하드라는 새로운 기기가 등장하면 그 기기로 옮겨져야 하는 것입니다.

데이터를 저장하는 데는 공간도 필요한데 데이터 보존공간은 스토리지 형태의 서버체제를 갖추기 때문에 데이터센터의 설립이 절실해지고 있습니다. 전 세계적으로 데이터센터가 화두가 되는 이유는 현실적 필요성에도 불구하고 이곳이 돈 먹는 하마[79]이기 때문입니다. 데이터센터가 전기와 열을 엄청나게 발생시킨다는 것은 이미 알려진 사실이고, 문제는 화재에 취약해[80] 일순간에 모든 자료를 잃을 가능성도 있다는 점입니다. 대비책은 대용량 디지털 영상데이터의 다중 백업밖에 없습니다. 현재 자료원에서는 스토리지 외에 LTO(Linear Tape-Open) 테이프로 이중보관해 삭제와 오류에 대비하고 있는데, 향후 아카이빙의 범위가 넓어지면 이 공간의 문제가 분명 큰 화두가 될 것입니다. 혹자는 디지털혁명 시대이니만큼 머지않아 영화의 개념이 더욱 확장하여 VR, AR 등 가상체험과 연결될 가능성도 있다고 말합니다. 그때의 아카이빙은 기계와 프로그램 등의 매체, 그리고 그 안의 콘텐츠 모두를 보존하는 차원이 될 것이기 때문에 현시점에서의 데이터센터 등의 인프라 확충 계획은 보다 광범위한 상상력이 요구될 수도 있습니다. 이미 할리우드에서는 마블영화나 <아바타> 같은 3D 영화 등 특수상영을 목적으로 만들어진 영화들을 보존하는 최적화된 방법에 대한 논의가 진행되고 있습니다. 곧 우리가 마주해야 할 일입니다.

한국영상자료원 관계자들은 '복원은 철학을 담아야 하는 작업'이고 '아카이빙은 사명'이라고 얘기합니다. 표준화된 복원 기준이나 전문성을 논할 수 없는 것은 각 나라가 자기들의 철학에 맞게 복원을 하고 있기 때문입니다. 아카이빙도 그렇습니다. 영국영화협회(BFI)는 영화뿐만 아니라 민간 영상물 아카이빙도 잘되어 있어 다양한 방식으로 온라인 서비스를 제공하고 있습니다. 아카이빙의 범주가 영화를 넘어서는 것은 영상기록물 보존이라는 철학과 시대적 흐름이 맞닿은 결과입니다. 아카이빙은 민간의 역할이라기보다 국가의 역할입니다. 한국영상자료원이 명실상부한 '국가영상기록보존센터'로서의 기능을 담당할 수 있도록 법과 제도를 정비하고 아낌없는 지원을 해야 합니다. 그것이 한류를 탄생시킨 문화강국의 위상을 유지하는 길입니다. 나아가 한국영상자료원이 아시아의 아카이빙 거점으로 거듭날 길이기도 할 것입니다.

영화의 새로운 가능성

영화의 새로운 가능성은 어쩌면 자료원의 무한한 가능성으로부터 시작한다고 볼 수 있습니다. 앞에서 영비법 제34조 제4항의 제6호를 다뤘다면 이번에는 제5호에 관한 내용으로 이 '가능성'을 한번 살펴보겠습니다. 제5호의 내용은 바로 '영상정보화 및 콘텐츠 활용 사업'입니다. 실제 '영상정보화 및 콘텐츠 활용 사업'은 현재도 다양하게 이루어지고 있습니다. 조준형 학예연구팀 차장은 인터뷰에서 재미있는 일화를 하나 소개했는데요. 언젠가 서울대 박사과정에서 논문을 쓰시는 건축학 전공자가 자료원에 도움을 요청한 적이 있다고 합니다. 도움의 내용은 '한국영화 속에 나오는 아파트'였습니다. 예를 들면 A영화에서는 서울의 어느 아파트가 나오고, B영화에서는 어느 시대의 어떤 아파트가 나오는지에 대한 정보가 필요했던 것입니다. 그

러나 당시에는 한 편의 완결된 작품으로 아카이빙이 이루어졌고 박
사과정 학생이 원하는 식의 쪼개진 정보를 바탕으로 한 데이터베이
스화는 이루어지지 않았던 시기여서 도움을 줄 수 없었다고 합니다.
그런데 이후 비슷한 문의가 많아지면서 자료원은 고민에 빠졌습니
다. 영화라는 매체가 하나의 작품으로서도 중요하지만 개별 장면들
이 갖는 기록적인 가치가 매우 크다는 점에서 자료원의 기능이 더욱
확장되어야 한다는 생각에 이르게 된 것입니다. 영상자료의 효용성
을 높이기 위해 모든 이미지 자료들을 기본값으로 해체하고 빅데이
터화해서 제공할 필요성이 생긴 것이지요.

2022년 8월에 열린 제천국제음악영화제에서는 특별한 상영전이
열렸습니다. '한국영화사는 음악영화사다'라는 제목의 프로젝트였
는데요. 한국영상자료원이 한국 음악영화 아카이빙을 통해 잊힌 한
국 음악영화를 발굴하여 동시대 관객에게 소개하고, 영화제는 음악
영화의 관점에서 한국영화사를 재기술하는 공동 프로젝트를 진행한
것입니다. 자료원이 복원한 영화는 남진의 음악영화 <고향무정>, <가
수왕>과 故 강문수 감독의 대표작 <작은 별> 등 총 3편이었습니다.
이 영화들은 '남진 특별전'과 '강문수 감독 추모상영'을 위한 영화들
이었는데 이렇게 특별한 주제, 기획에 맞게 자료원이 제공할 수 있는
영화들은 앞으로 더욱 많아질 겁니다.

자료원의 역할이 더욱 커지리라 기대하는 것은 VFX(Visual
Effects·시각특수효과)시장이 커지는 상황과도 연결됩니다. 현재 자
료원에서는 한국영화에서 사용된 어셋(asset)들을 수집하여 라이

브러리화하는 사업을 진행하고 있습니다. '어셋 라이브러리(Asset Library)'란 VFX에 쓰인 다양한 형태의 원 소스와 기술정보들을 모아 재활용이 가능하도록 보존하는 것을 말합니다. 한국적 특성을 가진 소스데이터를 수집해서 표준화 작업을 거친 후 향후 공공플랫폼을 통해 민간이 이를 공유·활용하도록 만드는 것까지를 목표로 합니다.[81] 예를 들어, 2023년 각 계절의 모습을 촬영해 아카이빙해 놓으면 이 시기와 특정 계절의 배경이 필요할 때 따로 CG작업을 하지 않아도 되는 것입니다. 키스신만 따로 저장돼 있으면 모션캡쳐 데이터를 사용할 때 유용할 것이고, 시대별로 모아놓은 부산 해운대의 모습은 각종 레퍼런스 이미지로 활용할 수 있습니다.

자료원에서 추진 중인 이 사업은 영상에 필요한 소스데이터의 분산 제작으로 인해 산업계의 중복투자가 예상되는 현실에서 공공 부문이 데이터 활용기반을 마련해 민간의 제작환경을 적극 지원하려는 취지로 시작되었습니다. 실제 버추얼 스튜디오 엑스온의 장원익 대표는 영화진흥위원회 지원사업을 통해서 자동차 창문의 배경 소스들을 전국을 다니며 촬영하고 있으며 지금까지 300군데 이상을 촬영해서 아카이빙을 해 놓았다고 한 인터뷰에서 밝힌 바 있는데요.[82] 이처럼 VP(Virtual Production) 회사들이 개별적으로 혹은 연합으로 어셋 라이브러리를 자체적으로 구축하는 상황에서 공공기관인 영상자료원이 공유플랫폼을 만들어 어셋 라이브러리의 정보를 제공하면 민간에서 들이는 비용과 시간이 절약되어 양질의 콘텐츠 제작환경이 조성될 것입니다. 이것은 K-콘텐츠의 경쟁력으로 이어지겠지요. 상상만으로도 어마어마한 가능성의 세계가 열리는 것 같습니다. 이 세계를 현재 한국영상자료원이 열어가고 있습니다.

깊이 읽기

VFX의 미래를
상상하다

2020년에 영화진흥위원회의 영화아카데미(KAFA)에서는 기술 파트(카파텍)의 과정을 늘리기 위해 VFX(Virtual Effects·시각효과), DI(Digital Intermediate·색 관리 등 교정작업), 사운드(Sound·음향) 등 세 가지 전공으로 교육생을 모집한 적이 있지만, 현재는 사운드 과정만 남아 있는 상태입니다. VFX와 DI는 모두 한국영상자료원의 업무입니다. 그러니까 두 과정의 교육은 영진위가 아닌 자료원에서 실시하는 게 합당하다고 생각합니다. 교육을 마친 사람들이 자연스럽게 자료원에 남거나 외부 업체로 취업해 자료원과 협업을 해나가면 좋을 것입니다. VFX와 연관된 VP는 요즘 한창 주가가 상승 중인 분야인데 잘 모르시는 분들을 위해 설명을 드리려고 합니다.

기술은 영화를 담는 그릇인가?

언젠가 촬영 분야에서 일하시는 분들과 대화를 나누다 재미있는 얘기를 들었습니다. 요즘 영화촬영은 배경을 현장에서 바로 만들고 지우는 게 가능하다는 것이었어요. 예를 들어, 감독이 "저 건물의 간 판이 없는 게 낫겠다"라고 하면 카메라에 지우개가 달린 것처럼 바로 간판을 없애고 촬영을 할 수 있다는 말입니다. 비브스튜디오스 김세 규 대표는 자연스러운 조명과 정교한 반사각 그리고 태양, 구름, 대 기 상태 등의 환경 변화까지 촬영 중에 실시간으로 수정·보완이 가 능하다고 하더군요.[83] 나중에 알고 보니 이런 작업은 버추얼 프로덕 션(Virtual Production, 이하 VP)을 가리키는 말이었습니다.

영화 작업은 간단하게 프리 프로덕션, 프로덕션, 포스트 프로덕션 의 3단계로 나뉘는데, CG나 VFX는 거의 포스트 프로덕션의 과정이 었습니다. 촬영이 끝나고 난 뒤 후반작업으로 하는 것입니다. 실제 촬 영이 이루어지는 프로덕션 단계에서 배우들은 촬영소나 로케이션 현 장 혹은 그린(또는 블루) 스크린 앞에서 연기를 했습니다. 그러니까 프 로덕션 과정에서 감독은 나중에 이루어질 CG나 VFX를 상상력으로 채워가면서 촬영을 진행해야 했지요. 감독이야 처음부터 머릿속에 미 장센이 다 들어있으니 배우보다는 조금 덜 힘들다고 말할 수 있을 것 같습니다. 텅 빈 그린(또는 블루) 스크린 앞에서 연기를 하는 배우들은 아무래도 몰입하기가 쉽지 않았을 것 같습니다. 그래서 전체 작업 길 이에서 실제 촬영 단계인 프로덕션에서 가장 많은 시간이 소요될 것이라 생각하기 쉽지만, CG나 VFX 작업 때문에 촬영 후인 포스트 프로덕션이 더 오래 걸리는 게 일반적이었습니다.

그런데 후반에 했던 작업들이 프리 프로덕션 단계로 옮겨진 이유가 바로 VP입니다. VP는 프리 프로덕션 단계에서 VFX로 구현되어야 하는 요소, 이를테면 배경, 효과, 크리처(Creature) 등 사전에 제작된 이미지를 LED Wall에 영사하고 LED Wall에 생긴 디지털 공간

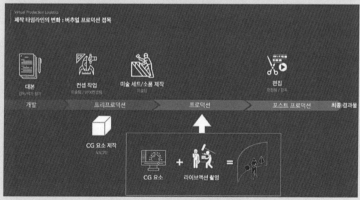

전통적인 제작방식(위)과 버추얼 프로덕션(아래)의 제작방식 비교[84]

안에서 배우들이 연기를 펼치는 제작방법입니다. 아무것도 없던 그린(또는 블루) 스크린이 아니라 디지털 이미지로 만들어진 가상의 세계 속에 배우가 들어와 있는 겁니다. 이렇게 LED Wall에 가상 화면을 실시간으로 띄워 현실과 가상공간을 연결시키는 것을 ICVFX(In-Camera VFX)라고 합니다.

미국 버추얼 프로덕션 협회(Virtual Production Committee)의 회장인 데이비드 모린은 VP를 좁은 의미로는 '현장에서의 실시간 컴퓨터그래픽(Real-time computer graphic on-set)'이고, 넓은 의미로는 '프로덕션에서의 실시간 상호작용(Real-time Interaction)을 중심으로 영화의 시작부터 최종 VFX에 이르기까지 디지털 세계를 창조해가는 프로세스를 아우르는 것'이라 정의했습니다.[85] VFX 기업 MOFAC의 문형욱 부장 역시 VP의 핵심 가치를 '실시간'과 '상호작용'으로 꼽으면서 기존의 CG기술에 VR(Virtual Reality·가상현실), AR(Augmented Reality·증강현실) 기술이 접목되고, 리얼타임 렌더링(Real-time Rendering) 플랫폼으로서 게임엔진이 활약하는 시간 동안 감독과 스태프들이 현장에서 만들어내려고 하는 장면을 함께 창조하는 작업이 VP라고 말합니다. 그러니까 현재 구동할 수 있는 모든 기술이 총동원된 형태가 바로 VP입니다.

아직 보편화한 제작방식은 아니지만 무한한 가능성을 지닌 기술인 데다 촬영 시간과 제작비용이 절약되니 곧 영상 제작현장에서 VP가 일반적으로 상용될 것으로 전망됩니다. 지금 시점에서는 다행이라고 말할 수 있을지 모르겠지만 이 기술의 필요성과 가능성을 더 빨

삼성전자 모델이 마이크로 LED 디스플레이 '더 월'이 설치된 'CJ ENM 버추얼 프로덕션 스테이지'에서 콘텐츠 촬영을 진행하고 있다.

리 확인한 것은 코로나19 때문입니다. 이동이 불가하고 섭외가 어려운 장소를 그래픽과 이미지로 대체할 수 있었으니까요. 실제 국내 최초로 버추얼 스튜디오에서 촬영한 작품인 <고요의 바다>는 팬데믹이 한창인 2021년에, 영화 <1899>는 2022년에 제작되었는데, <고요의 바다>에서는 달에서의 장면을, <1899>에서는 배 위나 들판에서의 장면을 VP로 진행했다고 합니다. 특히 유럽 최대 버추얼 스튜디오인 독일의 Dark Bay에서 완성한 영화 <1899>는 유럽 전역과 아시아를 배경으로 한 작품인데 이동이 자유롭지 못했던 팬데믹 시기에 촬영을 해야 했으니 VP 제작방식과 완전 맞춤형이었지요. 대서양 위를 항해하는 증기선에서의 장면들을 안전하게 촬영할 수 있었고, 다양한 배경이 등장하는 과거 회상 장면에서도 로케이션이 아닌 스튜디오 안에서 촬영을 할 수 있어 이동 시간과 비용을 줄일 수 있었습니다.[86] 많은 엑스트라가 배경으로 필요한 장면에서는 LED Wall에 미리 촬영한 엑스트라들을 띄워놓고 촬영함으로써 현장에서 최소한의

출처: 넷플릭스 코리아 유튜브 캡처 화면

넷플릭스 영화 <고요의 바다>는 VP로 달 지면과 우주 배경을 표현했다.

출처: DARK BAY 홈페이지

넷플릭스 영화 <1899>는 유럽 최대의 버추얼 프로덕션인 독일의 DARK BAY에서 촬영했다. 배경인 대서양이 LED Wall에 영사되어 있다.

인원으로 효율적인 촬영을 할 수 있었고요.[87]

프리 프로덕션에서의 '사전시각화(Pre-Visualization)' 과정을 애니메이션으로 통칭할 수 있는데 혹자는 미래의 영화가 애니메이션으로 수렴될 것이라고 말하기도 합니다. 그것은 VP의 미래가 그만큼 기대된다는 의미이기도 하지요. 지금까지는 상상력으로 채워 넣어야 했던 이야기들이 기술의 발전으로 더 실감 나고 풍부하게 눈앞에 펼쳐질 수 있게 됐습니다. 제임스 카메론 감독의 말처럼 기술은 '스토리텔링의 도구', 즉 시각적 언어입니다. 이런 이유로 기술은 단순히 콘텐츠를 담는 그릇이 아니라 콘텐츠의 일부인 동시에 콘텐츠 그 자체가 되었다고 말하는 것입니다.

기술과 한국영상자료원

넷플릭스는 한국의 오리지널 콘텐츠의 장기적인 제작 기반을 다지기 위해 2021년 'YCDSMC 스튜디오 139' 그리고 '삼성스튜디오'와 장기간 임대계약을 체결한 바 있습니다. 선제적으로 버추얼 프로덕션 구축 기술력을 확보하고 국내에 제작라인을 만들고 있다는 분석이 나오고 있습니다. 2022년엔 고용노동부와 한국전파진흥협회의 '디지털 선도기업 아카데미' 사업 협력 기업으로 넷플릭스가 선정되면서 특수시각효과(VFX) 아티스트 양성과 협력사 채용을 하는 교육 프로그램을 진행하고 있습니다. 또 국내 창작자들을 대상으로 최신 영상 제작 기술을 공유하는 '넷플릭스 버추얼 프로덕션 오픈하우스'를 개최하기도 했습니다. 아마존도 최근 '아마존프라임 스튜디오'를 오픈했는데, 앞으로 글로벌 미디어 플랫폼들의 버추얼 스튜디오 개관이 줄을 이을 것으로 보입니다.

국내에서는 메타버스 기업 브이에이코퍼레이션(VAC)이 경기도 파주에 버추얼 스튜디오를 조성하고 있는데 이곳이 완성되면 아시아 최대 규모의 스튜디오가 될 것이라고 합니다. 이미 2021년에 VAC는 경기도 하남에 총 1만 1,265㎡ 규모의 스튜디오 단지를 조성한 바 있고요. 브이에이코퍼레이션 외에도 엑스온, 비브 스튜디오스, 자이언트 스텝, 덱스터 스튜디오, CJ ENM, SK텔레콤 등 총 7개 업체의 버추얼 스튜디오가 운영 중입니다.[88]

버추얼 프로덕션은 영화, 시리즈뿐만 아니라 뮤직비디오나 광고, 공연, 예능 등에서도 널리 사용되고 있습니다. <놀면 뭐하니?>의 WSG워너비 뮤직비디오 전체와 피파 오피셜 라이센스드 프로덕트 CF 전체, <차이나는 K-클라스>라는 예능에서 고대 한국의 문화유산을 재현할 때에도 버추얼 프로덕션이 사용되었습니다.[89] 다양한 영상물에서 무한한 창조적 작업이 가능하다는 사례들입니다. 이런 이유로 문화체육관광부에서는 실감콘텐츠 시장규모가 기하급수적으로 성장할 것으로 예상하고 있습니다. 이미 2020년과 2022년 사이 2년 만에 5배의 성장을 예측한 바 있습니다. 또한 글로벌 시장 조사회사 '그랜드 뷰 리서치(Grand View Research)'의 (아시아태평양지역)버추얼 프로덕션 시장 성장조사에 따르면 실감콘텐츠 시장규모가 2020년 4억 달러에서 2022년 39.5억 달러로 약 10배 증가할 것이라 추산한

적도 있습니다.[90]

해외에서는 이 분야의 인재를 양성하기 위해 다양한 교육프로그램을 실시하고 있습니다. 당연한 일입니다. 급성장이 내다보이는 신산업이지만 아직 어디에도 인력이 넘쳐나는 곳은 없습니다. 특히 이 분야는 전문성이 전제되어야 하는 분야인 만큼 교육 분야에 국가의 전폭적인 지원이 요청되고 있습니다. 해외에서는 2~3년 전부터 대학 및 각종 영화 관련 기관에서 버추얼 프로덕션 운영인력 교육프로그램을 학위 및 비학위 과정으로 운영하기 시작했습니다. 대표적 사례로는 뉴욕대학교 탠던 공과대학의 가상제작트랙, 뉴욕대학교 티시예술대학의 버추얼 프로덕션 개론, 로체스터 공과대학의 버추얼 스튜디오 교육 과정, 영국국립영화학교의 버추얼 프로덕션 전문가 교육 과정, 파이널 픽셀 아카데미의 버추얼 프로덕션 교육프로그램, 호주 플린더스 대학의 버추얼 프로덕션 석사과정 등이 있습니다. 그런데 국내에는 버추얼 프로덕션 전문가 교육을 운영하는 대학과 기관이 전무합니다.

다시 한번 국가의 역할을 강조해야겠습니다. 국가의 주 임무는 '인프라 구축'과 '교육'입니다. 사설 VP 스튜디오가 7곳이 있다고 했지만 국내의 스튜디오 규모는 할리우드의 그곳과는 다릅니다. 엑스온 장원익 대표는 국내의 LED 스튜디오는 중소급으로 지을 수밖에 없는데 할리우드처럼 대형 규모로는 수지타산과 효율성이 떨어지기 때문이라고 말합니다.[91] 운용인력이 부족한 상황에서 하드웨어만 키울 수 없기 때문입니다. 그럼에도 향후 버추얼 프로덕션이 미래산업으로

급증하는 국내 실감형 콘텐츠 시장

(단위: 조 원)

2.8
2020년

11.7
(예상치)
2022년

자료: 문화체육관광부

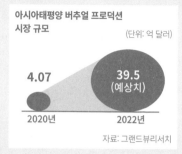

아시아태평양 버추얼 프로덕션
시장 규모

(단위: 억 달러)

4.07
2020년

39.5
(예상치)
2022년

자료: 그랜드뷰리서치

서 기능하기 위해서는 대형 스튜디오가 없어서는 안 될 것입니다. 영화계에서는 부산에 새로 건립할 종합촬영소 내 버추얼 스튜디오 구축이 반드시 필요하다고 말합니다. 이러한 업계의 요청이 현실에 적극적으로 반영되어야 할 것입니다.

교육 분야도 마찬가지입니다. 덱스터 관계자는 "스튜디오 자체가 진입장벽이 높다. 하지만 오히려 가장 어려운 건 구축이 아니라 '운영'과 '교육'이다"라고 말할 정도입니다.[92] CJ ENM 관계자는 "(산업계가) 새로운 것을 받아들이는 자세와 용기도 함께 되어야 하겠지만, (국가에서) 도전할 수 있는 용기를 주는 제도와 지원들이 함께 되어야 콘텐츠 시장 내 버추얼 프로덕션이 빠르고 안정적으로 자리잡을 수 있지 않을까 생각된다"[93]라고 했는데 당연한 요구라고 생각합니다. 앞서 말한 대로 직접적인 업무 연관성이 있는 한국영상자료원이 VP의 주 업무기관이 되는 것이 바람직해 보입니다. 당장 인력수급을 위한 '교육'이 시급합니다. 실력 있는 인재들이 곧 산업경쟁력이기 때문입니다. 정책당국의 현실적 논의가 하루빨리 이루어져야 할 것입니다.

5장

영화가 만들어 주는 축제

영화제 수상작은 재미가 없다?

잘 아시다시피 세계 3대 국제영화제는 칸, 베를린, 베니스영화제입니다. 세계 최초는 베니스영화제이지만 명성은 칸이 가장 높습니다. 매년 영화제 수상작들이 발표되면 그 영화들을 소개하며 추천하는 일이 많은데, 그럴 때마다 제가 듣는 질문들이 있습니다.

"영화가 너무 어려운데요?"

"상을 탄 영화들은 왜 재미가 없나요?"

돌이켜보니 저도 언젠가 한 번쯤은 생각해봤던 질문들이었습니다. '왜 영화제에서 상을 탄 영화들은 작가주의가 강할까?' 하고 말입니다. 재미는 둘째치고라도 감독이 무슨 말을 하고 싶은 것인지 바로 전달이 되지 않는 작품들을 볼 때면 저 역시 답답함이 생겼습니다. 소위 '영화제용 영화'가 정말 따로 있는 것인지 대중들만큼 저도 의 구심을 가졌지요. 오래전 얘기지만 제가 드라마 작가 교육생일 때 선생님들이 "예술 하고 싶으면 드라마 대본이 아니라 영화 시나리오를 써!"라고 말씀하신 이유가 이해될 때도 있었습니다.

우리들의 궁금증은 유럽영화제의 탄생배경을 살펴보면 이해하기가 쉽습니다. 세계 3대 영화제와 함께 우리가 주목하는 시상식이 바로 미국의 아카데미 시상식입니다. 1929년 5월 16일에 처음 열린 이 시상식은 영화 관련 시상식 중 가장 유명하고 권위 있는 시상식입니다. 미국 할리우드의 영향력이 그만큼 크기 때문입니다. 소수의 심사위원에 의해 시상하는 유럽영화제와 달리 아카데미는 미국 영화 예술 과학 아카데미(Academy of Motion Picture Arts and Science·AMPAS)의 회원들이 수여하는 상으로 AMPAS 회원은 영화 제작에 직접 참여하는 사람들만을 대상으로 합니다. 백인, 남성, 50대 이상의 회원 비중이 높은 데다 그동안 상업적 성격이 짙은 할리우드 영화들의 수상이 많아 편향성 논란이 뜨거웠습니다. 그래서 봉준호 감독이 아카데미를 두고 '로컬(지역적인) 영화제'라고 에둘러 비판하기도 했지요.

베니스영화제는 아카데미보다 3년 늦은 1932년에 처음으로 개최되었는데, 이것을 영화제의 최초라 부르는 이유는 아카데미가 영화제가 아닌 '시상식'이기 때문입니다. 이탈리아의 독재자 무솔리니는 프로파간다 목적으로 영화를 이용했습니다. 1934년부터 1942년까지는 최고상이 '황금사자상'이 아닌 '무솔리니상'이었습니다. 영화는 호소력과 파괴력을 갖고 있기 때문에 정치적 목적으로 가장 많이

| 베니스 황금사자상 | 베를린 황금곰상 | 칸 황금종려상 |

이용된 매체이지요. 반파시스트들은 정치적 선전도구가 된 영화제에 불참함으로써 권력에 대항했습니다. 베니스영화제가 정치적으로 의미 있는 영화들을 지지하는 정체성을 갖게 된 배경입니다. 이후 인도, 일본 등의 영화와 감독들을 발굴하고 작가영화, 전위영화, 실험영화 등 예술영화를 위한 장(場)으로서의 역할을 이어가고 있습니다.

유럽영화제가 예술영화를 중시하는 전통이 생긴 것을 오석근 전 부산국제영화제 마켓운영위원장은 이렇게 해석합니다.

"위대한 영화는 다 공산국가에서 나왔습니다. 히틀러 독재 시기에 독일영화가 꽃을 피웠고, 이탈리아 역시 무솔리니 때 네오리얼리즘이 나왔습니다. 자국이 모든 표현의 자유를 억누르면 영화인들은 권력의 눈을 피해 '비약'하고 '생략'하는 방법을 찾아냅니다. 우리나라의 영화 <아리랑>이 신화로 남아있는 것은 일본에 의해 민초들이 고통받을 때 그것을 '은유'하고 '생략'하면서 보여주는 것들이 예술로 승화되었기 때문입니다."

오 전 위원장의 해석대로라면 1, 2차 세계대전을 거치며 유럽영화들이 은유, 비약, 생략을 통한 예술적 표현으로 메시지를 전달해 오던 전통을 유럽영화제들이 계승하고 있다고 볼 수 있습니다. 상업성이 아닌 사회적 가치를 지니는 작품들을 발굴해서 관객들에게 보여주고 지원하는 역할을 영화제가 담당하고 있다는 것입니다. 이런 관점에서는 왜 영화제 수상작들이 오락성보다 예술성이 짙은지 이해가 됩니다.

다른 예술 장르에 빗대어 설명하는 이용관 전 부산국제영화제 이사장의 해석도 논지는 같습니다. 노벨문학상을 받은 작품들이 모두 재미와 직결된 것은 아니며 대중소설, 베스트셀러가 문학의 전부가 아닌 것처럼 영화의 스펙트럼도 넓게 봐야 한다는 것이지요. 셰익스피어, 괴테의 글들이 어려워도 읽는 이유, 고흐와 피카소의 그림을 이해하지 못해도 봐야 하는 이유는 결국 그 작품들이 가지는 가치 때문이라는 얘기입니다. 그런 맥락으로 영화제의 가치는 상업성, 대중성, 오락성과 멀어도 작품성이 뛰어난 영화들을 소개하는 데에 있는 것입니다. 그렇다고 해서 아카데미의 가치를 낮게 평가하는 것도 아닙니다. 넓은 관점에서 보면 아카데미의 성격을 갖는 시상식도 필요합니다. 이 전 위원장은 아카데미에서의 수상은 작품성에 흥행성까지 있다는 걸 인정받는 것으로 해석할 수 있다고 말합니다. 아카데미에서도 통한다는 건 그 작품의 보편성에 대한 인정이라는 의미입니다. 그런 점에서 <기생충>이 유럽과 미국을 동시에 석권한 일은 세계영화사에 길이 남을 위대한 사건이었습니다.

감독들이 영화제에 목을 매는 이유

만약 여러분이 영화감독을 꿈꾸는 사람이라면 여러분에게 가장 중요한 것은 무엇일까요? 시쳇말로 흥행대박으로 돈방석에 앉는 것? 유명해지는 것? 각종 영화제에서 상을 휩쓰는 것? 물론 이런 것들도 영화감독이 되어 누릴 수 있는 소중한 결과들일 것입니다. 하지만 그동안 제가 만나온 많은 창작자의 대답은 바로 이것이었습니다. 계속해서 영화를 찍는 것!

영화제에서의 수상은 감독으로서 자기의 작품세계를 인정받았다는 뜻입니다. 흥행은 관객의 몫이지만 흥행이 작품성과 반드시 비례하는 것은 아닙니다. 수상을 했다는 의미는 그 영화가 하나의 온전한 작품으로 가치를 가지고 있다는 공인(共認)이므로 흥행과는 별개의 평가라고도 볼 수 있습니다. 따라서 현재 한국영화가 갖는 위상은 그동안 많은 감독의 해외영화제 수상 성적들이 만들어낸 결실이라고 할 것입니다. 한국이 수준 높은 영화를 생산하는 나라라는 데 대해서는 이미 광범위한 국제적 공감대가 형성돼 있습니다.[94]

구체적으로 나열을 해볼까요. 세계 3대 영화제에서의 수상은 베를린영화제에서 강대진 감독의 <마부>(1961)가 은곰상을 수상한 것으로 시작되었습니다. 한국영화사상 첫 수상이었습니다. 이후 이두용 감독의 <피막>(1980)이 제38회 베니스영화제 특별부문상을 수상했습니다. 한국영화의 침체기로 기록되는 80~90년대를 지나 21세기가 시작되면서부터 한국영화는 '제2의 르네상스'를 맞이하게 됩니다. 임권택 감독의 <취화선>(2002)이 제55회 칸영화제 감독상을 수상하는 것을 시작으로 2005년 제55회 베를린영화제에서는 명예황금곰상을 수상합니다. 홍상수 감독은 <도망친 여자>(2020)로 제70회 베를린영화제에서 은곰상 감독상을, <인트로덕션>(2021)으로 제71회 베를린영화제에서 은곰상 각본상을, <소설가의 영화>(2022)로 제72회 베를린영화제 은곰상 심사위원 대상을 차지합니다. 이 정도면 홍상수 감독은 베를린이 사랑하는 감독이라 해도 무방해 보입니다. 이창동 감독은 <오아시스>(2002)로 제59회 베니스영화제 감독상을, <시>(2010)로 제63회 칸영화제 각본상을 수상합니다. 박찬욱 감독은 <올드보이>(2003)로 제57회 칸영화제에서 심사위원 대상을, <박쥐>(2009)로 역시 칸영화제 심사위원상을, <아가씨>(2016)로 칸영화제 벌칸상(기술상)을, <헤어질 결심>(2022)으로 칸영화제 감독상을 품에 안습니다. 홍상수가 베를린을 대표한다면 박찬욱은 칸의 사랑을 한 몸에 받는 감독입니다. 작고한 김기덕 감독은 <사마리아>(2004)로 제54회 베를린영화제 은곰상 감독상과 <피에타>(2012)로 제69회 베니스영화제에서 황금사자상을 거머쥐었습니다. 그리고 마침내 봉준호 감독이 <기생충>(2019)으로 제72회 칸영화제에서 한국영화 사상 최초로 황금종려상을, 2020년 제92회 아카데미 시상식에서 최우수 작품상, 감독상, 각본상, 그리고 국제장편영화상 등 4관왕을 차지함으로써 K-무비 수준을 전 세계에 또렷하게 각인시켰습니다.

감독들의 영광만이 전부는 아니었습니다. 배우들의 수상실적도 대단했지요. 임권택 감독의 <씨받이>(1986)로 제44회 베니스영화제에서 강수연 배우가 여우주연상을 수상한 이후 2002년 문소리 배우가 <오아시스>로 제59회 베니스영화제에서 신인배우상을, 2007년 전도연 배우가 <밀양>으로 제60회 칸영화제에서 여우주연상을, 2017년 김민희 배우가 <밤의 해변에서 혼자>로 제67회 베를린영화제에서 은곰상여우주연상을, 이어 2021년 제93회 아카데미에서 윤여정 배우가 <미나리>로 여우조연상을 수상했습니다. 마지막으로 2022년 제75회 칸영화제에서 송강호 배우가 <브로커>로 남우주연상을 받아 한국영화의 체면을 한껏 높였습니다.

물론 영화제의 수상만으로 한국영화의 위상이 세계 최고라고 말하기는 어렵습니다. 앞서 얘기한 대로 이 자랑스러운 행보가 바로 흥행과 직결되는 것은 아니기 때문입니다. 문화의 힘은 '침투력'에 있습니다. 사람들에게 스미는 힘입니다. 전문가들이 인정하고 씨네필들이 좋아하는 것만으로는 그 엄청난 작품성에도 불구하고 전 세계인의 마음을 사로잡는 데 부족함이 있습니다. K-팝이나 K-드라마와 비교해 보면 그 차이가 확연합니다. 우리가 봉준호, 박찬욱 감독을 대단하다고 말하는 이유는 그들의 영화가 작가주의와 대중성을 전부 갖고 있기 때문입니다. 한국을 넘어 글로벌한 인기를 끌 만한 확장성도 갖고 있습니다. 그렇다고 그들의 영화가 개봉되는 즉시 천만 영화로 이어지지는 않습니다. 박찬욱 감독의 <헤어질 결심>도 간신히 손익분기점을 넘겼습니다.[95]

2022년 <듄>으로 제20회 '디렉터스컷 어워즈'에서 올해의 국제영화감독상을 수상한 드니 빌뇌브 감독은 수상소감을 말하면서 이번 수상이 자신에게 엄청난 영광이며 인생의 가장 명예로운 순간이라고 감격스러워했습니다. 디렉터스컷 어워즈는 한국영화감독조합에서 주최하며 영화 현장에서 활동하는 감독들이 직접 투표를 통해 올해의 감독과 배우를 선정하는 영화 시상식입니다. 그는 이 시상식을 '전 세계에서 단연코 최고의 영감을 주며 영향력 있는 필름 메이커 커뮤니티'로 규정하기도 했습니다. <그을린 사랑>, <시카리오: 암살자의 도시>, <컨택트>, <블레이드 러너 2049> 등으로 이미 세계적 명성을 가진 빌뇌브 감독이지만, 할리우드 시스템에서 감독으로서 인정을 받을 기회가 드물기에 그로서는 이번 수상이 남달랐던 것입니다. 할리우드 시스템에서는 제작의 무게중심이 스튜디오에 쏠려 있어 최종편집권과 같은 중요한 권한이 감독에게 없습니다. 그러니 흥행을 보증하는 할리우드 감독조차도 영화제에서의 수상은 남다를 수밖에 없겠지요.

모든 창작세계가 다 그렇겠지만 영화도 누가 시켜서 하는 게 아니라 본인이 좋아서 하는 것입니다. 그럼에도 그것은 쉬운 일이 아닙니다. 실질개봉작[96] 기준으로 한 해 평균 185편[97] 정도가 스크린에 걸리는데 편당 평균 총제작비는 12억 원입니다. 독립·예술 영화들은 편당 평균 총제작비가 3억 원 정도이고요.[98] 순제작비가 30억 원 이상인 경우를 상업영화로 분류하는데, 가장 성적이 좋았던 2019년을 떠올려보면 흥행이 얼마나 어려운지 짐작할 수 있습니다. 그해 상업영화는 총 45편이고 편당 평균 총제작비는 100억 원, 순제작비는 76.5억 원이었습니다.[99] 천만 관객 영화는 5편[100]이 나왔습니다. 한 해에 천만 관객 영화가 5편이 탄생한 것은 2019년이 처음이었고, 그 중 한국영화는 2편이었습니다. 2019년 한국 상업영화의 평균 수익률은 10.9%였습니다. 물론 영화산업은 대규모 자본이 들어가는 만큼 '대박'을 칠 경우 큰 수익을 올릴 수 있는 산업입니다. 하지만 소수의 작품을 제외하면 대부분은 흥행성의 기준에서 벗어나 있는 경우가 많습니다. 텐트폴 영화의 경우 손익분기점을 넘었는지의 여부가 늘 초미의 관심거리가 되는 이유입니다.

상황이 이렇다 보니 권위 있는 단체나 기관으로부터의 인정은 매우 중요합니다. 다음 작품을 이어나갈 수 있는 힘을 얻는 유일한 통로입니다. 특히 유럽의 영화제들은 감독이 스스로 최종 컷을 결정할 수 있는 권한을 갖고 만든 영화들을 초청하고 그 영화들을 인정해줌으로써 감독을 예술가로 자리매김해줍니다. '당신의 영화가 세상에 좋은 영향을 준다'는 자부심을 갖게 하고 용기를 내게 합니다. 그것은 계속해서 자신의 목소리를 낼 수 있게 하는 원동력이 됩니다. 장 뤽 고다르, 페데리코 펠리니, 켄 로치, 마틴 스콜세지, 빔 벤더스, 난니 모레티, 다르덴 형제, 코엔 형제, 천카이거, 로만 폴란스키, 구스 반 산트 등의 거장이 될 수 있는 꿈을 꾸게 합니다.

아카데미와 비교해 유럽영화제를 비교우위에 놓으려는 것이 아닙니다. 할리우드가 상업영화 중심이고 아카데미가 자본을 바탕으로 한 캠페인 능력에 달려있다는 것은 주지의 사실이지만 영화는 예술인 동시에 산업이기도 합니다. '영화제는 국력에 비례한다'는 말이 그래서 생겨난 것입니다. 미국의 아카데미가 세계에서 가장 큰 시장으로 영향력을 발휘한다는 사실을 인정한다면, 아카데미에서 인정받는 일 역시 유럽영화제에서의 수상 못지 않게 모든 감독의 꿈이 아닐까요? 보수적이고 폐쇄적이라는 비판을 듣던 아카데미가 아시아와 유색인종을 향해 개방성과 다양성을 보이려고 변화를 시도하는 만큼 이제 한국영화는 유럽과 북미 모두를 무대로 삼을 수 있게 됐습니다. 아카데미의 변화가 <기생충>으로부터 시작되었다는 게 정말 자랑스럽습니다. 영화제뿐만 아니라 넷플릭스라는 새로운 플랫폼으로 황동혁 감독의 <오징어 게임>이 에미상 6관왕을 차지하며 미국 시장을 휘어잡았으니 앞으로 한국영화의 해외 영화제 수상 소식은 더욱 풍성해질 것이라 기대합니다.

지원하되 간섭하지 않는다

우리나라 영화제를 떠올리면 바로 부산국제영화제(이하 부산영화제)가 떠오르실 겁니다. 1996년 출범한 후 벌써 27번째 영화제를 치렀습니다. 부산영화제 이외에도 전주국제영화제, 부천국제판타스틱

출처: 부산국제영화제 제공

1996년에 개최한 첫 부산국제영화제

영화제 등이 생각나실 텐데 이런 굵직한 영화제를 포함해 현재 개최하고 있는 영화제는 70개가 넘습니다.[101] 이렇게나 많은 영화제가 열리고 있는지 사실 저도 몰랐습니다. 우리 국민의 영화에 대한 사랑이 생각했던 것보다 훨씬 큰 것 같습니다.

여기에는 지자체마다 경쟁적으로 영화제를 만드는 상황이 한 몫을 차지하기도 합니다. 그러다 보니 지자체장이 바뀌면서 영화제가 폐지되는 일도 종종 일어납니다. 영화제 예산 중 절반에 가까운 비용을 지자체가 지원하면서 영화제의 존폐가 지자체장의 성향이나 정치적 논리에 의해 좌우되는 일이 생기는 것입니다. 강릉국제영화제의 폐지가 대표적입니다. 지난 2022년 지방선거에서 당선된 김홍규 강릉시장은 영화제의 수익성이 낮다는 이유로 영화제 폐지를 결정하고 예산을 회수했습니다. 영화인들과 사전에 합의된 바 없는 일방적인 조치에 4번째 영화제를 기다리던 영화인들과 시민들은 크게 낙담했습니다. 특히 2022년 영화제에는 국제영화제 사상 처음으로 칸·베를린·베니스 등 3대 국제영화제 집행위원장들이 모두 참석할 예정이었는데, 국제사회와의 약속을 어기게 돼 한국영화계의 체면을 구겼습니다.

사실 이런 일이 처음은 아닙니다. 한국영화계는 2014년 부산영화제에서 세월호 참사를 다룬 다큐멘터리 <다이빙벨>을 초청해 상영했다는 이유로 크나큰 상처를 입은 바 있습니다. 당시 집행위원장이었던 이용관은 부산시의 상영 중단 요구에도 불구하고 상영을 강행했고 이로 인해 부산영화제에 대한 정치권의 전방위적 압박이 시작되었습니다. 집행위의 어려움은 두 가지 측면에 기인했습니다. 하나는 당시 조직위원회의 구조, 또 하나는 예산지원 주체입니다. 당시 조직위원회는 서병수 부산시장이 조직위원장을 맡고 부산시 고위공무원들이 부산영화제의 당연직 임원으로서 주요 의결권을 갖는 구조였습니다. 게다가 영화제의 총예산 120억 원의 절반인 60억 정도를 부산시가 지원하다 보니 집행위가 부산시로부터 온전히 자유로울 수 없었습니다.

2014년 말 부산시는 조직위 감사를 실시했고, 집행위의 방만한 재정운영을 문제 삼아 이용관 집행위원장의 사퇴를 종용하는 동시에 이 위원장을 포함한 집행위의 주요인물 4명을 업무상 횡령혐의로 검찰에 고발했습니다. 재정적으로도 압박을 가했습니다. 2015년 영화

<다이빙벨> 포스터

진흥위원회가 부산영화제의 예산을 이전 해의 14억 6,000만 원에서 8억 원으로 대폭 삭감한 것입니다. 이는 부산영화제 개최를 노골적으로 방해하겠다는 의도여서 영화인들의 분노를 키웠습니다.

2016년 4월 '부산국제영화제 지키기 범영화인 비대위'는 이용관 위원장의 해촉과 정부의 정치적 개입에 반대하며 21회 부국제 보이콧을 선언했습니다. 이 결정에 국내 영화인들은 물론 전 세계의 지지 선언이 이어졌습니다. 특히 로테르담국제영화제와 베를린국제영화제 집행위원장은 부산국제영화제의 독립성 지지를 적극 표명했습니다. 안팎으로 여론이 악화하자 부산시는 부산시장을 조직위원장 당연직에서 제외하도록 정관을 개정하고, 이후 김동호 이사장과 강수연 집행위원장의 체제가 구성되어 가까스로 영화제가 개최되었습니다. 하지만 영화인들의 분열은 해소될 기미 없이 지속되었는데요. 결국 2018년 부산영화제 임시총회에서 이용관 전 위원장이 이사장으로 선임되면서 영화제를 보이콧하던 영화단체들이 보이콧을 철회하고 부산영화제는 재도약을 준비하게 되었습니다.

문제는 이 과정에서 드러난 '영화계 블랙리스트'의 실체였습니다. 2017년 박영수 특검팀에 의해 박근혜 정부의 문화예술계 블랙리스트 작성 의혹이 사실로 드러났던 것을 기억하실 겁니다. 이용관 전 집행위원장은 이명박, 박근혜정권이 자행한 블랙리스트 사건의 최대 피해자 중 한 명이었습니다. 당시 김희범 전 문화체육관광부 차관의 문건을 통해 박근혜정권의 청와대와 문화체육관광부 등 정부가 서병수 부산시장에게 이 전 집행위원장에 대한 인사조치를 요구했고, 서

시장이 이에 협조하겠다는 뜻을 청와대에 전달했다는 정황이 사실로 드러난 바 있습니다.[102] 영화제에 대한 예산삭감 역시 당시 김기춘 대통령 비서실장의 지시에 의해 이루어진 것임이 밝혀졌습니다.

부산영화제가 지금까지 명맥을 이어오며 세계적인 영화제로 우뚝 설 수 있게 된 것은 정치권이 중립성을 깨트리고 문화계에 개입과 간섭, 차별과 압박을 행한 데 대해 끝까지 저항함으로써 '지원하되 간섭하지 않는다'는 대원칙을 정치권에 각인시킨 결과입니다. 이 일이 벌써 10여 년 전에 발생했던 일인데, 당시에도 권력에 의한 문화계의 탄

해외 영화인들이 비프를 응원, 지지하는 모습

압이 일어날 수 있다는 사실이 믿기지 않았습니다. 군부독재 시절에 나 있을 법한 일을 현실로 마주한다는 게 실감 나지 않았던 것이지요. 그런데 최근의 강릉영화제 폐지 사태를 보면서 문화를 대하는 권력의 민낯을 또다시 경험하는 느낌이 듭니다. 영화는 근본적으로 정치적 시각을 갖습니다. 어떤 형태로든 현실을 담아낼 수밖에 없어서 그렇습니다. 이것은 예술의 정상적이고도 긍정적인 기능이지만 그런 기능으로 인해 매우 조심스럽게 다뤄야 하는 매체가 또한 영화입니다. 한국영화 특유의 이러한 '리얼리즘'이야말로 세계가 한국영화를 인정하고 사랑하는 요인이기도 합니다. 부디 영화계가 정치논리와 경제논리 양쪽으로부터 자유로울 수 있도록 영화계와 정치권이 함께 길을 찾아야 할 것입니다. 한국영화의 높아진 위상은 전 세계의 시선이 우리에게 향해 있다는 사실과 같은 의미라는 점을 명심해야 합니다.

부산국제영화제의 의미

지자체들이 앞다퉈 영화제를 개최하는 현상에 대해 영화계에서도 한번 되짚어봐야 할 문제가 있습니다. 과연 그 영화제들이 제각각의 뚜렷한 정체성과 차별성을 갖고 있는가 하는 점입니다. 좋은 영화를 초청해서 상영하고 유명인들이 레드카펫을 밟으면 저절로 지역축제가 되고 지역경제가 활성화될 것이라는 도식적 사고방식은 오산입니다. '전주국립영화제는 대안영화와 독립영화를 지원·육성하겠다, 부천국제판타스틱영화제는 장르영화제로서 애니메이션을 발전시키겠다, 제천국제음악영화제는 국내 최초로 영화와 음악을 동시에 즐길 수 있도록 하겠다'는 등 자기만의 콘셉트와 지향점이 있습니다. 이 영화제들이 국내외에서 인기를 끌게 된 건 오랜 기간 지자체와 영화제가 함께 그러한 정체성을 지켜온 의지와 노력 덕분이었습니다.

부산국제영화제의 정체성은 '아시아영화'입니다. 변방의 아시아영화를 모아 세계 관객들과 만나게 하는 허브로서 역할을 하겠다는 것입니다. '아시아영화의 심장'이라는 슬로건으로 1996년 제1회 영화제를 개최한 이후 지금까지 한국을 포함한 아시아영화의 세계 진출 교두보라는 위치를 선점해 오면서 이제는 세계가 주목하는 국제영화제로 인정받고 있습니다.

우리나라를 제외하고 아시아에 표현의 자유가 보장된 나라는 없습니다. 일본의 경우만 해도 '제작위원회'에서 상업검열을 합니다. 철저히 자본의 구조에서 소위 '될 영화'에만 투자를 하는 것입니다. 수입의 50%를 극장이 갖고 남은 50% 중 10%가 배급사, 40%가 제작위원회로 넘어가는 구조도 큰 문제입니다. 감독과 배우, 스태프 등 제작진에게 정당한 이익이 배분되지 않습니다. 이런 구조가 일본의 거장 고레에다 히로카즈 감독마저 일본에서 더 이상 제작을 못 하고 한국의 배우, 스태프와 작업을 하게 만든 배경입니다. 아시아의 다른 국가에서는 정치적 이유 혹은 종교적 이유로 표현의 자유가 억압됩니다. 중국의 경우 영화제를 앞두고 특정 영화를 상영하지 말라는 연락이 많이 온다고 합니다.[103] 대표적으로 지아장커 감독의 작품들이 그런 경우에 해당하는데, 중국 정부의 검열이 심한 작품일수록 부산영화제에서는 오히려 상영해야 할 이유가 더 커지는 것입니다. 이슬람, 불교, 힌두교 등 종교적 제약을 받는 영화들도 마찬가지입니다. 앞서 얘기했듯 검열에 맞서 만들어지는 영화들은 비약, 은유, 생략을 통해 더 깊은 메시지를 담아내니까요.

부산영화제의 프로그래머들은 그런 아시아의 숨은 진주들을 찾아 영화제에 초청하기 위해 발로 뛰어다니며 인맥을 넓혔습니다. 그래서 각국의 여러 재야 영화인들과 영화운동 집단의 작품은 물론이고, 공식적으로 상영이 금기시됐던 일본 영화들도 영화제라는 합법적 터전으로 끌고 와 활발하게 상영했습니다. 동시에 아시아의 신인감독들을 발굴해 지원하는 데에도 온 역량을 집중해 왔는데요. 2019년 부산국제영화제 개막작 <말도둑들. 시간의 길>을 연출한 카자흐스탄 예를란 누르무캄베토프 감독, 같은 해 폐막작으로 선정된 <윤희에게>의 임대형 감독 모두 부산영화제의 신진 발굴 섹션인 '뉴커런츠 부문'의 과거 수상자들이었습니다. 뉴커런츠상은 아시아 신인감독을 대상으

<말도둑들. 시간의 길>과 <윤희에게> 포스터

\<바람의 향기\> 스틸컷

로 한 경쟁 섹션입니다. 2022년 개막작인 \<바람의 향기\> 역시 2015
년 뉴커런츠 신인감독상 수상자인 이란의 하디 모하게흐 감독의 신
작이었습니다. 부산국제영화제가 발굴한 감독들이 성장한 모습으로
다시 돌아와 개막작과 폐막작을 장식한다는 사실은 아시아 감독과
영화를 지지하고 지원한다는 이 영화제의 역할이 제대로 수행되고 있
음을 방증합니다.

코로나19 팬데믹을 지나면서 부산영화제는 새롭게 변모하는 중
입니다. 가장 뚜렷한 변화는 바로 '영화제의 OTT 끌어안기'입니다.
이 책의 1부에서도 말했지만 칸영화제는 2017년 봉준호 감독의 \<옥
자\>와 노아 바움백 감독의 \<더 마이어로위츠 이야기\>를 경쟁 부문에
서 선보인 이후 OTT 영화를 배제하고 있습니다. 전통적 영화를 고
수하려는 칸의 행보가 영화제의 권위를 지키는 요인이라고 분석하

기도 하지만 대부분은 칸의 배타성이 시대착오적이라고 말합니다.

부산영화제는 칸과 정반대의 입장을 가집니다. 이용관 전 이사장은 "OTT 시리즈물도 당연히 영화다"라고 분명하게 말합니다. 핵심은 이야기에 있는 것이며 그 이야기를 펼치느냐 압축하느냐는 중요하지 않다는 얘기입니다. 이 전 이사장은 OTT 플랫폼을 '새로운 강력한 유통망'으로 규정하면서 영화의 새로운 패러다임과 다양성을 우리의 현실로 받아들이고 영화제가 이 환경을 수용해야 한다고 말합니다. 그래서 만들어진 것이 바로 '온 스크린 섹션'입니다. 그야말로 '영화제 속 OTT 영화제'라고 할 수 있습니다. 특히 부산영화제에 초대된 OTT 영화들은 '월드프리미어(세계 최초 상영)'로 관객들을 만났습니다.

2021년에는 넷플릭스에서 공개될 연상호 감독의 <지옥>, 김진민 감독의 <마이네임>, 미국 채널 HBO에서 공개될 <포비든> 등 3편을 공개했는데, 2022년에는 티빙(파라마운트)의 <욘더>와 <몸값>, 디즈니플러스의 <커넥트>와 <피의 저주>, 넷플릭스의 <글리치>와 <썸바디>, 왓챠의 <오늘은 좀 매울지도 몰라>, 웨이브의 <약한영웅 Class 1>과 플랫폼이 확정되지 않은 <킹덤: 엑소더스> 등 총 9편의 영화가 국내 관객과 처음 만났습니다. 기존 영화와 러닝타임을 비슷하게 맞춰 초반 1~2화 또는 1~3화를 한꺼번에 상영했는데 두 해 모두 전회차 매진행렬을 기록하면서 단번에 영화제의 핵심 프로그램으로 자리잡았습니다. <커넥트>로 영화제에 초청된 일본 장르영화의 거장 미이케 다카시 감독은 "OTT 작품이 영화제에 초청될 수 있을지 몰

출처: 부산국제영화제 인스타그램 화면 캡처

제27회(2022년) 부산국제영화제 '온 스크린' 섹션 선정작

랐다"며 놀라워했고 <욘더>의 이준익 감독 역시 "부산영화제의 초대는 상상도 못 했던 일"이라며 감격스러워했습니다.

2021년에는 '원더 우먼스 무비' 행사를 통해 여성 영화 특별전을 열기도 했습니다. 허문영 전 집행위원장은 여성 영화 특별전에 대해 부산이 상대적으로 소홀한 것처럼 보였던 여성 영화인에 대해 집중적으로 조명해보자는 취지로 열게 됐다고 설명했는데, 사실 여성 감독의 약진은 다른 영화제들에서도 뚜렷하게 관찰되는 현상입니다. 팬데믹 이후 3년 만에 오프라인으로 영화제를 개최했던 2022년 전주국제영화제의 이준동 당시 집행위원장은 성비 불균형으로 여성 감독을 발굴하기 위해 노력했던 시간이 무색하게 최근 여성 감독들이 눈에 띄게 급부상했다면서 이 현상이 영화사적·사회학적으로 어떤 의미를 지니는지 유심히 살펴볼 필요가 있다고 말했습니다.[104] 이에 대해 부산영화제의 박가언 프로그래머는 "유럽에서 시작된 영화계의 양성평등 운동[105]이 한국영화계에서도 빛을 발하고 있는 것으로 보인다"고 설명했는데요.[106] 박 프로그래머는 이런 현상의 구체적 요인으로 영화 지원을 위한 정책적인 기반, 여성 전문 인력이 양성될 수 있는 영화 교육 환경, 성인지 감수성에 대한 사회적 관심과 인식 등 세 가지를 꼽았습니다.

2023년 칸영화제에서도 이런 움직임은 이어졌습니다. 황금종려상은 <아나토미 오브 어 폴>의 쥐스틴 트리에가 차지했는데요. 쥐스틴 트리에는 1993년 <피아노>의 제인 캠피언, 2021년 <티탄>의 쥘리아 뒤쿠르노에 이어 역대 세 번째의 여성 수상자였습니다. 그동안 세계 3대 영화제에서 여성 감독의 작품들을 많이 볼 수 없었고, 특히 칸영화제의 황금종려상에 남성 감독 수상자가 많았다는 비판이 끊이지 않았습니다. 그런데 올해 경쟁 부문 후보 21편 가운데 1/3에 해당하는 7편[107]이 여성 감독의 영화였고 이 중 한 편이 황금종려상까지 받게 돼 아카데미의 경우처럼 칸영화제도 다양성을 지향하는 흐름에 적극 동참하고 있음을 알 수 있었습니다.

지금까지 부산영화제가 보여준 많은 시도와 도전은 이러한 국제적 변화에 훨씬 앞서 있었다고 생각합니다. 현실에 안주하지 않고 적극적으로 변화를 수용하며 선도해나가는 모습이 부산영화제를 성장시킨 토대가 아니었을까 싶습니다. 물론 해결해야 할 과제들도 많지만 부산영화제가 계속해서 새롭게 거듭날 것이라는 믿음은 이용관 전 이사장의 발언을 통해 더욱 확고해졌습니다.

"인생도 그렇고 결론이 없는 거잖아요. 우리 그냥 과정 중에 있을 뿐입니다. 저는 정말 근본주의 싫어해요. 다만, 근본이 없는 변화는 더 싫어요. 발전이냐 퇴보냐 하는 건 그다음 문제인 것이지 변한다는 게 더 중요한 거예요."

- 이용관 전 이사장과의 인터뷰(2023.01.10.) 중에서

한국영화제의 과제와 비전

필름마켓의 강화

세계 영화계의 3대 영화 마켓은 칸영화제 기간에 열리는 칸 필름마켓(Cannes Film Market), 이탈리아의 밀라노 필름마켓(Milano Film Market), LA 산타모니카에서 열리는 아메리칸 필름마켓(American Film Market)입니다. 이 중 칸 필름마켓이 세계 최대 규모입니다. 전 세계 120여 개국, 4,000여 편의 영화가 칸 필름마켓에 참여합니다. 세계에서 가장 경쟁력 있는 칸 필름마켓 덕분에 칸영화제는 세계 최고영화제 지위를 유지할 수 있는 것입니다.[108]

2022년 칸에서는 진풍경이 벌어졌습니다. OTT 업체들이 경쟁하듯 영화를 구매했기 때문입니다. 미국의 주요매체인 버라이어티는

"올해(2022년) 칸 필름마켓에서 넷플릭스와 애플TV플러스가 '큰손'으로 떠올랐다"면서 "두 OTT가 엄청난 금액으로 영화를 사들이며 시장 분위기를 과열시켰다"고 보도했습니다. 또 다른 매체인 데드라인은 넷플릭스가 데이비드 예이츠 감독이 연출하고 에밀리 블론트가 주연한 영화 <파인 허슬러>를 5,000만 달러(632억 원)에 사들였다고 전했습니다.[109] 앞서 1부 3장에서 말한 것처럼 OTT가 선호하는 오리지널 콘텐츠는 영화가 아닌 시리즈물입니다. 그런 플랫폼의 특성으로 국제영화제의 필름마켓은 OTT에 더없이 훌륭한 영화콘텐츠 공급처가 되었습니다. 오리지널 콘텐츠 제작, 투자도 중요하지만, 기 제작된 좋은 작품들을 선별해 저장고를 채우는 일도 중요하다는 것을 거대 글로벌 플랫폼들은 보여주고 있습니다. K-무비 부스가 여러 개 설치될 정도로 국제영화제에서 한국영화의 인기는 매우 높습니다. 영화가 산업으로 성공하기 위해서는 영화제에서 열리는 필름마켓을 통해 수출 판로를 넓혀야 합니다. 내수시장만으로는 산업화가 어렵습니다. 시장이 작은 우리로서는 수출만이 영화를 진정한 산업으로 육성하는 최선의 길입니다. 할리우드처럼 세계로 나가야 합니다.

다행히 한국영화의 해외 수출 실적은 코로나19로 타격을 받기 전까지 꾸준한 상승세를 보인 것으로 나타나고 있습니다. K-콘텐츠가 경쟁력이 있기 때문입니다. 영진위는 "팬데믹으로 인한 여파는 2021년 한 해에 그쳤고, 2022년에는 회복을 넘은 '성장세'를 보였다"고 밝혔습니다.[110] 완성작을 기준으로 수출 금액은 7,144만 달러로 전년 대비 47.0% 증가했는데, 이는 한국영화 수출 최고 실적을 달성했던 2005년 7,599만 달러 이후 최고 기록이었습니다. 영진위는 이에 대해 첫째, 사회적 거리두기로 극장 개봉을 미루고 있던 영화들이 개봉에 나서며 해외 수출 라인업이 확대되었고 둘째, 해외 영화제에서 주목받은 다수의 작품이 오프라인으로 재개된 영화제 마켓을 통해 해외 시장에서도 큰 성과를 거두었으며 셋째, 특히 OTT 시리즈물로부터 시작된 K-콘텐츠에 대한 세계적인 관심이 수출 실적 증가에 긍정적인 영향으로 작용했다고 분석하고 있습니다. 콘텐츠 수출의 경제효과는 분명합니다. 한국수출입은행에 따르면 콘텐츠 수출액이 1억 달러 증가할 때 전체 생산 유발액이 5억 1,000만 달러, 취업유발은 약 3,000명이라는 조사결과가 있습니다. 그만큼 콘텐츠의 가치 창출이 국가의 소프트 파워에도 큰 영향을 미치고 있습니다. 팬데믹 영향을 제외하면 한국영화의 해외 수출은 지속적인 호조 양상을 띄고 있습니다. 이러한 상황에서 정부의 적극적인 정책지원이 뒷받침된다면 한국영화산업이 할리우드와 어깨를 나란히 할 날도 멀지 않을 것입니다.

이미 부산영화제에서는 마켓의 중요성을 일찌감치 인지하고 마켓의 성장을 위해 꾸준히 노력해 왔습니다. 1998년 부산영화제가 출범시킨 부산프로모션플랜(Pusan Promotion Plan·PPP)이 시초입니다. 이것은 아시아에서 가장 큰 프로젝트 마켓으로 아시아 영화의 '제작 및 배급' 활성화를 위해 운용하는 프리마켓입니다. 영화제의 핵심 기능이 바로 영화를 산업으로 견인하는 것으로 부산영화제는 1996

년 출범과 동시에 발빠르게 마켓을 준비하고 운영했습니다. 영화제가 10년째 되던 2006년에는 마켓의 도약을 위해 더 큰 시도를 했습니다. 칸영화제와 베를린영화제가 그러했듯 아시아필름마켓(Asian Film Market·AFM)을 출범시킨 것입니다. PPP가 영화의 완성까지의 지원을 위한 마켓이었다면, AFM은 영화의 '완성 이후'를 위한 것이었습니다. 진정한 마켓으로 거듭난 것입니다. 당연히 산업적으로 더욱 활발한 유통 통로를 만들기 위함이었습니다. AFM은 2019년을 기점으로 한 단계 더 나아갔습니다. 아시아종합콘텐츠&필름마켓(Asian Contents & Film Market·ACFM)으로의 도약이 그것이었습니다. 이 마켓은 영상콘텐츠를 비롯해 웹툰이나 장르소설, 스토리 등 원천 IP까지 거래를 확장하는 마켓입니다.

부산영화제는 이 마켓을 알리기 위해 제1회 '아시아콘텐츠어워즈(ACA)'를 개최했습니다. 이것은 아세안 10개국과 한국, 일본, 중국, 대만, 홍콩 등 15개 지역에서 만들어진 비(非)극장 영화, 즉 OTT 작품들과 TV시리즈, 숏폼 등의 온라인콘텐츠를 대상으로 하는 시상식입니다. 마켓의 이 시상식은 두 가지 의도로 기획된 것으로 6억 5,000만 명의 인구수를 가진 아세안 국가와의 교류를 강화해 중국 시장 의존도를 줄여나가는 동시에 콘텐츠 시장의 세계적 추세에 따라 OTT 작품들을 포용하겠다는 영화제의 지향이 담겼습니다. 아세안 시장에 주목해야 하는 이유는 한국영화의 주 타깃 시장이 아시아인 데다 중국을 제외한 국가들의 비중이 매우 높기 때문입니다. 과학기술정보통신부가 부산영화제와 연계해 2023년 처음으로 '글로벌

2019~2021년 한국영화 완성작 국가별 수출 실적

순위	2019년		2020년		2021년	
	국가	비중	국가	비중	국가	비중
1	대만	23.4%	대만	14.6%	중국	21.1%
2	일본	12.5%	일본	7.0%	일본	17.3%
3	미국	9.0%	중국	4.5%	대만	14.7%
4	싱가포르	7.4%	홍콩	2.9%	싱가포르	8.6%
5	홍콩	5.4%	베트남	1.7%	미국	4.8%
6	프랑스	3.3%	인도네시아	1.2%	홍콩	3.6%
7	중국	3.1%	태국	1.1%	독일	1.6%
8	영국	2.0%	필리핀	0.9%	말레이시아	1.6%
9	인도네시아	1.9%	프랑스	0.8%	태국	1.2%
10	베트남	1.2%	싱가포르	0.4%	필리핀	1.2%

「2022 한국영화연감」, 영상진흥위원회, p62

OTT 어워즈'를 개최하겠다고 밝힌 만큼 두 시상식이 시너지를 일으켜 부산영화제의 열기와 한국영화·영상콘텐츠의 수출실적을 한꺼번에 끌어올리는 양날개가 되어주길 기대해봅니다.

아시아종합콘텐츠&필름마켓(ACFM)

출처: 부산국제영화제 제공

젊은 관객과의 소통 강화

1996년 첫 부산영화제를 즐겼던 20대는 이제 50대가 되었습니다. 영화를 보던 추억과 젊은 시절의 향수가 더해져 여전히 그들은 영화제의 관객으로서 축제를 즐기지만, 실제로 영화제의 주 관객층은 2030입니다. 박가언 프로그래머는 본래 한국의 영화제들은 관객층이 상당히 젊은 편이며, 이는 부산을 찾는 수많은 해외 영화인들이 하나같이 입을 모아 부러워하는 점이라고 말합니다. 젊고 열정이 넘치는 관객들이 만들어내는 부산영화제의 분위기가 오랜 영화 전통이 있는 유럽이나 영미권과 대비된다는 이유에서입니다. 그래서 집행위 측에서도 영화제 출품작을 선정하는 과정에서 '메인 타깃인 2030세대가 어떤 영화를 보고 싶을지, 어떤 게스트를 만나고 싶을지, 어떤 이벤트를 경험하고 싶을지'에 대해 끊임없는 고민을 하고 있으며, 특히 2,000석 이상의 야외극장을 채워야 하는 오픈시네마 섹션의 경우 2030세대의 호응을 이끌어내기 위한 준비에 만전을 기한다고 말합니다.

실제 제가 경험한 바로도 2030세대는 영화제의 모든 부문에 적극적으로 참여했습니다. 2022년 5월, 따뜻한 날씨 속에 3년 만에 정상적으로 개최했던 전주영화제의 경우 극장 안은 물론이고 '영화의 거리' 역시 온통 사람들로 북적였습니다. 같은 해 10월 성공적으로 치러진 부산영화제의 열기도 다르지 않았습니다. GV(Guest Visit, 영화가 끝나고 감독과 관객들이 대화의 시간을 갖는 무대)가 열릴 때마다 질문세

례가 쏟아져 예정된 시간을 넘기기 일쑤였습니다. 외신기자들은 놀라워했습니다. 젊은 관객들의 영화에 대한 높은 관심과 기대 이상의 질문 수준이 그들을 놀라게 한 요인이었습니다.

이러한 현상은 MZ세대의 특징과 일치하는 부분이 많습니다. 이들은 자신이 좋아하는 것에 과감히 소비하는 경향이 있고, 그 소비경험을 타인과 공유하는 행위에 가치를 두며, 디지털 매체를 통해 다양한 밈문화를 생산합니다. 사회 참여 의식이 높고 자신의 생각을 적극적으로 표현하는 데도 주저함이 없습니다. MZ세대에 관한 한 보고서[111]에서 발견한 흥미로운 사실은 '가장 배워보고 싶은 원데이 클래스 주제'로 영화, 전시회 관람 클래스가 30%로 가장 높은 순위를 차지한 것입니다. 그러니까 영화제에서 볼 수 있었던 풍경들은 어릴 때부터 디지털 기기와 영상콘텐츠에 익숙해진 이들 세대의 자연스러운 표현이었습니다.

주목할 점은 이들이 단순히 영화만을 즐기는 것이 아니라 영화관람 외의 경험을 즐기고 싶어 하는 세대라는 점입니다. 이것은 체험형 활동을 중시하는 경향성입니다. 전통적인 영화관람 자체는 체험형 활동에 포함되지 않고, 영화관람과 다른 활동이 결합되어 기존의 관람 방식과 다른 경험을 할 때 의미 있는 활동으로 인식하게 됩니다.[112] 이들은 수동적으로 주어지는 것을 경험하는 것에 만족하지 않으며 스스로 새로운 트렌드를 창조하는데요. 대표적인 예가 '인증과 N차 관람'입니다. 단순히 영화를 봤다는 인증이 아니라 N차 관람을 보여주는 여러 장의 티켓 사진을 업로드하거나 영화 포스터를 패러

디하는 등 콘텐츠를 재생산하며 밈을 일으키는 인증인데, 이 행위는 실제로 관객 동원을 주도하는 결과를 낳기도 합니다.[113] 진정한 입소문의 주체가 이들인 것입니다.

이러한 경향성으로 극장이나 영화제에서는 미래 관객인 MZ세대를 유인하기 위한 다양한 방법을 강구하고 있습니다. 팬데믹 시기에 극장은 특수관 증설로 더욱 실감 나고 편안하게 영화를 체험하게 하는 방식을 채택했지만, 영화제는 하드웨어가 아닌 다양한 체험콘텐츠를 개발해내야 하는 과제를 안고 있습니다. '온 스크린 섹션'처럼 OTT 등 온라인 플랫폼의 콘텐츠를 초청해 상영하는 것은 이런 노력의 일환입니다. 영화의 범위를 확장함으로써 관객의 관심을 끄는 동시에 예술영화 중심의 영화제의 약점을 보완하려는 시도입니다. 그러나 영화는 집단지성을 만드는 공공성을 갖는 매체이므로 문화의 가치보다 체험의 가치만이 우선해서는 안 될 것입니다. 근본적인 가치는 지키되 MZ세대의 취향을 적극 고려하는 방식이 필요합니다.

'커뮤니티 비프' 역시 새롭고 적절한 콘텐츠라고 평가받습니다. 이것은 '관객참여형 프로그램의 다채로운 실험장', '모든 참여자가 뒤섞여 노는 영화제'라는 표현대로 관객이나 배우가 상영작을 선정하고, 시민들이 직접 영화를 만들어 상영하기도 하며 다양한 부대 행사에 참여할 수 있는 행사입니다. MZ세대와 함께 소통하며 호흡할 수 있는 기회가 많습니다. PC통신 시절 놀이 문화였던 '영퀴' 풍경을 재현한 영화퀴즈대회에서는 대학생이 우승을 했고요. 김지운 감독과 배우 이병헌이 참석해 170여 명의 관객과 함께 영화를 보며 무선 송수

신기와 모바일 채팅으로 소통하는 '마스터톡'도 인기를 끌었습니다. 영화 <친절한 금자씨>를 상영하고 이후 박찬욱 감독과 미셸 푸코의 《광기의 역사》에 대한 관객 독서 토론을 진행했던 시간도 있었습니다. 지역 주민들과 연계해 함께 제작한 영화를 상영하기도 했는데 지역 주민들이 영화감독이 된 이런 체험은 커뮤니티 비프가 공급자와 소비자 개념이 따로 없는 경계 너머의 콘텐츠라는 것을 보여줍니다. 영화제 측에서 일방적으로 공급하는 콘텐츠를 소비하는 것이 아니라 관객들이 능동적인 주체가 되어 영화제를 이끌어가는 이런 소통과 참여의 활동이야말로 '체험'을 통해 문화를 향유하는 MZ세대 맞춤형 콘텐츠일 것입니다.

다양한 기획도 필요하지만 근본적으로 영화제 자체가 젊어져야 한다는 목소리가 여기저기에서 나오고 있습니다. 영화제의 질적 변화와 역동성을 위해서는 조직 자체가 젊어져야 한다는 말입니다. 이것은 단순히 부산영화제만의 문제라기보다 우리 사회 전체의 시대적 과제이기도 합니다. 2023년 5월, 28번째 부산영화제를 5개월여 앞두고 이용관 이사장을 포함한 부산국제영화제의 1세대 멤버들이 인사문제와 조직 내부의 갈등으로 갑작스럽게 퇴진하게 되었지만, 영화계 안팎으로 세대교체의 필요성과 중요성에 대한 인식은 오래전부터 공유되어왔습니다. 다음 세대가 부산영화제를 있게 한 1세대의 헌신과 노고를 인정하고 계속해서 부산영화제를 눈부시게 이끌어 주리라 믿습니다. 부산영화제를 소중히 여기고 사랑하는 우리 국민은 아시아 최고의 영화제인 부산영화제를 변함없는 애정으로 응원할 것입니다.

커뮤니티 비프 1 <시민 영화촬영 체험>

커뮤니티 비프 2 <마을영화 만들기>

커뮤니티 비프3 <영화퀴즈대회>

6장

한국영화를 위해 존재하는가에 답해야

영화기관들이 없다고 영화산업이 사라지지는 않을 것입니다. 그렇지만 기관의 업무들을 민간에서 처리하기는 힘듭니다. 영화산업에 대한 각종 지원, 등급분류, 아카이빙은 공익성을 갖는 공적 업무이기 때문입니다. 문제는 국가의 역할이 산업의 변화에 얼마큼 발맞추어야 하느냐이며 이는 결국 국가가 산업을 앞에서 이끌 것인가 뒤에서 조력할 것인가로 수렴됩니다. 저는 후자가 더 적합하다고 생각합니다. 영화산업이기 때문에 더욱 그렇습니다. 우선 미디어환경의 속도를 국가가 따라가기는 어렵습니다. 그렇다면 시장이 할 수 없는 일, 산업의 기반에 해당되어 반드시 지켜야 하는 일에 국가의 역량을 집중시킬 필요가 있습니다. 시장이 요구하거나 시의성 있게 지원할 필요가 있을 때 적절히 개입하는 것이 바람직해 보입니다. 조력의 역할이 변화의 흐름을 읽지 못한다는 뜻과는 다릅니다. 산업이 변화하는 방향과 목표는 언제나 '같은 시선'으로 맞춰가야 합니다. 둘째, 문화는 지원이 전부인 산업이기 때문입니다. 지원한다고 간섭할 수 없습니다. 인풋 대비 아웃풋을 논할 수 없는 산업입니다. 그래서 국가가 영화를 지키겠다는 것은 영화가 지속적으로 제작될 수 있는 기초적인 토대를 제공할 뿐 거기에 정치논리와 경제논리를 철저히 배제한다는 의미입니다.

지금까지 영진위, 영등위, 자료원은 각자의 역할을 통해 한국영화산업의 발전을 위해 힘써왔습니다. 한국영화의 위상이 지금에 이르기까지 지대한 공이 있습니다. 그러나 코로나19와 OTT의 성장이라는 미디어 세계의 변화와 함께 세 기관들에 새로운 역할과 지위가 요구되면서 현재의 상황을 점검하기에 이르렀습니다. 그런 요구의 중심에 영진위가 있습니다. 그동안 영진위의 업무는 너무 방대했습니다. 그에 비해 예산은 턱없이 부족했고 영화발전기금에 지나치게 의존했던 재정구조가 결과적으로 조직의 생명을 위협했습니다. 그러나 돈보다 사람이 더 문제라는 불만이 많았습니다. 조직은 계속 늙어 갔고 권위적이고 보수적으로 운영되면서 변화에 민감한 미디어시장의 요구에 즉각 부응하지 못했습니다.

정체성을 되찾고 무너진 원칙을 다시 세워야 합니다. 영화의 정의부터 다시 고민해야 합니다. 일각에서는 영진위의 발전적 해체까지 거론하지만 저는 아직은 아니라고 생각합니다. 국가가 지키고 키워야 할 영화가 있다면 그것은 바로 독립예술영화입니다. 이것을 지원하는 일이 영진위의 정체성이라고 봅니다. 그런 의미에서 한국영화아카데미(KAFA)를 국립영화학교로 승격해 운영하는 방안을 제안하고 싶습니다. 해가 갈수록 KAFA의 작품이 시장에서 인정받고 세계 3대 국제영화제에 초청되어 수상으로까지 이어지고 있습니다. 침체된 한국영화산업의 미래에 매우 희망적인 시그널입니다.

영등위의 현재도 아쉬운 점이 많습니다. 지금의 영등위가 있기까지 많은 우여곡절이 있었습니다. 그런 역사를 통해 영등위가 잃지 말아야 하는 것은 바로 대중의 '신뢰'입니다. <범죄도시> 1편과 2편의 사례를 보면 등급심사 및 분류의 공정성에 문제 제기를 할 수밖에 없습니다. 청불 등급을 예상했던 2편이 15세 이상 관람가로 나오면서 '등급심사가 결정된 후에 (15세 연령에 맞게) 수정을 거쳤다'고 한 감독의 인터뷰 발언을 예사로 넘길 수는 없습니다. 청소년 보호라는 등급분류의 목적과 지향이 자본의 논리에 휘둘려서는 안 됩니다. 청소년과 청소년을 자녀로 둔 학부모가 모두 등급분류와 내용정보에 도움을 받고 있다고 조사된 것처럼 영등위는 더욱 무거운 책임감과 사명감으로 등급분류의 공익성에 힘써야 합니다. 해외의 많은 나라가 과거 우리나라에서 문제시됐던 검열과 심의에 해당할 만큼의 엄격한 심사를 통해 자국의 청소년을 보호하고 있음을 잊어서는 안 됩니다.

영등위가 앞으로 해야 할 일도 산적해 있습니다. 가장 시급한 것은 유튜브 콘텐츠 등 등급분류에서 빠져 있는 영상물들에 대해 자체 등급분류 시스템을 마련하도록 만전의 대책을 세우는 일입니다. 유해한 영상물의 범람 속에서 청소년들의 정서가 심각하게 위협당하고 있기 때문입니다. 동시에 미디어교육법안에 등급분류를 포함하는 일도 중요합니다. 결국 영상물로부터 자신을 지키는 최선의 방법은 스스로 그것의 유해성을 판별해내는 능력을 키우는 것입니다. 당연히 교육과 훈련이 필요합니다. 현재의 법안에 명시된 미디어 리터러시의 개념을 확장하고 통합적인 미디어교육이 실시될 수 있도록 영등위가 적극 나서야 합니다.

자료원에 대한 국가의 지원은 대폭 확대되어야 합니다. 인력과 예산의 부족으로 제 역량을 발휘하지 못하고 있습니다. 아카이빙의 범위가 확대될수록 디지털센터를 건립할 필요성은 점차 커질 것입니다. 이것은 곧 다가올 현실이므로 철저한 대비가 필요합니다. 또한 VP(버추얼 프로덕션) 제작이 확산됨에 따라 VFX(시각효과), 어셋 라이브러리(Asset Library) 등 기술 지원을 위한 자료원의 역할이 더욱 중요해지고 있습니다. 영상제작기술은 하루가 다르게 발전할 것이므로 자료원에 대한 지원은 곧바로 산업경쟁력으로 이어질 것입니다. 글로벌 OTT 콘텐츠의 아카이빙이 이뤄질 수 있도록 국가가 나설 필요도 있습니다. 이것은 우리의 문화유산을 지키는 일이므로 합의가 어렵다면 강제적인 입법활동을 통해서라도 꼭 성사시켜야 할 일입니다.

영화제의 성장과 발전을 위해서도 국가의 역할은 필수적입니다. 가장 먼저 지방자치단체의 예산지원 대신 국고를 통한 지원이 필요합니다. 영화제의 존폐나 인사(人事)가 지방자치단체장의 입김에 좌우되는 것은 있을 수 없는 일입니다. 국제영화제를 개최하는 나라, 세계 유수의 국제영화제에서 최고상을 휩쓰는 대한민국이 아직까지도 문화와 정치가 분리되지 못했다면 그것만큼 부끄러운 일도 없습니다. 특히 부산국제영화제와 관련해서는 마켓 활성화를 위한 지원확대가 필요합니다. 글로벌 OTT로 인한 영향으로 문화 수출은 우리에게 더욱 절실한 과제가 되었습니다. 부산영화제를 만든 1세대들의 갑작스런 퇴장으로 영화계가 갈등을 빚고 있지만, 세대교체의 요청은 꾸준히 제기되어 왔던 일입니다. 새로운 세대가 만들어나가는 새로운 영화제도 충분히 아름다울 것이라고 믿으며, 부산국제영화제가 세 영화기관들과 더불어 한국영화의 기둥으로서 오랫동안 큰 역할을 해주기를 기대합니다.

에
필
로
그

'나는 무엇 때문에 이 책을 쓰는가.'

처음에는 마냥 즐거웠습니다. 새로운 도전을 한다는 자체가 기분 좋은 자극이었고 무엇보다 많은 사람을 만나는 과정에서 영화를 새롭게 보는 눈이 생기는 것 같아 배움의 욕구를 키워만 갔습니다. 그런데 어설픈 지식은 참으로 위험한 것이었습니다. 그 지식이 그대로 신념이 되면 영화를 애정하는 저의 마음은 영화를 위하는 것과는 다른 방향으로 흘러갈 수도 있다는 걸 시간이 한참 지난 뒤에 깨달았습니다.

읽는 자료가 많아질수록, 듣는 얘기가 많아질수록 저는 제가 변화하고 있다는 걸 느꼈습니다. 애초에 제가 가졌던 생각과 완전히 정반대의 시각이 생기기도 했습니다. 자신 있게 써 내려갔던 글들을 지웠던 적이 한두 번이 아닙니다. 그러고는 마침내 제 목소리가 모두 소거된 상태의 아주 이상한 글들을 마주하게 되었습니다. 네, 그것은 제가 쓴 글이 맞았습니다. 하지만 제가 정말로 제 목소리를 잃었던 것은 아닙니다. 하고 싶은 말은 있으나 그것을 입 밖으로 내기가 두려웠습니다. 누군가에게 상처를 입히지는 않을까 하는 마음에 스스로 움츠러들었습니다. 자신감에 차 있을 때 보이지 않았던 '사람'이 그것이 사라졌을 때 비로소 보였습니다. 산업을 말하고 있지만 그 안에는 사람이 있었던 것입니다. 영화를 만드는 데 인생을 바치고, 영화에 울고 웃고, 영화를 통해 밥을 먹고사는 사람들 말입니다.

자신감이라고 썼지만 그것은 오만함이었습니다. 영화를 사랑하는 마음이야 저라고 작지 않지만 세상에 영화밖에 모르는 사람은 무수히 많으니까요. 그분들 앞에서 제가 아는 체하는 것이 미안했습니다. 용기를 내어 다시 글을 쓰기까지 저만의 긴 시간이 필요했습니다. 그래서 늘 질문했습니다. '나는 무엇 때문에 이 책을 쓰는가'에 대하여.

독자들에게 한국영화의 어려운 사정을 설명하고 싶었습니다. 제 책을 읽어주실 분들은 저처럼 영화를 좋아하는 분들일 것입니다. 동시에 처음의 저만큼이나 산업 상황은 잘 모르시는 분들일 것입니다. 영화를 좋아하는데 산업까지 알게 되는 분들이 많아지면 혹 지금의 위기를 극복하는 데 도움이 되지 않을까 하는 마음이 들었습니다. 진심으로 그것만이 제 바람이었습니다. 제 얘기에 동의를 하든 안 하든 한국영화가 이대로 죽는 것을 원하는 사람은 아무도 없을 것이기 때문입니다.

서문에서도 밝혔듯 이 책에는 빠진 내용이 많을 겁니다. 부족한 부분은 전적으로 제 책임이며 앞으로 더욱 열심히 공부해서 채워나가겠다는 약속으로, 한국영화가 한 걸음이라도 나아갈 수 있게 미력이나마 보태겠다는 각오로 제 과문함에 대한 사죄를 대신하려 합니다.

정말 많은 분께서 힘을 나눠주셨습니다. 어딘가에 소속되어 계신 분들의 사정을 참작하여 실명 거론을 최대한 자제했다는 점을 밝힙니다. 첫 인터뷰로 모자라 두세 번 귀찮게 해드려도 기꺼이 그리고 진심으로 답해 주려고 애써주신 분들께 이 지면을 빌려 깊은 감사를 전합니다.

한국영화계의 미래를 말할 때 누구나 이 질문을 합니다. 봉준호, 박찬욱 감독의 뒤를 이을 사람은 누구인가. 피겨계의 새 역사를 쓴 김연아 선수 덕분에 많은 피겨 꿈나무들이 탄생했을 때 우리 국민은 금세 제2의 김연아가 탄생할 것처럼 기대했습니다. 하지만 안타깝게도 아직까지 그 기대는 기대에 머물러 있습니다. 좋은 선수들이 많지만 김연아 선수만큼 독보적인 인물은 아직 나타나지 않았습니다. 영화계를 보는 시선도 이와 비슷할 때가 있다는 걸 가끔 체감하곤 합니다. 봉준호, 박찬욱 두 감독의 존재감이 그만큼 크기 때문입니다.

가끔 답도 없는 질문을 스스로에게 던져보곤 했습니다. '세계적으로 유명한 거장을 갖는 게 좋을까, 거장은 아니어도 다양한 개성을 가진 감독들이 많은 게 좋을까?' 하고 말입니다. 둘을 단순 비교하기는 어렵지만 순서로만 보자면 전자가 우선인 것 같습니다. 이 말은 '닮고 싶은 누군가'가 있으면 좋은 후배들이 많이 생긴다는 저만의 믿음입니다.

우리에겐 두 가지가 다 있습니다. 우리 국민이 한국영화로 인해 행복할 수 있는 것은 바로 그 때문입니다. 그런데 책을 끝내기 전, 저는 질문을 다시 바꿔보고자 합니다. '우리가 행복한 이유는 그것이 전부인가?' 하는 것으로요.

전부가 아닙니다. 영화를 만들기 위해서는 감독'만' 필요한 건 아니었습니다. 감독'도' 필요한 것이었습니다. 이번 책을 위해 만난 수많은 영화인은 모두가 한국영화를 있게 한 주인공들이었습니다. 감독의 유명세와 상관없이 훌륭한 배우와 스태프가 없으면 다 소용없습니다. 영화가 제작되도록 투자하는 사람이 없다면 또 소용없습니다. 만든 영화를 상영할 극장이 없어서도 안 되고, 극장을 찾는 관객이 없어서도 안 됩니다. 새롭게 등장한 OTT 역시 마찬가지입니다. 새로운 플랫폼이 생긴 것을 우리는 위기가 아니라 기회로 여겨야 합니다. 함께 살기 위한 방법을 찾아야 합니다. 그리고 그렇게 될 겁니다.

코로나19 상황을 버티는 동안 영화인들이 많이 지치신 것을 잘 압니다. 세상이 너무도 달라졌습니다. 지금 당장은 출구 없는 길을 걷는 것 같더라도 대한민국 영화인들이 다시 일어나 뚜벅뚜벅 걸어가시기를 두 손 모아 응원합니다.

[1부]

1. 업계에서는 상업영화 기준으로 60여 편, 독립영화를 포함해 100여 편을 창고영화로 추산하고 있다.

2. 전 세계 극장 vs. OTT 매출 비교

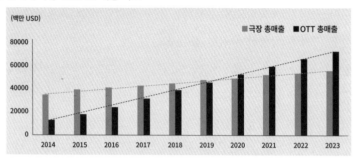

「(2020) 한류 파급효과 연구」, 한국국제문화교류진흥원, 2021, p206

3. 채정화·김유례, 「한국 OTT 플랫폼 사업자 및 영화 유통 현황」, 영화진흥위원회, 2022.12.06., p3에서 재인용

4. 크리스틴 톰슨, 데이비드 보드웰, 《세계영화사 Film History》, 지필출판사, 2011, p7

5. "[지금 칸에선] 'OTT 영화' 없는 칸영화제가 어때서", SBS 뉴스, 2022.05.19.

6. 2022년 8월 19일 제399회 국회(임시회) 문화체육관광위원회 제2차 전체회의에서 김 승수 의원은 법안 제명이 [영화 및 비디오물의 진흥에 관한 법률]인 것과 관련하여 법 제정 당시와 달리 현재는 비디오테이프 자체가 쓰이지 않아 비디오와 비디오물 에 대한 개념 정의 자체가 모호함을 지적하고 정부 차원에서 검토할 것을 요구했다.

7. CJ CGV는 2020년에 2,500억 원, 2022년에 1,500억 원의 유상증자를 결정하고 2023년 6월 1조 규모의 유상증자 계획을 발표했다. 2020년 유상증자 대금 2,500 억 원 중에서 1,610억 원이 차입금 상환 비용이었고, 2023년 주주배정 후 실권주 일

반공모 방식인 5,700억 원 중 67%에 해당하는 3,800억 원이 단순 채무 상환용이라고 밝혔다.

8. 2023년 초 CJ ENM은 대대적인 조직개편에 돌입, 기존의 영화사업본부를 영화·드라마사업본부 내 영화사업부로 축소·재편하고 기획제작, 투자, 배급팀도 통합했다.

9. 2016년 해외 거점을 확보하기 위해 터키 1위 극장사업자인 마르스엔터테인먼트를 인수해 만든 법인이다. 터키법인 설립 후 터키 경제가 악화하면서 리라화 환율이 급락, 큰 손실이 발생하고 있다.

10. 2016년 18.1%, 2017년 18.7%, 2018년 19.9%, 2019년 20.3%

11. 2016년 5.2%, 2017년 5.8%, 2018년 3.7%, 2019년 3.4%

12. <극한직업>, <어벤져스: 엔드게임>, <알라딘>, <기생충>, <겨울왕국2>

13. 2022년 『한국영화연감』, p82~83

14. "당신만을 위한 특별한 영화관"…프리미엄 상영관, 팬데믹-OTT 공격에도 선방", 동아일보, 2022.03.05.

15. "韓 영화 최초 라이브 녹음 방식… 윤제균 감독 '영웅', 특별한 도전", 이데일리, 2022.11.25.

16. <사냥의 시간>, <콜>, <차인표>, <승리호>, <낙원의 밤>, <새콤달콤>, <제8일의 밤> 등 총 7편이다.

17. <더 하더 데이 폴(The Harder They Fall)>, <틱, 틱… 붐!(Tick, Tick… Boom!)>, <파워 오브 도그(The Power of the Dog)>, <언포기버블(The Unforgivable)>, <신의 손(The Hand of God)>, <돈 룩 업(Don't Look Up)>

18. 김지현, "2021년 극장과 OTT 플랫폼의 만남, 영화상영 온&오프 시대 열릴까", 영화진흥위원회 홈페이지, 2022.01.11.
https://www.kobiz.or.kr/new/kor/03_worldfilm/news/news.jsp?mode=VIEW&seq=3621

19. "MGM 인수한 아마존, 극장용 영화에 매년 10억 달러 이상 투자", 연합뉴스, 2022.11.24.

20. "멀티플렉스 20년, '스크린 풍요 속 빈곤'", 주간경향, 2018.07.30.

21. 3대 멀티플렉스의 스크린 수 비중은 2019년에 93.6%, 2020년에 96.5%, 2021년에 94.0%에 달한다.

22. 박승현·이푸름, 「한국영화시장의 집중화 현상에 대한 논의: 흥행영화의 공급과 소비를 중심으로」, 한국엔터테인먼트산업학회논문지, p110

23. "멀티플렉스 독과점 장벽, '포스트 봉준호법'이 허물까?", 한겨레, 2020.02.26.

24. 한겨레, 23)의 기사

25. 김성훈, "불투명한 5월 극장가로 본 한국영화 산업의 현주소", 『한국영화』, 영화진흥위원회, 2023.04.

26. 2020년 10~12월, 2021년 4~7월, 2022년 4~7월에 각 1,000원씩 인상했다.

27. 영화진흥위원회 통신원 리포트 기준. 『영화티켓지수로 알아본 영화관람 가격 적정성 점검』, 영화진흥위원회, 2022.10.04., p7에서 재인용

28. 27)의 보고서 p4에서 재인용

29. <광해, 왕이 된 남자>를 제작한 리얼라이즈픽쳐스 원동연 대표의 말이다. 한국영상자료원 엮음, 《21세기 한국영화》, 2020, p247에서 재인용

30. 한국영상자료원 엮음, 29)의 책, p263~266

31. 영화진흥위원회는 『2020~2021 영화소비자 행태조사』에 대한 설문조사를 실시했다.

32. 문동열, "극장 문턱 높아져 '작은 영화' 제작 위축 우려", 『이코노미 인사이트 2022년 10월호』

33. 채정화·김유례, 3)의 보고서, p36에서 재인용

34. ""돈이 얼마나 많길래" 이분들 모시는데 300억 원 베팅, 실화냐?", 헤럴드 경제, 2022.09.10.

35. 2020년 5월 '코로나19 이후 영화·영상업계 뉴노멀'이라는 주제로 부산영상위원회가 주최한 특별좌담회

36. 모바일인덱스에 따르면 넷플릭스 일일 이용자 수(DAU, Daily Active Users)는 <더 글로리> 파트 2 공개일인 3월 10일 474만 8,605명을 기록했다. 전날인 9일보다 약 55% 상승한 것이다. 11일엔 488만 4,776명으로 집계돼 넷플릭스 사상 역대 최고치를 기록했다. 그러나 다음 날부터 급락세가 시작됐다. DAU는 12일 435만 9,444명에 이어 공개 1주일 차인 17일 303만 155명, 2주일 차인 24일엔 267만여 명으로 떨어졌다. 이는 <더 글로리> 공개 전인 지난달 평균 DAU 260만 명대와 비슷한 수치다. 필요한 콘텐츠가 등장했을 때 일시적으로 이용자 수가 폭발했다가 특수가 사라지자 평시 수준으로 돌아온 것이다. - 출처: ""구독자 수 반토막 났어 연진아"…고민 커지는 OTT 변수?", 국민일보, 2023.03.28.

37. 출처: 모바일인덱스 홈페이지, https://www.mobileindex.com/insight-report?pid=230

38. "넷플릭스 CEO 접견으로 첫 일정… 3조 3천억 투자유치", 연합뉴스, 2023.04.25.

39. 「OTT 시대, 진화하는 영화관람 문화와 미래관객 개발을 위한 시사점」, 영화진흥위원회, 2020.01., p34~35

40. ""결국 올 게 왔다" 넷플릭스, 한국도 추가 요금 징수… 구독 취소 난리?", 헤럴드경제, 2023.06.01.

41. 출처: 왓챠 홈페이지

42. 'Boy's Love'의 줄임말로 미소년 사이의 사랑을 그린 장르물이며 주로 마니아층에서 소비되다가 최근 점차 대중화하면서 인기 콘텐츠로 부상하고 있다.

43. 2022년 말 LG유플러스가 왓챠 인수를 시도하다 포기했다는 소식이 전해지면서 왓챠 마니아들 사이에서 '#왓챠살아나'라는 해시태그를 단 게시물을 사회관계망서비스(SNS)에서 잇따라 게재한 바 있다.

44. "왓챠 오리지널 '다음 빈칸을 채우시오' 일본서 인기", 글로벌이코노믹, 2023.01.26.

45. 미국·캐나다·멕시코·브라질 등 북중남미 지역 35개국에서 K-콘텐츠를 제공하고 있는 기업이다.

46. 2022년 라인업은 총 25편이었다.

47. 2023년 4월 윤석열 대통령의 미국 국빈 방문 중 넷플릭스는 드라마와 영화 등 한국 콘텐츠에 4년간 25억 달러, 우리 돈으로 약 3조 3,000억 원을 투자하겠다고 밝혔다.

48. ""넷플릭스 See What's Next: Asia'에서 만난 넷플릭스의 프로그램 제작 방향, 그리고 미디어 플랫폼의 미래 예측", 씨네21, 2018.11.21.

49. 왓챠는 조직개편을 통해 규모를 축소했고 '왓챠 2.0'과 같은 신규 플랫폼 출시를 잠정 보류했다. '왓챠 2.0'은 영상과 웹툰, 음원 등 다양한 콘텐츠를 함께 즐길 수 있는 새로운 플랫폼이다. 당초 2022년 하반기 출시 예정이었으나 무기한 보류에 들어갔다. - 출처: "왓챠의 운명, 내년 상반기 이후에 결정 날지도", 글로벌이코노믹, 2022.12.21.

50. "K콘텐츠 '가성비' 떨어질 때, 넷플릭스 투자는 어디로 갈까", 미디어오늘, 2022.06.30.

51. "오겜·기생충의 저작권은 누구 손에", 이데일리, 2023.02.27.

52. 블룸버그는 넷플릭스의 내부 데이터와 <오징어 게임>의 시청자 수를 유추해 대략적인 추정치를 낼 수 있었다고 보도했다. 제작비 250억 원 가운데 200억 원 정도를 순수 제작비로 보고 여기에 더해진 50억 원을 넷플릭스가 제작사에 지급한 마진으

로 보는 해석이 있다. - 출처: "[팩트체크] 대박 난 오징어 게임 흥행수익, 넷플릭스가
다 가져간다?", YTN, 2021.10.25.

53. 「넷플릭스 한국 투자 어떻게 볼 것인가?」, 국회세미나 정책자료집에서 재인용,
2023.05.09.

54. 생산 유발효과+부가가치 유발효과

55. 「소위 추가보상청구권의 문제점에 대한 소고」, 영상물 저작자의 추가보상권 제도
도입에 관한 세미나자료집, p30

56. 채정화·김유례, 3)의 보고서, p38

57. 이성은, 「프랑스의 OTT 플랫폼 사업자 관련 법·제도와 정책-프랑스 콘텐츠 투자
의무를 중심으로」, 영화진흥위원회, 2022.05.27., p2

58. [2021년 12월 프랑스 OTT 시장 사용자 점유율] (단위: %)

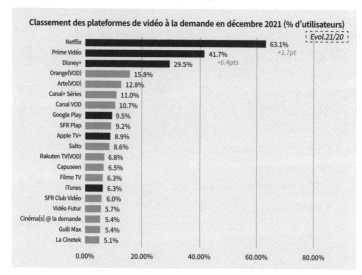

위 그림에서 볼 수 있듯 프랑스 내에서 넷플릭스(63.1%), 아마존프라임비디오(41.7%),
디즈니플러스(29.5%) 등 해외 주요 OTT 3사의 시장 점유율은 압도적이다. 프랑스
대표 유료 TV인 카날플러스(11.0%)와 OTT 업체인 살토(8.6%)의 비중은 매우 작은
것을 볼 수 있다. - 출처: 이성은, 57)의 보고서, p2에서 재인용

59. 2018년 657억 원, 2019년 2,483억 원에서 급증했다. - 출처: "넷플릭스, 지난해 국
내 매출 최소 5,000억 원", 데일리안, 2021.01.19.

60. "한국서만 5,000억 번 넷플릭스…"세금 제대로 내고 있나?"", 조선일보, 2021. 01.20.

61. "'0.5% 납부' 넷플릭스는 놔두고… 저작권 개정안, 토종 OTT만 죽는다", 아시아타임즈, 2023.02.13.

62. "넷플릭스 '연진아, 나 지금 되게 신나… 한국에서는 세금 덜 내서'", 조선일보, 2023.05.09.

63. 구글(Google), 아마존(Amazon), 페이스북(Facebook), 애플(Apple)의 앞글자 G, A, F, A를 따서 만든 것이다.

64. 1. 이성은, 57)의 보고서, p12
2. 삼성·구글과 같은 다국적 기업이 실제 매출을 올린 국가에도 세금을 내도록 하는 '디지털세'가 논의를 시작한 뒤 6년 만에 합의에 이르렀으나, 시행 시기는 2026~2027년으로 연기됐다.

65. 채정화·김유례, 3)의 보고서, p57~58

66. 이성은, 57)의 보고서, p13

67. 법원은 "넷플릭스가 유상의 역무를 제공받고 있다는 사실은 '합법적 트래픽을 불합리하게 차별하는 것을 금지하는 원칙'인 망 중립성에 관한 논의나 '전송의 유상성'에 관한 논의와는 직접적인 관련이 없다"고 판결했다.

68. 2020년 12월부터 2022년 9월까지 전혜숙 의원, 김영식 의원, 김상희 의원, 이원욱 의원, 양정숙 의원 박성중 의원, 윤영찬 의원 등이 발의한 총 7건의 법안이 국회에 계류 중이다.

[2부]

1. "박기용 영진위원장, 안일했던 영진위·영화계, 이젠 정말 큰 위기…정부 지원으로 투자 되살려야", 경향신문, 2023.04.17.

2. 이은지, "영화진흥위원회가 준비하는 포스트코로나", 『한국영화』 제136호, 영화진흥위원회, 2021.10.24., p4

3. 영진위의 사업비·운영비는 2019년 734억 원, 2020년 1,219억 원, 2021년 1,414억 원, 2022년 1,036억 원, 2023년 850억 원(계획)이다.

4. 포스트코로나 영화정책추진단에서는 '현안인식포럼', '정책과제 확정'을 거쳐 '정책과제별 정책보고서'를 발간, ① 정책 수행전략 혁신, ② 영화·비디오물 법제도 개선, ③ 혁신적인 창작·제작 생태계 구축, ④ 영화인 직업환경 안정화, ⑤ 관객·창작·

향유 다양성 확대의 5개 정책과제와 11개 세부과제를 선정했다. 첫 단계인 '현안인 식포럼'은 2020년 11월 17일부터 19일까지 3일간, 두 번째 포럼인 '정책과제포럼' 은 2021년 2월 23일부터 26일까지 4일간, 마지막 단계인 『포스트코로나 영화정책 2022』보고서는 2021년 10월 5일에 발표했다. 이 프로젝트를 위해 영화계 전 분야 를 대변·대표할 수 있는 인사로 구성되는 25인의 기획위원회를 설치하고, 개인 자 격으로 합리적인 의견을 제시할 인사로 201인 규모의 영화정책 패널을 구성했다.

5. 이은지, 2)의 보고서, p4

6. 제2조 제1호 "영화"라 함은 연속적인 영상이 필름 또는 디스크 등의 디지털 매체에 담긴 저작물로서 영화상영관 등의 장소 또는 시설에서 공중(公衆)에게 관람하게 할 목적으로 제작한 것을 말한다.

7. 2022년 3월 24일 정청래 의원이 대표 발의했다. 정 의원은 이 개정안의 제안이유 를 다음과 같이 밝혔다. "최근 넷플릭스를 통해 공개된 <승리호>, <사냥의 시간> 등 은 애초 영화상영을 목적으로 제작됐지만, 영화관에 상영되지 않고 바로 온라인동 영상서비스(OTT)를 통해 공개돼 영화이면서 영화가 아닌 상황이 됐음. 코로나19로 OTT 기반의 콘텐츠 산업 또는 집에서 즐길 수 있는 IPTV 등의 사업이 급속도로 발전되면서 '영화관에서의 상영을 목적으로 제작된' 영화가 OTT나 IPTV를 통해 공개되는 경우가 늘어나고 있어 영화업과 비디오물업을 구분하는 것이 불가능해지 고 있음. 이에 현재 영화의 정의가 영화상영관 등의 장소 또는 시설에서 상영하는 것 으로 한정된 것을 온라인 스트리밍 서비스를 통해 제공되는 것까지로 그 범위를 넓 히고자 함(안 제2조 제1호)."

8. 2019년 기준, 영화발전기금 조성 누적 총액 1조 2,664억 원 중 정부출연금은 3,163 억 원으로 전체의 25%에 불과하며, 영화관입장권부과금이 5,705억 원으로 전체의 45%에 달하고, 나머지 30%에 해당하는 3,796억 원은 운용 수입이다.

9. 극장 티켓의 수익 배분 구조는 다음과 같다.

구분	비율	비고	사례
티켓가격	100.0%		극장매출 1,100억 원일 때
① 영화발전기금	3%		33억 원
② 부가가치세	10%		110억 원
③ 영화관	50%	'①+②' 제한 금액에서 50%	478.5억 원(2/957)
④ 배급수료	10~12%	③까지 정산한 뒤 남은 금액에서 10~12%	47~57억 원
투자사+배급사		제작비를 메우고 남은 금액에서 배급사 와 투자사가 6:4로 배분	421.5억 원(~431.5억 원) -제작비 → 6:4 배분

10. 문화체육관광부는 2020년 극장 관객 수의 급감에 따라 극장사업자들의 부담을 덜 수 있도록 4월~12월간 한시적으로 3%의 부과금을 0.3%로 대폭 감면한 바 있다.
11. "영화발전기금이 고갈된다고?", 씨네21, 2022.06.14.
12. "코로나 직격탄 맞은 '영화계'⋯ 영화발전기금 15년 만에 고갈 위기", 소비자경제, 2021.10.14.
13. 2020년 12월 24일 김영주 의원이 대표 발의했으며 현재 문체위에 계류 중이다. 김 의원은 법안발의 제안이유를 다음과 같이 밝히고 있다. "코로나19로 인해 최근 극장을 통한 영화 배급이 어려워짐에 따라 정보통신망법상 특수한 유형의 부가통신사업자인 OTT를 통하여 영화 배급이 이루어지고 있어 부과금 부과의 사각지대가 발생하고 있음. 이와 관련 프랑스 국립영화센터(Centre National de la Cinematographie, CNC)는 현재 영화(TSA), 방송(TST), VOD(비디오세) 등 3가지 산업에서 기금을 징수하여 콘텐츠 등 프랑스 영화산업 분야를 지원하고 있으며 소재지와 관계없이 OTT 사업자에게 동영상과 관련된 일반매출을 기준하여 비디오세를 부과하고 있음. 또한 독일에서는 OTT사업자에 영화분담금(Filmabgabe)을 부과하고 있으며, 이에 불복해 넷플릭스가 유럽연합 일반법원(Das Gericht der Europaischen Union, EuG)에 제기한 소송에서 지난 2018년 5월 16일 패소한 바 있음. 이에 우리나라에서도 특수유형부가통신사업자를 통해 제공된 동영상 콘텐츠의 이용자에게도 대통령령에 따른 부과금을 징수하고, 사업자에게 부과금을 수납할 수 있도록 하고자 함(안 제25조의2 제8항부터 제14항까지 신설)."
14. 방송통신발전기금은 SK텔레콤, KT, LG유플러스 등 통신3사 주파수 할당대가와 IPTV를 비롯한 지상파 및 유료방송사업자들의 분담금으로 구성돼있다. 이 기금 역시 현재 통신사업자들과 플랫폼 업계가 팽팽하게 대립 중인데, 통신업계는 변화된 환경에 따라 넷플릭스, 구글 등 글로벌 빅테크 기업들과 포털, OTT 사업자, CJ ENM같은 대형 방송채널사용사업자(PP)를 방발기금 부과 대상자에 편입시켜야 한다고 주장하고 있다.
15. 2021년 4월 1일 최형두 의원이 대표 발의했다.
16. 『포스트코로나 영화정책 2022』, p18
17. 16)의 보고서, p423
18. "한국영화 제작자 5인이 밝힌 전례 없는 영화계 위기 상황 '산 넘어 산'", 『한국영화』 133호, 영화진흥위원회, 2021.07, p3

19. 영진위가 펴낸 『한국영화연감』에 따르면, 2021년 독립영화의 경우 승인·인정된 작품이 총 222편인데 이 중 66.6%인 148편(극 110편, 다큐멘터리 38편)이 개봉했다. 2020년에는 총 292편 중 96편(극 73편, 다큐멘터리 23편)이 개봉하여 32.8%에 그쳤다.

20. 2021년 기준, 독립예술영화 전용관(영비법 제38조에 의거한 독립예술영화전용 상영조건 충족 영화관)은 총 69개이다. 이 중 멀티플렉스 체인에서 운영하는 상영관은 CGV 아트하우스 20개관, 롯데시네마 아르떼클래식 9개관, 메가박스 소상영관 2개관으로 총 31개관이다. - 출처: 『한국영화연감 2022』, 영화진흥위원회, p85

21. 2021년 25명, 2022년 23명, 2023년 27명이 입학했다.

22. 1차(서류): 시나리오(40점), 영상 포트폴리오(30점), 자기소개서(30점) / 2차(필기 및 실기): 스토리 구성(50점), 작품분석(50점) / 3차: 심층면접(100점)의 심사과정을 거쳐 선발된다.

23. "더욱 다양한 이들에게 영화 제작 경험 제공", 『한국영화』 제117호, 영화진흥위원회, p20~23

24. KAFA 홈페이지 참조

25. 박대희, 어지연, 유은정, 《영화 프로듀서 매뉴얼》, 영화진흥위원회, 2013, p6

26. 『한국영화』 133호, 18)의 기사, p7

27. "'범죄도시2' 감독 애초 청불로 찍었는데 15세 등급. 욕이 너무 많나", OSEN, 2022.05.24.

28. "청불 등급 벗고 '보상 관람' 효과까지… 2년 만에 돌아온 '천만 관객'", 문화일보, 2022.06.15.

29. 조혜정·박선이·양아정 저, 《세계의 영화 등급 분류 쟁점과 청소년 보호》, 나무와숲, 2013, p19

30. 개봉 영화에 대한 매출액과 관객 수. 영화진흥위원회가 발간한 2020, 2021, 2022 『한국영화연감』 자료를 토대로 재편집

31. 영상물등급위원회 홈페이지 - 등급분류 확인방법 https://www.kmrb.or.kr/kor/CMS/Contents/Contents.do?mCode= MN088

32. 영상물등급위원회 홈페이지 - 등급분류 기준 https://www.kmrb.or.kr/kor/CMS/Contents/Contents.do?mCode= MN093

33. 영상물등급위원회가 제공하는 내용정보는 다음과 같다. "주인공 가족의 장남이 과

외선생 면접을 보러 가면서 벌어지는 사건을 다룬 작품으로 주제, 내용, 대사, 영상 표현에 있어 해당 연령층에서 습득한 지식과 경험으로 충분히 소화할 수 있는 것을 제한적이지만 자극적이지 않게 표현한 수준으로 15세 이상 관람가"

34. 영상물등급위원회가 제공하는 내용정보는 다음과 같다. "마약 조직과 수사관의 대결을 그린 영화로 총격전, 총기 살해, 고문 등 폭력묘사와 마약의 불법 제조 및 불법 거래 등 약물에 대한 내용들도 빈번하지만 제한적으로 묘사되어 영화 전반의 수위를 고려할 때 15세 이상 청소년이 관람할 수 있는 영화"

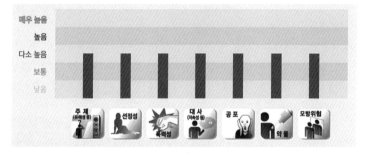

35. <기생충>의 등급이 낮게 매겨졌다는 지적이 거의 전 그룹에서 제기됨, <독전>(약물 투약 및 중독 장면)의 경우에도 등급이 낮게 매겨졌다는 지적이 있음(산업계, 학계 및 전문가 그룹). - 출처: 「2020 영상물 등급분류 인지도 및 청소년 영상물 이용 실태조사」, 영상물등급위원회, 2020, p33

36. 덴마크의 DFI, 네덜란드의 NICAM는 공공기관이지만 등급분류가 법적 강제사항이 아님

37. 조혜정·박선이·양아정 저, 29)의 책, p20~21

38. 영상물등급위원회 홈페이지 - 위원회소개>위원소개 페이지

https://www.kmrb.or.kr/kor/CMS/ProfessorMgr/list.do?mCode=
MN142

39. 우리나라도 이 영화를 12세 이상 관람가로 분류하고 있다. 영상물등급위원회에서 의 내용 정보는 다음과 같다. "주제는 엄격한 학교 규율을 어기고 죽은 시인의 사회 라는 서클에 참여한 성장기 아이들이 그 서클을 통해 참된 인생이 무엇인지를 깨닫 게 된다는 내용의 영화로 청소년이 이해하는 데 어려움이 없는 수준이며, 영상의 표 현에 있어 주제, 내용, 폭력성, 공포 묘사, 약물, 대사 등의 부분에서 경미하고 간결하 게 표현되어 12세 이상 청소년이 이해하는 데 어려움이 없는 영화."

40. 이아람찬의 「초·중·고 교실에서 영화 사용에 관한 연구: 등급과 연령의 불일치를 중심으로」, 「예술교육연구」 제19권 제2호, 2021, p294를 참조

41. http://www.imdb.com/title/tt0364569/parentalguide?ref_=tt_ql_stry_5 - 출처: 이아람찬, 40)의 보고서, p301에서 재인용

42. 「세계 영상물 등급분류제도 현황과 경향」, 영상물등급위원회, 2015, p30~31

43. 「국외공무출장결과보고서」, 영상물등급위원회, 2019.02., p8

44. 『2022 영상물 등급분류 연감』, 영상물등급위원회, p45

45. 김성훈, 「OTT 사업자 자체등급 분류제 도입」, 국회도서관 통권 제56호, 2002. 10.25., p3

46. A(전체관람가), PG(부모지도하 전체관람가), 7~9PG(부모지도하 7세~9세 관람가), 10(10 세 이상 관람가), 10~12PG(부모지도하 10세~12세 관람가), 13(13세 이상 관람가), 16(16세 이상 관람가), 18(18세 이상 관람가), X-18(제한 상영가, 특별상영관에서만 제한적 관람 가능), XX(상영 불가)

47. 배우고 싶은 내용에는 중·고등학생과 초등학생 간 차이가 있었는데 중·고등학생 의 경우에는 '영상물 등급분류 방법(33.5%)-영상물 등급분류 체험(25.4%)-영상물 등 급분류를 하는 이유(24.0%)' 순이었고 초등학생의 경우에는 '영상물 등급분류를 하 는 이유'가 29.7%로 가장 많았다.

48. 『2021 영상물 등급분류 연감』, 영상물등급위원회, p23

49. 『2022 영상물 등급분류 연감』, 영상물등급위원회, p134

50. 영상물등급위원회의 관계자는 필자와의 인터뷰에서 현재 미디어 강사가 전국적으 로 20명에 불과하다고 말했다. 또한 각 지역별로 있는 시청자미디어재단에서 미디 어 교육자를 양성하고 있는데, 미디어 강사에 대한 자격증은 발급되지 않는다고 밝 혔다.

51. 「Z세대 청소년영화에 나타난 영화교육의 시사점」, 「아시아영화연구」 14권 3호, 2021.11., p228~229

52. 이아람찬 외 4인, 「청소년 영화 공교육 활성화 방안 연구」, 영화진흥위원회, 2018. 07., p15

53. 이아람찬 외 4인, 「청소년 영화교육 기본 계획 연구」, 영화진흥위원회, 2019.09., p14

54. 2004년 처음으로 고등학교 영화 교과서인 《영화 읽기》(정재형 외, 커뮤니케이션북스) 가 출간되었다. 《영화 읽기》는 교육부의 승인 과정을 거치지 않았기 때문에 정식 교 과서로 인정받을 수는 없었다. 다만 학교에서 영화교육을 할 수 있게 되었다는 상징 성을 가지고 있으며, 실제 활용을 목적으로 개발되었다는 데 그 의의가 있다. 이후 10여 년 동안 많은 교과서가 만들어졌는데 이는 '전문교과' 형태의 영화교육을 위해 서였다. 전문교과란 예술고등학교 또는 특성화고등학교의 영화 관련 학과에서 가 르치는 전문적인 형태의 영화 수업을 의미한다. 한편, 한국문화예술교육진흥원에서 자체적으로 수업용 교안을 개발하였으며, 강사들은 교안을 토대로 개인적 역량을 발휘하여 수업을 진행하였다. - 출처: 이아람찬 외 4인, 52)의 보고서, p66~70

55. 문화예술교육의 지원에 필요한 사항을 정함으로써 문화예술교육을 활성화하고, 나아가 국민의 문화적 삶의 질 향상과 국가의 문화 역량 강화에 이바지함을 목적으 로 2005년 12월 제정되었다.

56. 국회 홈페이지, https://likms.assembly.go.kr/bill/billDetail.do?billId=PRC_Q1M2M0D8 X0F3H1J0B5D4I2B8N0O7O9&ageFrom=21&ageTo=21

57. 2020년 11월 17일에 열린 과학기술정보방송통신위원회 회의에서 조기열 수석전 문위원은 "제정안은 미디어를 포괄적으로 정의하고 있어 집행 과정에서 문화체육관 광부 등 타 부처 소관 법률과의 충돌 소지가 있고, 미디어교육위원회를 방송통신위 원회 소속으로 두는 것에 관하여 교육부 등 관련 부처 간에 이견이 있으므로 이를 고려하여 논의할 필요가 있는 것으로 보았다"고 말했다. 제382회 과학기술정보방 송통신 제11차 회의록 참고 https://likms.assembly.go.kr/record/mhs-10-050.do?conferNum=05046 4&pdfFileId=0000096671&subSpage=3

58. 영화교육을 시작한 상반기 5년 동안(2005~2010년) 최초 14개교에서 610개교로 증 가. 이후 2011~2017년은 500개교에서 417개교로 축소(2018년 현재 소폭 축소). - 출

처: 이아람찬 외 4인, 53)의 보고서, p36

59.

2019년	영화교육 중점학교 2개교 운영(사업 시작)
2020년	영화교육 중점학교 2개교 운영, 청소년 영화교육 교육과정기준 연구
2021년	영화교육 중점학교 2개교 운영, 교급별 영화교육 워크북 개발
2022년	영화교육 중점학교 6개교 운영
2023년	영화교육 연구학교 2개교 운영, 영화관 연계 학교밖 영화교육 실시(예정)

60. <개에게 처음 이름을 지어준 날>, <국제시장>, <나는보리>, <다른 한 짝>, <라이온 킹>, <루카>, <마리안느와 마가렛>, <말모이>, <말아톤>, <반딧불이 딘딘>, <보이콰 이어>, <부재의 기억>, <샤방샤방 샤랄라>, <세 번째 소원>, <소나기>, <아이언 자이 언트>, <아이 캔 스피크>, <우리들>, <원더>, <인사이드 아웃>, <인크레더블>, <장강7 호>, <주먹왕 랄프>, <주토피아>, <집으로>, <콩나물>, <패딩턴>, <페루자>, <폴라익 스프레스>, <프린스 앤 프린세스>

61. 이용주, 「프랑스의 학교 영화교육 정책과 실행에 관한 연구」, 한국프랑스학논집 제 105집, 2019.02., p172

62. 이용주, 61)의 보고서, p175~176

63. 이아람찬 외 4인, 52)의 보고서, p25

64. 이용주, 61)의 보고서, p188~189

65. 이용주, 61)의 보고서, p179~180

66. 이아람찬 외 4인, 52)의 보고서, p27

67. 이용주, 61)의 보고서, p181

68. "두 살부터 시작하는 프랑스의 미디어 리터러시 교육", 뉴스로드, 2021.09.23.

69. 이아람찬 외 4인, 52)의 보고서, p19~20

70. 현재 영비법에서는 제2조 제12호에 의거해 비디오물을 다음과 같이 규정한다. "비디오물"이라 함은 연속적인 영상이 테이프 또는 디스크 등의 디지털 매체나 장치에 담긴 저작물로서 기계·전기·전자 또는 통신장치에 의하여 재생되어 볼 수 있거나 보고 들을 수 있도록 제작된 것을 말한다. 다만, 다음 각 목의 어느 하나에 해당하는 것을 제외한다.

가. 「게임산업진흥에 관한 법률」제2조 제1호의 규정에 의한 게임물

나. 컴퓨터프로그램에 의한 것(영화가 수록되어 있지 아니한 것에 한한다)

또한 제12호의2에 의거해 온라인비디오물을 다음과 같이 규정한다. "온라인비디오물"이란 「정보통신망 이용촉진 및 정보보호 등에 관한 법률」 제2조 제1항 제1호에

따른 정보통신망(이하 "정보통신망"이라 한다)을 통하여 시청에 제공할 수 있도록 제작된 비디오물을 말한다.

71. 디지털 시네마 파일은 스토리지와 LTO(Linear Tape-Open) 테이프로 이중보관해 삭제와 오류에 대비하고 있다.

72. 제35조(영화필름등의 제출) ① 영화제작업자는 제29조 제1항의 규정에 따라 상영등급을 분류 받은 때에는 해당 영화의 원판필름·디스크 등 또는 그 복사본과 대본(臺本)(이하 "영화필름등"이라 한다)을 대통령령이 정하는 바에 따라 한국영상자료원에 제출하여야 한다. <개정 2018.10.16.>

73. 한국영상자료원 홈페이지,
https://www.koreafilm.or.kr/kofa/intro/preservation/film

영화 필름

2023년 4월 30일 현재

구분		편	벌	
극영화 (Fiction Film)	국내	6,010	네거티브 필름	6,026
			프린트(포지티브) 필름	10,597
	국외	2,616	네거티브 필름	973
			프린트(포지티브) 필름	2,969
비극영화 (Non-Fiction Film)	국내	3,098	네거티브 필름	1,724
			프린트(포지티브) 필름	2,449
	국외	1,020	네거티브 필름	81
			프린트(포지티브) 필름	1,115

74. 일본에서 시작된 영화 장르이며 남녀의 정사를 주 내용으로 다룬다.

75. ④ 한국영상자료원은 다음 각 호의 사업을 행한다.

1. 제35조의 규정에 따라 제출되는 영화필름등의 보존과 보상
2. 국내외 영화 및 비디오물과 그 관계 문헌·음향자료 등 영상자료의 수집
3. 수집된 영화 및 비디오물과 그 관계 문헌·음향자료 등 영상자료의 보존과 복원
4. 영상문화 발전을 위한 영화 및 비디오물과 그 관계 문헌·음향자료 등 영상자료의 활용 및 전시
5. 영상정보화 및 콘텐츠 활용 사업
6. 그 밖에 한국영상자료원의 설립목적 달성에 필요한 사업

76. 조해원 영상자료원 영상복원팀장의 인터뷰 발언, SBS 뉴스, 2022.11.06., https://news.sbs.co.kr/news/endPage.do?news_id=N1006951047&plink =COPYPASTE&cooper=SBSNEWSEND

77. 국내 최초 디지털 촬영 영화는 2009년 개봉한 <워낭소리>이다.

78. 김지혜, "필름 복원은 문화유산을 보존하고 미래에 전승하는 일", 『한국영화』 제 135호, 영화진흥위원회, 2021.09.24.

79. 조소연, "아카이브의 미래를 선도하기 위해 지속적으로 노력해야 - 4K 환경에서의 아카이빙 이슈 및 자료원 대응 방안", 『영화천국』 Vol.45, 2015.09.25.

80. 2022년 10월 15일 국내 SK주식회사C&C 전기실에서 화재가 발생해 전원 공급이 중단, 카카오 서비스 일체가 다운된 재난사건이 발생한 바 있다. 미국 구글, MS, 메타 등 대형 데이터센터를 가동하는 기업에서는 재해상황을 가정한 '비상복구훈련'을 1년에 두 번 이상 진행하고 있다고 한다.

81. 한국영상자료원에서는 2021년 영상콘텐츠 소스데이터 공유 기반 구축 정보화전략계획(ISP)을 수립, 2022년에는 소스데이터의 복사수집(기 제작된 2D/3D 소스데이터 복사수집이 403건, 한국영화 원본 소스데이터 복사수집이 693벌)을 완료하고, 2023년 말까지 영상콘텐츠 소스데이터 공유플랫폼 구축을 마쳐 2024년부터 플랫폼을 운영할 계획이다.

82. 정찬철, 조성민, 박병윤, "버추얼 프로덕션 국내외 현황과 전망", 영화진흥위원회, 2023, p94~95, p152~153

83. 김연수, "영화제작 환경의 '뉴 월드'를 열다", 『한국영화』 135호, 영화진흥위원회, p14

84. 「성공적인 버추얼 프로덕션을 위한 준비와 사례」, KOFIC 2022 영화기술 컨퍼런스, 넷플릭스 발표자료 - 정찬철, 조성민, 박병윤의 보고서에서 재인용

85. 문형욱, "버추얼 프로덕션, 비주얼스토리텔링의 새로운 시대를 열다", 『한국영화』 제117호, 영화진흥위원회, p30

86. 비브스튜디오스 김세규 대표는 VP 제작으로 약 80%의 촬영기간 단축과 30%의 예산절감 효과를 기대할 수 있다고 말했다. - 김연수, 83)의 보고서, p14

87. 정찬철, 조성민, 박병윤, 82)의 보고서, p94~95, p143

88. 정찬철, 조성민, 박병윤, 82)의 보고서, p60

89. 정찬철, 조성민, 박병윤, 82)의 보고서, p97~99

90. 한국경제, "달에서 찍은 듯…버추얼스튜디오 경쟁", 2022.05.28.

91. 정찬철, 조성민, 박병윤, 82)의 보고서, p149

92. 정찬철, 조성민, 박병윤, 82)의 보고서, p134

93. 정찬철, 조성민, 박병윤, 82)의 보고서, p145

94. 실제로 영화를 안정적으로 제작하는 국가는 많지 않다. 미국, 영국, 프랑스, 독일,

이탈리아, 인도, 일본, 중국, 홍콩, 한국 등 10여 개국 정도다. 다른 국가에서도 영화를 만들기는 하지만 규모가 작아 산업으로 연결되지 못하는 실정이다.

95. 총제작비 135억 원, 순제작비 113억 원으로 손익분기점은 120만 명이었다. 총관객 수는 국내 기준 189만 명으로 집계되었다.

96. 연간 상영회차 40회차 이상, 최소 1개 상영관에서 7일간 전일 상영되는 경우의 상영회차를 말한다. 2018년부터는 독립·예술영화의 경우 상영회차 기준에 미달하더라도 모두 실질개봉작으로 포함하여 집계해 오고 있다. - 출처: 『2022 한국영화연감』, 영상진흥위원회, p18

97. 2016년 167편, 2017년 164편, 2018년 194편, 2019년 199편, 2020년 165편, 2021년 224편 - 출처: 『2022 한국영화연감』, p18

98. 『2022 한국영화연감』, p16

99. 2019년 한국 '상업영화' 순제작비 구간별 제작 편수 및 평균 순제작비 (단위: 편, 억 원)

구분	편수	평균 순제작비
150억 원 이상	3	213.8
100억 원 이상~150억 원 미만	7	115.4
80억 원 이상~100억 원 미만	4	86.6
50억 원 이상~80억 원 미만	18	62.5
30억 원 이상~50억 원 미만	13	40.2
합계	45	76.5

100. <극한직업>(2월), <어벤져스: 엔드게임>(4월), <알라딘>(5월), <기생충>(6월), <겨울왕국2>(12월)

101. <국내 영화제>

가치봄영화제	가톨릭영화제	관객영화제	광주독립영화제	광주여성영화제	광화문국제단편영화제
교육영화제	국제해양영화제	김포국제청소년영화제	논산한옥마을영화제	다양성洞평화영화제	대구단편영화제
대구여성영화제	대전독립영화제	대한민국국제청소년영화제	대한민국대학영화제	대한민국베스트스타상시상식	들꽃영화제
디렉터스컷어워즈	디아스포라영화제	모두를위한기독교영화제	목포국도1호선독립영화제	무주산골영화제	무중력영화제
부산가치봄영화제	부산국제단편영화제	부산국제어린이청소년영화제	부산국제영화제	부천국제판타스틱영화제	부산독립영화제
부산영화평론가협회상	부산인터시티영화제	부산평화영화제	상록수디지로그월드영화제	서울국제건축영화제	서울국제노인영화제
서울국제사랑영화제	서울국제여성영화제	서울국제음식영화제	서울국제환경영화제	서울남아시아영화제	서울동물영화제
서울무용영화제	서울배리어프리영화제	서울영등포국제초단편영화제	여성영화인축제	여성인권영화제	우리나라가장동쪽영화제

울주세계산악영화제	원주옥상영화제	인디다큐페스티발	인디포럼영화제	인천독립영화제	전북독립영화제
전북여성영화제 喜Her樂樂	전주국제영화제	정동진독립영화제	제주여성영화제	제주혼듸독립영화제	제천국제음악영화제
진주같은영화제	창원국제민주영화제	청주국제단편영화제	춘사국제영화제	춘천영화제	춘천SF영화제
충무로단편독립영화제	충무로영화제– 디렉터스 위크	충북국제무예액션영화제	카라동물영화제	콤플렉스영화제	한국영화제작가협회상
한국영화평론가협회상	한국퀴어영화제	2030청년영화제	DMZ국제다큐멘터리영화제	EBS국제다큐영화제	

(강원도가 강릉국제영화제, 평창국제평화영화제 두 곳을 폐지하겠다고 밝혀 이 표에서는 빠졌음)

102. "이용관 전 부산국제영화제 집행위원장, 이사장으로 돌아오다", 씨네21, 2018.02.02.

103. 이용관 (前)이사장과의 인터뷰, 2023.01.10.

104. 2009년부터 2018년까지 지난 10년간 개봉한 한국영화 1,433편의 남녀 스태프 성비 평균은 대다수 영역에서 남성 비율이 높았다. 여성 제작자 비율은 11.2%, 프로듀서는 18.4%, 감독은 9.7%였다. 2018년 대학교 연극영화과 입학생의 여성 비율은 59%지만 영화진흥위원회가 운영하는 한국영화아카데미(KAFA) 입학생의 여성 비율은 30.4%였다. 부산, 전주, 부천에 해당하는 국내 3개 국제영화제의 한국영화 상영작 중 여성 감독 영화 비율은 27.8%에 그쳤다. 교육진의 성비 문제도 심각했다. 2018년 대학교 연극·영화학과 전임교수 여성 비율은 29.1%이며, KAFA 책임 교수 중 여성 비율은 0%였다. 성별에 따라 연출하는 영화 규모도 차이가 났다. 2018년 개봉영화 164편 중 여성 감독 영화는 12.3%인 20편이지만, 제작비 10억 원 또는 최대 스크린 100개 이상의 영화 77편 중에서는 11.7%에 해당하는 9명, 제작비 30억 원 이상 영화 40편 중에서는 2.5%에 해당하는 단 1명으로 감소했다. - 출처: "한국영화 남성 편중 현상, 통계로 확인", 『한국영화』 112호, 영화진흥위원회, 2019.10.

105. 박 프로그래머에 의하면, 영화계에서 양성평등을 위한 초석은 2011년 스웨덴 영화진흥위원회(Swedish Film Institute)에서 마련되었다. SFI는 SFI가 제작비를 지원하는 스웨덴 영화의 여성 감독 비율을 현재의 25%에서 50%까지 끌어올리겠다고 공표했다. 2016년 이 정책이 영국, 아일랜드, 캐나다, 호주 등으로 확대되었으며, 2018년에는 칸, 베를린, 베니스 등 영화제들도 동참했다. 영화제들은 출품작을 연출한 감독뿐만 아니라 중요 의사 결정권을 지닌 이사회, 집행부, 선정위원회, 심사위원까지 성비 균형을 추구하겠다고 선언했다. 궁극적으로는 성별, 인종, 계급, 장애에 따른 차별을 철폐하고 다양성을 추구하는 것이 목표이다.

106. 김세인 감독이 <같은 속옷을 입는 두 여자>로 베를린영화제에 초청받고, 황혜인 감독이 <홀>로 칸영화제 시네프(시네파운데이션) 시상식에서 2등 상을 수상한 일은 2023년 한국영화계가 이룬 쾌거이다. 두 감독은 KAFA 출신의 '여성 감독'들이다.

107. 알리체 로르와커의 <라 키메라>, 예시카 하우스너의 <클럽 제로>, 카우타르 벤 하니야의 <포 도터스>, 카트린 브레야의 <라스트 서머>, 카트린 코르지니의 <홈커밍>, 쥐스틴 트리에의 <아나토미 오브 어 폴>, 라마타 툴라예 사이의 <바넬과 아다마> 등이다.

108. 칸영화제 다음으로 베를린영화제를 꼽는 이유도 '유러피안 필름마켓' 때문이다. 베니스영화제가 가장 긴 역사를 가진 영화제임에도 불구하고 위상이 떨어진다고 보는 이유는 마켓이 없기 때문이라는 분석이 지배적이다. 혹자는 베니스영화제가 캐나다의 토론토영화제에 뒤처진다고 말하기도 한다. 북미 지역 최대 규모의 영화제인 토론토영화제는 앞의 영화제들처럼 정형화된 마켓이 아니라 인더스트리 센터(Industry Center)를 운영하고 있는데, 이를 통해 선정 작품의 배급이 이뤄지는 등 자연스러운 산업 활동으로 이어지고 있다.

109. "칸 'OTT 비경쟁 상영 허용' vs 넷플릭스 '비경쟁 출품 안 해'", 스포츠동아, 2022.05.26.

110. 영화진흥위원회의 2022년 결산보고서 보도자료

111. 「OTT 시대, 진화하는 영화관람 문화와 미래관객 개발을 위한 시사점」, 영화진흥위원회, 2020.01.16., p31~32

112. 111)의 보고서, p36

113. 111)의 보고서, p38

도판 목록

233쪽-1 https://lrl.kr/nEM7

233쪽-2 https://lrl.kr/IDwi

233쪽-3 https://lrl.kr/Afef

279쪽 https://lrl.kr/nENa

285쪽-1 https://lrl.kr/v25g

285쪽-2 https://lrl.kr/fgu9

286쪽 https://lrl.kr/jsEc

288쪽 https://twitter.com/daystar_990529/status/1567820613401858050